ENCORE TRICOLORE 2

nouvelle édition

Sylvia Honnor and Heather Mascie-Taylor

ICT Consultant: Terry Atkinson

  Nelson Thornes

Published in 2001 by:
Nelson Thornes Ltd
Delta Place
27 Bath Road
CHELTENHAM
GL53 7TH
United Kingdom

11 12 / 15 14

A catalogue record for this book is available from the British Library

ISBN 978 0 17 440322 7

Illustrations by Gary Andrews; Art Construction; Beehive Illustration; David Birdsall; Josephine Blake; Mik Brown; Judy Byford; Andy Peters; Peter Smith; Wayne Thompson; Sue Tewkesbury; John Wood
Page make-up by AMR Ltd

Printed and bound in China by 1010 Printing International Ltd.

Acknowledgements

Edit by: Michael Spencer
Front cover photography by: Images Colour Library
Photographs by: David Simson/B-6940 Septon (DASPHOTO@aol.com) with the exception of: Allsport UK Ltd (pp. 48 and 95 © Dave Roberts/Allsport); European Commission © European Monetary Institute, 1997/European Central Bank, 1998 (p. 11); Heather Mascie-Taylor (pp. 8, 19, 22, 29, 33 and 57); Claude Ribeyrol (pp. 36, 39 and 114); SNCF 2001 (p. 141); Michael Spencer (pp. 11, 19, 22, 28, 29, 57 and 118).

We are grateful to CANALPLUS for allowing us to reproduce extracts from their website www.zidane.fr on page 48.

Every effort has been made to trace copyright holders but the publisher will be pleased to make the necessary arrangements at the first opportunity if there are any omissions.

The authors and publisher would like to thank the following for their help in producing this book: Diane Collett; Alan Wesson; Susan Hotham of Wakefield Girls' High School; Andrew Humphreys of Dartford Grammar School for Boys; Christine Ross of Criess High School; Philippe Bourgeois; Charlotte, Claude and Wendy Ribeyrol; Cécile, Sophie, Michel and Brigitte Denise.
Recorded by John Green tefl tapes with Fabrice Archirel, Jean-Pierre Arnaud, Alexandre Aubry, Jean-Pierre Blanchard, Marianne Borgo, Georges Caudron, Axel Dellea, Marie-Charlotte Dutot, Pamela Farbre, Natacha Geritsen, Delphine Gingembre, Marie-Eugénie Maréchal, Kelly Marot, Sarah Marot, Paul Nivet, Michel Paulin, Arthur Pestel, Tangui Rohan and Frédérique Villedent.

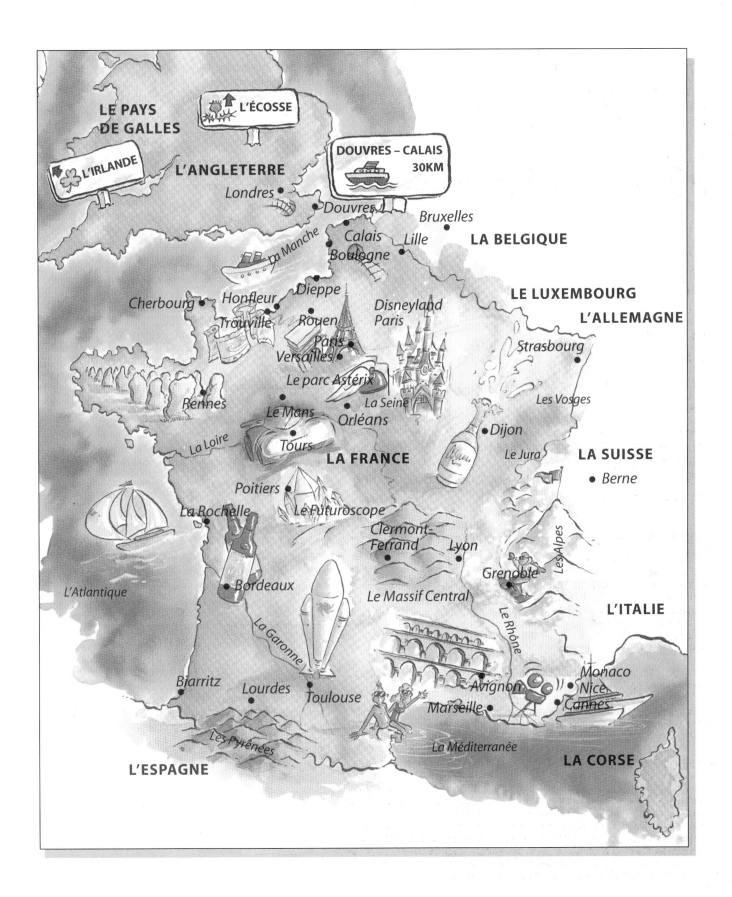

Table des matières

Table des matières

Les symboles

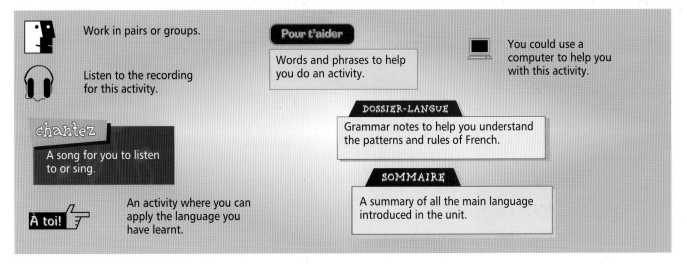

Work in pairs or groups.

Listen to the recording for this activity.

chantez
A song for you to listen to or sing.

À toi! An activity where you can apply the language you have learnt.

Pour t'aider
Words and phrases to help you do an activity.

DOSSIER-LANGUE
Grammar notes to help you understand the patterns and rules of French.

SOMMAIRE
A summary of all the main language introduced in the unit.

You could use a computer to help you with this activity.

unité 1

En ville

In this unit you will learn how to ...

■ identify some French shops and what they sell

■ shop for food

■ say how much of something you want to buy

■ talk about numbers, money and prices

You will also ...

■ use *acheter* and *préférer* and other *-er* verbs

■ use the verb *vendre* (to sell) and other verbs ending in *-re*

■ use the verb *choisir* (to choose) and other verbs ending in *-ir*

■ say there isn't any of something, using *ne ... pas de (d')*

■ say there isn't any more of something, using *ne ... plus de (d')*

---

1 🎧 On fait des courses

Écoute et complète les conversations avec les mots dans la case.
Exemple: 1 *des glaces*

A Voici la boulangerie-pâtisserie. Mme Gênet travaille à la boulangerie-pâtisserie. Elle vend des gâteaux, des tartes, des chocolats et aussi (**1**)...

> Est-ce que vous vendez des croissants ici?

> Bien sûr. Je vends des croissants et (**2**)..., et naturellement, je vends toutes sortes de pain.

B Voici la boucherie.

> Bonjour, Monsieur. Vous vendez du jambon?

> Ah non. Je vends (**3**)..., par exemple du steak ou du poulet, mais je n'ai pas de jambon.

> Alors, où est-ce qu'on peut acheter du jambon?

> Pour le jambon, allez à la charcuterie, ou peut-être à l'épicerie.

C Voici la charcuterie. À la charcuterie, on peut acheter du jambon, du saucisson et (**4**)...
Si vous préférez, il y a aussi des plats préparés, par exemple des quiches et des portions de salades.

D Voici une épicerie.

> Ici, on peut acheter beaucoup de choses. Regarde, il y a du sucre, de l'eau minérale, (**5**)..., du beurre et (**6**)...

E Voici une librairie.

> Regarde, ici on vend des livres, (**7**)... et des magazines. Tu cherches un magazine informatique?

> Non, je préfère un magazine sur la musique ou la mode – je trouve ça plus intéressant!

F Voici un tabac.

> Ah bon, on vend (**8**)... au tabac. Si nous achetons des timbres ici, nous pouvons envoyer nos cartes postales à nos amis.

a	des chips		**e**	des pains au chocolat
b	des journaux		**f**	du pâté
c	de la viande		**g**	des timbres
d	de la confiture		**h**	des glaces

2 Aux magasins

Trouve les paires.
Exemple: 1 *d*

1 On vend du pain …	**a** à la librairie.
2 Il y a un grand choix de livres …	**b** à la charcuterie.
3 On peut acheter du sucre, du beurre et beaucoup d'autres choses …	**c** au marché.
4 On vend du jambon et des plats préparés …	**d** à la boulangerie.
5 Pour la fête, j'achète des tartes et des gâteaux …	**e** à la boucherie.
6 On vend de la viande et du poulet …	**f** à l'épicerie.
7 Si vous cherchez des fruits et des légumes de la région, allez …	**g** à la pâtisserie.
8 On peut acheter des timbres …	**h** au tabac.

3 Ici, j'achète …

a Écris le magasin correct.
*b Complète les listes avec **du**, **de la** etc.*

Pour t'aider

The word for 'some'

masc. *(le)* du	fem. *(la)* de la	before vowel de l'	plural des

Exemple: 1 *À l'épicerie, j'achète du beurre et de l'eau minérale.*

1 À …, j'achète … beurre (*m*) et … eau minérale.
2 À…, j'achète … baguettes (*f pl*).
3 À …, j'achète … jambon (*m sing*) et … salade de tomates (*f sing*).
4 Au …, j'achète … carottes et … oranges.
5 À …, j'achète … viande (*f*) et … poulet (*m*).
6 Au …, j'achète … timbres.
7 À …, j'achète … magazines.
8 À …, j'achète … pâté (*m*).

DOSSIER-LANGUE

-er verbs

A lot of the verbs used on these two pages are regular -er verbs. Remember the endings:

je trouv**e**	nous cherch**ons**
tu aim**es**	vous cherch**ez**
il/elle/on travaill**e**	ils/elles travaill**ent**

Two of the -er verbs used here are slightly different. They are *acheter* (to buy) and *préférer* (to prefer). In all parts except the *nous* and *vous* forms there is a slight spelling change. Look out for the grave accent on the second syllable.

j'ach**è**te	je préf**è**re
tu ach**è**tes	tu préf**è**res
il/elle/on ach**è**te	il/elle/on préf**è**re
nous achetons	nous préférons
vous achetez	vous préférez
ils/elles ach**è**tent	ils/elles préf**è**rent

4 J'aime ça!

Trouve les paires.
Exemple: 1 *b*

1 Comme fruit, je …
2 Quand nous sommes en vacances, nous …
3 Qu'est-ce que tu …
4 Qu'est-ce que vous …
5 Mes amis …
6 Pour la récré, j'…
7 Ma sœur n'aime pas les fruits ni les gâteaux. Elle …

a achetons beaucoup de glaces.
b préfère une banane ou une pomme.
c achètent souvent des frites, ils aiment ça!
d préférez pour la récré, des fruits ou des chips?
e préfère les chips ou les bonbons.
f achète souvent un pain au chocolat.
g préfères comme boisson?

5 À toi!

À discuter

Travaillez à deux. À tour de rôle, posez une question et répondez.
Exemple: 1

> Qu'est-ce que tu préfères comme fruit?

> Je préfère les pommes. Et toi, qu'est-ce que …?

1 Qu'est-ce que tu préfères comme fruit?
2 Qu'est-ce que tu préfères comme légumes?
3 Est-ce que tu achètes souvent (des bonbons) ou (du chocolat)?
4 Toi et tes amis, vous achetez beaucoup (de magazines)?
5 Qu'est-ce que tu préfères – les magazines (sur l'informatique) ou (sur la mode)?
6 Qu'est-ce que tes amis achètent pour la récré? (Par exemple, du chocolat, des chips, des bonbons.)
7 Et toi, qu'est-ce que tu achètes?

À écrire

Copie trois questions et écris tes réponses.

1 Qu'est-ce qu'on vend?

Choisis les mots corrects.
Exemple: 1 *a*

1 Au tabac, on vend
 a des timbres
 b du pain
 c de la viande.

2 Le samedi, je travaille à la librairie
 et je vends
 a des bananes
 b des journaux
 c des poissons.

3 À la boucherie, nous vendons
 a des CD-ROM
 b de la viande
 c du café.

4 À la pâtisserie, est-ce que vous
 vendez
 a des poissons
 b des éclairs
 c du pâté?

5 M. et Mme Duval travaillent à la
 charcuterie. Ils vendent
 a du saucisson
 b des cassettes
 c des livres.

6 À la boulangerie, on vend
 a des chaussettes
 b des petits pois
 c des croissants.

7 Quand tu travailles à l'épicerie,
 est-ce que tu vends
 a des œufs
 b des cahiers
 c des ordinateurs?

8 Le marchand de légumes vend
 a des choux-fleurs
 b du beurre
 c du chocolat.

2 🎧 Le marchand de glaces

Complète l'interview avec une partie du verbe **vendre**.
Puis écoute pour vérifier les réponses.
Exemple: 1 *vendez*

M. Delarue est marchand de glaces. Il vend des glaces,
des boissons, des bonbons etc. dans le parc. Pendant
les vacances, son fils, Simon, travaille avec lui et ils
vendent beaucoup de choses.

– Est-ce que vous (**1**)… des glaces ici, toute l'année?
– Je (**2**)… des glaces surtout en été, mais le reste de l'année, nous (**3**)… beaucoup d'autres
 choses, comme par exemple des hot-dogs et des frites.
– Qu'est-ce que vous (**4**)… surtout aux enfants?
– Alors aux enfants, je (**5**)… surtout des glaces et des bonbons.
– Et aux adultes?
– Aux adultes, on (**6**)… des hot-dogs, des frites, des glaces aussi, quand il fait chaud.
– Et toi, Simon, tu (**7**)… des hot-dogs et des frites aussi?
– Moi, non. Je ne (**8**)… pas de plats chauds. Je (**9**)… surtout des boissons froides. Quelquefois,
 je (**10**)… aussi de la barbe à papa, mais je déteste ça, car à la fin, je suis couvert de sucre!

la barbe à papa

3 🗣 Où est-ce qu'on vend ça?

*Travaillez à deux. Une personne jette un dé ou dit un
nombre entre 1 et 6. L'autre choisit un produit dans la
case qui correspond et pose la question.*
La première personne répond avec le bon magasin.
Exemple: – *Quel numéro?*
 – *Numéro 3.*
 – *Où est-ce qu'on vend du jambon?*
 – *On vend du jambon à la*
 charcuterie.

	produit	magasin
1	du pain, des croissants, des pains au chocolat	à la boulangerie
2	des gâteaux, des chocolats, des glaces	à la pâtisserie
3	du jambon, du saucisson, du pâté	à la charcuterie
4	de la viande, du poulet, du steak	à la boucherie
5	du sucre, de la confiture, du beurre	à l'épicerie
6	des bananes, des carottes, des pêches	au marché

vendre (to sell)

Vendre is a regular verb. It follows
the same pattern as some other
verbs whose infinitive ends in *-re*.

Can you find all six parts of *vendre*
on pages 6–7 or in the quiz about
shops?
First, look at the plural endings:
*nous vend***ons**
*vous vend***ez**
*ils/elles vend***ent**

Are they the same as or different
from an *-er* verb? (If you need to
check, look back at page 7.)
Now look at the singular endings:
*je vend***s**
*tu vend***s**
il/elle/on vend

Compare them with an *-er* verb
again. As you probably discovered,
the plural endings are the same –
just take off the *-re* and add *-ons*,
-ez and *-ent* to the stem.
But in the singular of an *-re* verb,
the endings are different. Just add
-s to the stem for the first two parts
and nothing at all to the third part.

4 🎧 Une conversation

Choisis les verbes corrects pour compléter la conversation, puis écoute pour vérifier.
Exemple: 1 *répond*

Samedi après-midi, le téléphone sonne et Sandrine (**1** répond/réponds).

– Allô, oui!
– Salut, Sandrine, c'est Isabelle. Tu (**2** descends/descendez) en ville?
– Oui, oui, avec ma sœur. Nous prenons l'autobus à trois heures.
– Ah bon. Vous (**3** descendez/descendent) où en ville?
– Nous (**4** descendons/descendent) place du marché. Et toi, tu prends le bus aussi?
– Non, je vais en ville avec ma mère, alors j'(**5** attend/attends) devant la boulangerie, ça va?
– Oui, ça va. Tu (**6** attendons/attends) devant la boulangerie vers trois heures.
– D'accord. À tout à l'heure.

> ### DOSSIER-LANGUE
>
> ## More regular *-re* verbs
> There are several other verbs ending in *-re*, which go like *vendre*.
> Here are three common ones:
>
> | | |
> |---|---|
> | *descendre* | to go down (or to get off a bus etc.) |
> | *attendre* | to wait (for) |
> | *répondre* | to reply |

5 Une surprise pour Mangetout 💻

Complète l'histoire de Mangetout avec les verbes corrects.
Exemple: 1 *descend*

A

Mangetout habite dans la rue Général de Gaulle. Aujourd'hui, il a rendez-vous avec son amie, Calinette.
Il (**1** descendre) dans la rue et il (**2** attendre) devant la maison de Calinette.

B

Il appelle Calinette, mais elle ne (**3** répondre) pas. C'est curieux, ça!

C

Il (**4** attendre) encore un peu. Soudain, deux ou trois chats (**5** descendre) la rue, très vite. Mangetout demande où ils vont, mais ils ne (**6** répondre) pas.

D

Mangetout (**7** descendre) la rue et arrive à la place du marché. Devant le magasin, près de la boulangerie, il y a beaucoup de chats. Évidemment, ils (**8** attendre) quelque chose.

E

Qu'est-ce que vous (**9** attendre)?

C'est la nouvelle poissonnerie ici. Nous (**10** attendre) l'arrivée du poisson – ah, voilà!

F

1 Aujourd'hui, j'achète …

Suis les lignes et écris la liste.
Exemple: 1 D – *une portion de salade de tomates*

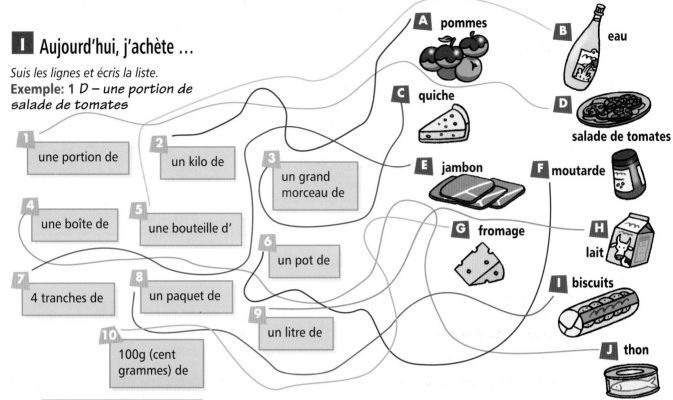

1 une portion de

2 un kilo de

3 un grand morceau de

4 une boîte de

5 une bouteille d'

6 un pot de

7 4 tranches de

8 un paquet de

9 un litre de

10 100g (cent grammes) de

A pommes
B eau
C quiche
D salade de tomates
E jambon
F moutarde
G fromage
H lait
I biscuits
J thon

DOSSIER-LANGUE

Expressions of quantity

Look at the list of expressions of quantity you have just been using, e.g.
une boîte de   une portion de   un (grand/petit) morceau de
un kilo de   six tranches de
All these expressions help you to tell the shopkeeper how much you want to buy and whether you want it in a tin or a bottle etc.
Which short word do they all end with?
This word *de* changes to *d'* before a vowel, e.g. *une bouteille d'eau minérale*, but otherwise it doesn't change at all in an expression of quantity, e.g.
une tranche de jambon (a slice of ham)
un grand morceau de quiche (a big piece of quiche)

2 🎧 À l'épicerie

Écoute ces personnes à l'épicerie.
On achète quelle quantité?
Exemple: 1 *6 tranches de* jambon

1 … jambon
2 … pêches
3 … salade de tomates
4 … carottes
5 … biscuits
6 … fromage
7 … tomates
8 … eau minérale

3 C'est pour un pique-nique

a S'il vous plaît

Vous achetez des provisions pour votre pique-nique.
Demandez ces choses à tour de rôle.
*Personne **A** achète 1, 3, 5, 7 et 9.*
*Personne **B** achète 2, 4, 6, 8 et 10.*
Exemple: A: Un morceau de fromage, s'il vous plaît.

b Le jeu des listes

Chaque personne écrit une liste de quatre de ces choses.
Posez des questions à tour de rôle pour deviner la liste de l'autre personne.
Exemple:

Tu achètes un pot de confiture?

Non. Et toi, tu achètes une boîte de thon?

Oui …

4 Dani fait des courses

*Regarde les images et lis les textes. Puis choisis le bon texte (**A–H**) pour chaque image (**2–9**).*

Image texts (speech bubbles and captions):

1. Dani, va au supermarché. Là, il y a de tout.

La mère de Dani veut faire un gâteau aux fraises, mais elle n'a pas tous les ingrédients nécessaires.

2. fraises

3. J'aime bien les bananes.

4. beurre

5. Le chocolat, c'est bon aussi.

6. œufs

7. Je préfère les chips.

8. lait

9. Ça ne fait rien. Maman aime le yaourt.

10. Dani rentre à la maison. Est-ce que sa mère est contente? Elle n'a pas d'ingrédients et maintenant, elle n'a plus d'argent!

A Il n'y a plus de beurre.

B Il n'y a plus de lait.

C Il n'y a plus d'œufs.

D Il n'y a plus de fraises.

E Alors Dani achète des bananes.

F Alors Dani achète des chips.

G Alors Dani achète des yaourts.

H Alors Dani achète du chocolat.

5 🎧 Les cartes postales

Écoute, puis complète la conversation entre l'épicier et le client avec les mots corrects.

Exemple: 1 *des*

*L'épicier (**É**) est assis sur une chaise et il dort. Un client (**C**) entre dans l'épicerie.*

C: Bonjour, Monsieur. Je voudrais (**1**) cartes postales, s'il vous plaît.

É: Comment? (**2**) cartes postales? Je regrette, Monsieur, mais je ne vends pas (**3**) cartes postales. C'est une épicerie ici.

C: Alors, donnez-moi un kilo (**4**) pommes … et (**5**) cartes postales!

É: *(pas très content)* Je regrette, Monsieur, mais je n'ai plus (**6**) pommes. Et je n'ai pas (**7**) cartes postales non plus!

C: Bon, ça ne fait rien. Donnez-moi (**8**) pain … et (**9**) cartes postales!

É: *(furieux)* Je n'ai pas (**10**) pain! Je n'ai pas (**11**) cartes postales!

C: Bon, bon, ça va! Vous n'avez pas (**12**) pain. Vous n'avez pas (**13**) eau minérale non plus, sans doute?

É: Si, j'ai (**14**) eau minérale. Une bouteille (**15**) eau minérale. Voilà. C'est tout?

C: Oui, c'est tout.

É: Vous êtes sûr?

C: Oui, je suis sûr.

É: Vous ne voulez pas (**16**) cartes postales?

C: (**17**) cartes postales? Non. Pourquoi? Vous vendez aussi (**18**) cartes postales?

É: *(il crie)* Non, je ne vends pas (**19**) cartes postales!

C: *(à voix basse)* Il est fou, cet épicier!
(à voix haute) Bon, au revoir, Monsieur.

É: Oui, c'est ça, c'est ça … au revoir!

*Le client sort. L'épicier va s'asseoir sur sa chaise. Soudain, un autre client (**C2**) entre dans l'épicerie.*

C2: Pardon, Monsieur. Vous avez (**20**) cartes postales?

DOSSIER-LANGUE

Some, no more

Here's a reminder of the words for 'some'.

masc.	fem.	before vowel	plural
du	de la	de l'	des

These change to *de* or *d'*

- after a negative (*ne … pas*), e.g.
  Je n'ai pas de pommes.
- after expressions of quantity, e.g.
  un kilo de pommes.

They also change to *de* or *d'* after *ne … plus*. This means 'no more' or 'none left'. It sometimes means 'no longer'.

*Je **n'ai plus de** chips.*

*Il **n'y a plus d'**eau.*

I 🎧 Le shopping

Ces élèves posent des questions sur 'le shopping'.
Lis les questions et devine la bonne réponse. Pour t'aider, regarde les mots dans la case. Puis écoute les conversations pour vérifier.
Exemple: 1 a *deux, …*

> au marché   chips   chips   chocolat   croissants   deux
> fruits   pains au chocolat

1 Pardon, Madame. Combien de pain achetez-vous par jour?
(Elle achète …(**a**)… baguettes par jour. Le dimanche, ses enfants vont à la boulangerie et ils choisissent des …(**b**)… ou des…(**c**)…)

2 Excusez-moi, Madame. Est-ce que vous préférez acheter les fruits et les légumes à l'épicerie ou est-ce que vous descendez au marché?
(Elle préfère acheter les fruits et les légumes …(**d**)…)

3 Qu'est-ce que tu choisis normalement pour la récré?
(Il adore les …(**e**)… ou quelquefois, il mange des…(**f**)…)

4 Madame, est-ce que vos enfants mangent beaucoup de bonbons? Oui ou non? (En général, ils préfèrent des …(**g**)… ou du …(**h**)…)

DOSSIER-LANGUE

The three groups of regular verbs

You have now learnt the three kinds of regular verbs (and a few verbs which are regular, but with slight variations, e.g. *acheter, préférer*). See how many examples of them you can spot in the questions and answers above.

e.g.	Verbs with an infinitive ending in:		
	-er **trouver** to find	**-re** **descendre** to go down	**-ir** **finir** to finish
je *tu* *il/elle/on*	trouv **e** trouv **es** trouv **e**	descend **s** descend **s** descend	fin **is** fin **is** fin **it**
nous *vous* *ils/elles*	trouv **ons** trouv **ez** trouv **ent**	descend **ons** descend **ez** descend **ent**	fin **issons** fin **issez** fin **issent**

3  À toi!

À discuter

Travaillez à deux. Posez et répondez aux questions à tour de rôle.
Exemple: 1

> Est-ce que tu aimes faire les courses?

> Non, je n'aime pas beaucoup ça! Et toi, est-ce que tu …

1 Est-ce que tu aimes faire les courses?
2 Qui fait les courses chez toi, normalement?
3 Qu'est-ce que tu choisis normalement pour la récré?
4 Est-ce que tu préfères les petits magasins ou le supermarché?
5 Est-ce que tes parents préfèrent acheter les fruits et les légumes au marché ou aux magasins?
6 Quand tu vas en ville, qu'est-ce que tu aimes acheter?

À écrire

Copie trois questions et écris tes réponses. 💻

2 Aimes-tu faire les courses?

Écris les verbes correctement.
Exemple: 1 *je déteste*

Moi, je (**1** détester) faire les courses. Quand je (**2** descendre) au marché du village avec ma mère, je (**3** trouver) ça très ennuyeux. Nous (**4** choisir) deux ou trois kilos de fruits et légumes, et c'est moi qui (**5** porter) le panier. Ma mère et ses amies (**6** passer) beaucoup de temps à discuter les prix et moi, j'(**7** attendre). Ce n'est pas très amusant!

Moi, j' (**8** adorer) le shopping en ville. Mes amis et moi, nous (**9** préférer) les magasins où on (**10** vendre) les derniers jeux électroniques. Nous (**11** acheter) aussi des magazines et des CDs et quelquefois, des glaces.

SOMMAIRE

Now you can ...

● **identify some French shops**

la boucherie	butcher's
la boulangerie	baker's
la charcuterie	pork butcher's/delicatessen
la crémerie	dairy
l'épicerie (f)	grocer's
la librairie	bookshop
le marchand de glaces	ice cream seller
le marchand de légumes/ de fruits	greengrocer
la parfumerie	perfume shop
la pâtisserie	cake shop
la pharmacie	chemist's
la poissonnerie	fish shop
le (bureau de) tabac	tobacconist's

● **shop for food**

Je voudrais	I should like
Avez-vous ...?	Have you ...?
C'est combien?	How much is it?

● **understand what the shopkeeper says**

Vous désirez?	What would you like?
C'est tout?	Is that all?
Et avec ça?	Anything else?
Je regrette, mais je n'ai pas de ...	I'm sorry, but I haven't any ...
Je suis désolé, mais il n'y a plus de ...	I'm very sorry, but there isn't any more ...

● **discuss where to go shopping**

Où est-ce qu'on peut acheter des timbres?	Where can you buy stamps?
On peut acheter des timbres au tabac.	You can buy stamps at the tobacconist's

● **say there isn't any or that there is no more of something** (see page 14)

Il n'y a pas de fruits.	There's no fruit.
Il n'y a plus de légumes.	There aren't any vegetables left.

● **identify food and things to buy**

une baguette	long French loaf
un biscuit	plain biscuit
des bonbons (m)	sweets
des chips (m)	crisps
un concombre	cucumber
des champignons (m)	mushrooms
une quiche	quiche
un pain au chocolat	bread roll with chocolate inside
du saucisson	continental sausage
une glace	ice-cream
un timbre	stamp
un journal	newspaper
un magazine	magazine

● **say how much of something you want to buy**

une boîte de	a box of, a tin of
une bouteille de	a bottle of
100 grammes de	100g of
250 grammes de	250g of
un kilo de	1kg of
un demi-kilo de	half a kilo of
une livre de	1lb of
un litre de	1 litre of
un morceau de	a piece of
un paquet de	a packet of
une portion de	a portion of
une tranche de	a slice of

● **talk about money and prices**

l'argent (m)	money
un billet	bank note
un cent	cent
un euro	euro
la monnaie	small change
une pièce	coin
un porte-monnaie	purse

● **use acheter (to buy) and préférer (to prefer)** (see page 7)

● **use vendre (to sell) and some other verbs ending in -re** (see page 8)

attendre	to wait (for)
descendre	to go down, to get off
répondre	to reply

● **use choisir (to choose)and some other verbs ending in -ir** (see page 13)

finir	to finish
remplir	to fill
réussir	to succeed
pâlir	to go pale
rougir	to blush
grossir	to get fat
maigrir	to get thin

unité 2

On fait des projets

In this unit you will learn how to ...

- talk about different countries (mainly in Europe)
- talk about different means of transport
- say what you are going (and not going) to do
- say when you are going to do something
- describe a town or region and say what you can do there
- talk about what you can and can't do
- ask permission to do something
- read and write holiday postcards

You will also ...

- use prepositions with towns (à) and countries (au, en, aux)
- use the verb *voir* (to see)
- use the verb *venir* (to come)
- use the verb *aller* + infinitive (to be going to ...)
- use the verb *pouvoir* + infinitive (to be able to ...)

On surfe sur le Net ...
... pour trouver un(e) correspondant(e)

Regarde l'extrait d'un site web pour les correspondants.
Lis les extraits, puis fais ces activités.

1 5-4-3-2-1

Trouve ...
5 pays   **Exemple: *l'Espagne, ..., ..., ..., ...***
4 langues
3 capitales
2 sports
1 instrument de musique

2 Vrai ou faux?

Exemple: 1 *vrai*

1 Mathieu aime les jeux électroniques.
2 Il est belge.
3 Élodie habite à Genève.
4 Elle aime les chevaux.
5 Roberto est suisse.
6 Il aime la musique.
7 Laura et Nicole sont espagnoles.
8 Elles parlent anglais.
9 Stefan habite en Écosse.
10 Il fait beaucoup de sport.
11 Cassandra est irlandaise.
12 Elle aime lire.

3 Oui ou non?

*Travaillez à deux. Une personne choisit un des jeunes à la page 19 et écrit son nom dans son cahier. L'autre personne pose des questions pour l'identifier. On répond uniquement par **oui**, **non** ou **je ne sais pas**.*
Exemple:

> C'est un garçon? — Non.
>
> (Alors, c'est une fille.) Elle habite en Belgique? — Oui.
>
> Elle a une amie qui s'appelle Laura? — Non.
>
> Alors, c'est Laura. — Oui.

Pour t'aider

Il/Elle habite à (ville) en (pays)?
Il/Elle aime ...?

4 C'est qui?

Écris 1–7. Écoute les conversations et décide de qui on parle.
Exemple: 1 *Laura*

On surfe sur le Net ...
... pour trouver un(e) correspondant(e)

Salut tout le monde, je m'appelle **Mathieu**. J'ai 13 ans et j'habite à Honfleur en France. Je recherche des correspondants francophones du monde entier. J'aime jouer à l'ordinateur et surfer sur le web, je suis un fan du jeu Thème Park World... Faites exploser ma boîte e-mail, réponse assurée à 100%.

Bonjour, je m'appelle **Élodie**. J'ai 13 ans. J'habite dans un village près de Genève en Suisse. Je fais du ski et de l'équitation. J'adore les animaux; mon animal préféré est le cheval. Alors, si vous aussi, vous aimez les chevaux, écrivez-moi vite.

Salut, je m'appelle **Roberto**, j'ai 13 ans. J'habite en Italie, à Rome, et je parle italien. Je parle bien français, mais l'écrire est beaucoup plus difficile!!! Je joue du piano et de la trompette et j'aime toutes sortes de musique. Je voudrais correspondre avec des garçons et des filles en France et au Canada (aussi des Italiens, comme ça on peut communiquer en italien!!!!). À bientôt.

Bonjour, nous sommes deux filles belges de Bruxelles en Belgique: **Laura** et **Nicole**. Nous aimons la musique, la danse, le chant et surfer sur le Net. Nous cherchons des correspondants de 12 à 15 ans au Royaume-Uni et en Irlande. Nous parlons anglais aussi. Nous espérons recevoir des milliers de réponses!

Salut, je m'appelle **Stefan**. J'ai 14 ans et j'habite à Berlin en Allemagne. Je joue au football, au hockey et au basket. J'adore le basket, j'en fais depuis cinq ans. Je joue aussi de la guitare depuis deux ans. Je recherche des correspondants qui parlent français ou allemand. Filles et garçons sympathiques, à vos claviers!

Salut! Je m'appelle **Cassandra** et j'habite à Madrid en Espagne. J'ai 12 ans et demi. Je parle espagnol, anglais et un peu français. J'aime la musique, le cinéma et la lecture. Je voudrais correspondre avec des filles et des garçons de 12 à 15 ans, du monde entier. J'attends vos réponses avec impatience!

L'Europe

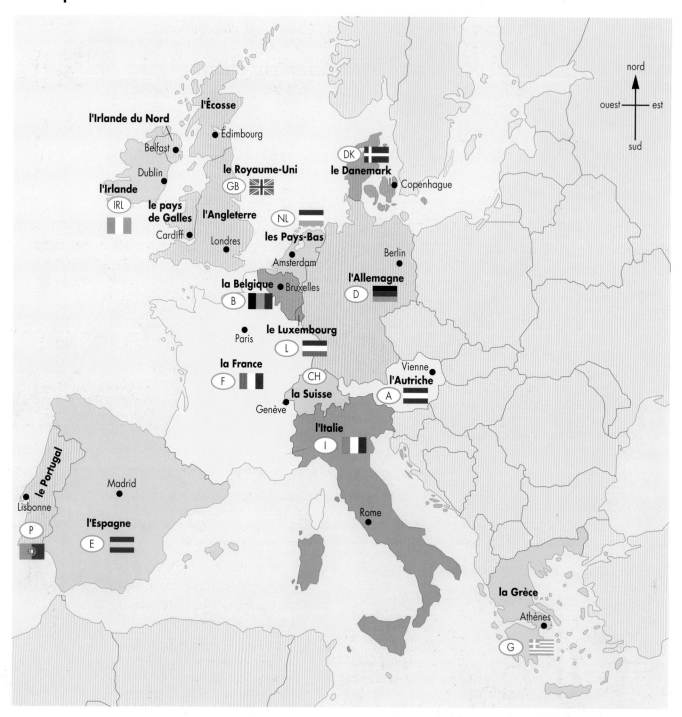

nord

ouest — est

sud

l'Écosse
Édimbourg

l'Irlande du Nord
Belfast
Dublin
le Royaume-Uni
GB
DK
le Danemark
Copenhague

l'Irlande
IRL
le pays de Galles
Cardiff
l'Angleterre
Londres
NL
les Pays-Bas
Amsterdam
Berlin
l'Allemagne
D

la Belgique
B
Bruxelles

le Luxembourg
L
Paris

la France
F
CH
la Suisse
Genève
Vienne
l'Autriche
A

l'Italie
I

le Portugal
Lisbonne
P
Madrid
l'Espagne
E
Rome

la Grèce
Athènes
G

1 🎧 Des vacances en Europe

Écris 1–10 et écoute.
a *Note le pays.*
b *Donne un détail.*
Exemple: 1 *a* DK (le Danemark)
           b les jardins de Tivoli

2 C'est quel pays?

Exemple: 1 *Les Pays-Bas*

1	Amsterdam	**5**	Genève
2	Madrid	**6**	Berlin
3	Copenhague	**7**	Vienne
4	Athènes	**8**	Lisbonne

3 L'ABC des villes et des pays

Travaillez à deux. À tour de rôle, chaque personne trouve une ville ou un pays qui commence par la lettre A, puis B, puis C etc. (Si tu n'en trouves pas, dis: **Je ne sais pas**.)
Exemple: A – l'Allemagne

4 🎧 Projets de vacances

a *Écris 1–6. Écoute les conversations et trouve les paires.*
Exemple: 1 f *La famille Legrand va en Suisse.*

1 La famille Legrand va	**a** à Londres.
2 Le collège Jules Verne va	**b** au Canada.
3 M. et Mme Rousseau vont	**c** à Athènes.
4 Nicolas et Sophie vont	**d** au Sénégal.
5 La famille Leblanc va	**e** aux États-Unis.
6 Hélène va	**f** en Suisse.

DOSSIER-LANGUE

Saying to, at or in a town or country

With **towns** use *à*.
> J'habite à Bordeaux.
> Nous allons à Cardiff.

With **countries** use ...

- *au* with a masculine country
> Copenhague est au Danemark.
> Mon correspondant habite à Lisbonne au Portugal.

- *en* with a feminine country
> Athènes est en Grèce.
> Je vais à Berlin en Allemagne.

Countries which end in *-e* are feminine (with one exception – *le Mexique*). Look at the map – are there more feminine or masculine countries in Europe?

- *aux* with a plural country.
> Je voudrais aller à New York aux États-Unis.
> Peter habite à Amsterdam aux Pays-Bas.

---

5 Où vont-ils en vacances?

Où vont-ils en vacances? Trouve la bonne destination pour chaque personne.

Exemple: 1 *M. et Mme Duhamel vont à Montréal au Canada.*

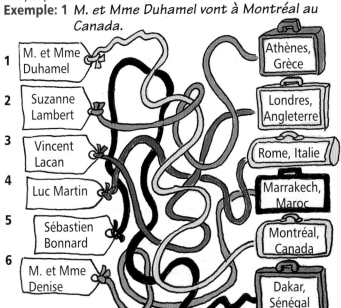

---

b *Trouve l'image qui correspond.*
Exemple: 1 f E

la grande roue

---

6 Devine la destination

Une personne choisit une destination sur cette page et écrit le nom dans son cahier. L'autre essaie de la deviner en cinq questions ou moins. Après cinq questions, la première personne dit sa destination et on change de rôle.

Exemple:
> Tu vas au Maroc?   Non.
> Tu vas au Canada?   Oui, je vais au Canada.

---

7 🎧 On visite le pays

a *Écoute les conversations et trouve le mot qui manque dans la case.*

> Paris   marché   tour
> île   enfants

b *Les touristes sont dans quel pays?*

Exemple: 1 a marché   **b** au Maroc

1 – Vous voyez, devant vous, la médina – c'est un ... où on trouve de tout.
– On voit des marchés comme ça dans beaucoup de pays arabes.

2 – Tu vois cette ... là-bas? Qu'est-ce que c'est?
– C'est la Tour Olympique à Montréal.

3 – Est-ce qu'on voit la Tour Eiffel d'ici?
– Oui, d'ici, nous voyons tout ...

4 – D'ici, vous voyez bien la grande roue.
– Ah oui! Est-ce que les ... voient ça? Regarde, Henri et Lucie, ça, c'est la grande roue d'où on voit tout Londres.

5 – Vous voyez la Statue de la Liberté?
– Sur l'...? Oui, je la vois.

DOSSIER-LANGUE

voir (to see)

You have used many parts of the verb *voir* (to see) in task 7. Can you find the missing parts to complete this table?

je	nous ....
tu	vous ....
il/elle/on voit	ils/elles voient ....

1 Les transports

On peut voyager par tous ces moyens de transport …

a en bus   **b** en avion   **c** en bateau

d en moto   **e** en métro   **f** en taxi   **g** en train   **h** en voiture

i en car   **j** à vélo   **k** à mobylette   **l** à pied   **m** à cheval

2 🎧 Ils voyagent comment?

Écris 1–10 et écoute. Comment voyagent les personnes? Écris la bonne lettre.
Exemple: 1 *b*

3 Les voyages

Complète chaque phrase avec un moyen de transport différent.
Exemple: 1 Je vais à Londres *en avion.*

1 Je vais à Londres …
2 Nous allons à Strasbourg …
3 Je vais au cinéma …
4 Nous allons en ville …
5 Je vais au collège …
6 On va en Irlande …
7 Les filles vont au match …
8 Ma mère va au travail …

4 On y va comment?

*Complète les phrases avec la forme correcte du verbe **aller**, la destination et le moyen de transport.*
(Pour t'aider, regarde la page 24.)
Exemple: 1 *Lucie va au cinéma en bus.*

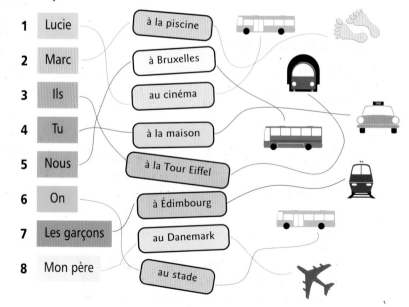

1 Lucie   à la piscine
2 Marc   à Bruxelles
3 Ils   au cinéma
4 Tu   à la maison
5 Nous   à la Tour Eiffel
6 On   à Édimbourg
7 Les garçons   au Danemark
8 Mon père   au stade

5 Bon voyage!

Michael et Claire Jones décident de voyager de leur ville, Ipswich, en Angleterre, à La Rochelle en France. Ils décident de prendre des moyens de transport différents.
Complète la description de leur voyage.
Exemple: 1 *en voiture*

Ils vont à la gare (**1**) 🚗 . Puis ils voyagent (**2**) 🚆

À Londres, ils voyagent (**3**) 🚌 puis (**4**) 🚕 .

Ils traversent la Manche (**5**) 🚢 . Puis ils vont à la

gare (**6**) 👣 et ils voyagent (**7**) 🚋 jusqu'à Paris.

Ils vont à leur hôtel à Paris (**8**) 🚇 . Puis ils partent à La

Rochelle (**9**) 🚌 et ils visitent la ville (**10**) 🚲 .

7 Des phrases complètes

Trouve les paires.

1 Comment viens- …	**a** vient à mobylette.
2 Normalement, je …	**b** viennent de Québec.
3 Ta sœur, comment vient- …	**c** viens en bus.
4 Elle …	**d** venez souvent en France?
5 Est-ce que vous …	**e** ils?
6 Nous …	**f** tu au collège?
7 Les garçons là-bas, d'où viennent- …	**g** venons assez souvent pour voir des amis.
8 Ils …	**h** elle en ville?

8 🗣 D'où viennent-ils?

Travaillez à deux. Une personne regarde cette page, l'autre regarde la page 124. Demande à ton/ta partenaire d'où ces personnes viennent et note la réponse. Après quatre questions, changez de rôle.
Exemple:

Marco, d'où vient-il?
Il vient d'Italie.

Anna, d'où vient-elle?
Elle vient d' …

Marco	André (Autriche)
Nicole	Anna (Écosse)
Klaus	Daniel et Eileen (Irlande)
Maria et Carlos	Christine (Suisse)

6 🎧 Une soirée internationale

Écoute les conversations, puis décide si c'est vrai ou faux.
Exemple: 1 *vrai*

1 Christine vient du Canada.
2 Sébastien vient de Montréal.
3 Karim vient du Maroc.
4 Cécile et son frère viennent en métro.
5 Alex et Daniel viennent assez souvent en France.
6 Ils viennent de Glasgow.
7 Jabu et Pirane viennent d'Afrique.
8 Elles ne viennent pas souvent en France.

DOSSIER-LANGUE

venir (to come)

In task 6 you have used different parts of the verb *venir* (to come). Here are all the parts of the verb.

je viens	nous venons
tu viens	vous venez
il/elle/on vient	ils/elles viennent

The verbs *revenir* and *devenir* follow the same pattern as *venir*. Look them up in the *Glossaire* to find out what they mean.

9 🗣 À toi!

À discuter

Travaillez à deux. Posez et répondez aux questions à tour de rôle.
1 Comment vas-tu en ville?
2 Comment viens-tu au collège?
3 Est-ce que beaucoup d'élèves viennent en bus?
4 Comment rentres-tu à la maison après l'école?
5 Est-ce que tu aimes voyager en train?
6 Quel moyen de transport préfères-tu?
7 Est-ce qu'il y a un moyen de transport que tu détestes?
8 Est-ce que tu as un vélo?

À écrire

Choisis quatre questions et écris tes réponses.
Exemple: 1 *Je vais en ville en bus.*

1 🎧 Pendant les vacances

a *Écris 1–8. Écoute les conversations et écris les lettres dans l'ordre.*
Exemple: 1 g, …

b *Trouve le texte qui va avec chaque image.*
Exemple: a *7 Ils vont aller à la pêche.*

1 Je vais prendre des photos.
2 Tu vas faire du vélo?
3 Il va jouer au golf.
4 Elle va visiter sa correspondante.
5 Nous allons jouer au football.
6 Vous allez visiter des châteaux?
7 Ils vont aller à la pêche.
8 Elles vont monter à la Tour Eiffel.

DOSSIER-LANGUE

The infinitive of the verb

When verbs are listed in a dictionary they are usually listed under the infinitive. This is the form of the verb meaning 'to …' in English, e.g. 'to play' – *jouer*.

In French, the infinitive of regular verbs ends in *-er, -re* or *-ir*.

Can you find some verbs in the infinitive in the captions for task 1?

When there are two verbs in a sentence, the second verb is often in the infinitive, e.g.

*J'aime **jouer** au football.* (I like playing football.)
*Il déteste **ranger** sa chambre.* (He hates tidying his room.)
*Nous allons **faire** un pique-nique à midi.* (We are going to have a picnic at lunchtime.)

If you want to look up a verb in the dictionary, it may only be listed under the infinitive.

DOSSIER-LANGUE

aller + the infinitive

Use the present tense of the verb *aller* + the **infinitive** of the verb to say what you're going to do, e.g.

je vais	+ ***travailler*** sur l'ordinateur
tu vas	+ ***travailler*** sur l'ordinateur
il/elle/on va	+ ***travailler*** sur l'ordinateur
nous allons	+ ***écouter*** de la musique
vous allez	+ ***écouter*** de la musique
ils/elles vont	+ ***écouter*** de la musique

---

2 🎧 Maintenant ou plus tard?

*Écris 1–10. Écoute les phrases. Si on fait l'activité maintenant, écris **M**. Si on va faire l'activité plus tard, écris **T**.*
Exemple: 1 *M*

---

3 🗣 Le jeu des voyages

Travaillez à deux. On va faire un voyage à l'étranger, mais quand, où, avec qui? Ça va être amusant ou non?
Il faut jeter un dé pour décider.
Une personne pose des questions, l'autre jette le dé puis donne la réponse.
À la fin de la conversation, changez de rôle.

A Quand vas-tu partir en vacances?

1 Vendredi soir
2 Cet été
3 La semaine prochaine
4 Samedi prochain
5 En juillet
6 En août

B Où vas-tu aller?

1 Amsterdam, Pays-Bas
2 Mars, Espace (f)
3 Lisbonne, Portugal
4 chez Dracula, Transylvanie (f)
5 Athènes, Grèce
6 Berlin, Allemagne

C Avec qui?

1 ma famille
2 un groupe d'astronautes
3 le collège
4 un groupe de vampires
5 mes amis
6 un groupe de profs

D Comment allez-vous voyager?

1 (train)
2 en navette
3 (avion)
4 (cheval)
5 (bus)
6 (vélo)

E Qu'est-ce que vous allez faire?

1 visiter des monuments
2 explorer la planète
3 prendre des photos
4 visiter le château
5 faire du camping
6 visiter des collèges

F Ça va être comment?

1 génial
2 fantastique
3 amusant
4 effrayant
5 magnifique
6 ennuyeux

4 🎧 La fête de Daniel

Écoute les conversations et lis le texte.

1

Demain, c'est samedi.
Sophie aime sortir le samedi soir.
Elle téléphone à ses amis.

Allô?
Bonjour, Nicole. Qu'est-ce que tu
vas faire demain soir?
Demain soir? Je vais aller chez
Daniel.

2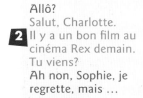

Allô?
Salut, Charlotte.
Il y a un bon film au
cinéma Rex demain.
Tu viens?
Ah non, Sophie, je
regrette, mais …

Mais qu'est-ce que
tu vas faire alors?
Je vais aller chez
Daniel. C'est son
anniversaire, il va
organiser une fête.

3

Allô!
Bonjour, Jean-Claude.
Qu'est-ce que tu vas faire
demain? On va écouter de
la musique chez moi. Tu
viens?
Mais demain soir à huit
heures, je vais …
Ah non, toi aussi, tu vas
aller chez Daniel demain?
Ça alors …

4

Mais écoute,
Sophie, je …

Qu'est-ce que je vais
faire? … Oui, c'est ça.
Je vais téléphoner à
Daniel. Mais je ne vais
pas parler de sa fête.

5

Allô!
Bonjour, Daniel! Ici
Sophie. Demain soir,
on va aller à la
discothèque avec
des amis. Tu viens
avec nous?

Mais Sophie, attends!
Demain soir, je vais
donner une fête chez
moi. Tu ne viens pas?
Comment? Quelle fête?
Pour mon anniversaire.
Tu n'as pas ton
invitation?

6

Mon invitation? … Ah non!
Ça ne fait rien. Mais tu vas
venir, n'est-ce pas? C'est à
huit heures.

Bon, d'accord,
je vais venir chez
toi. Au revoir,
Daniel … et à
demain!

5 C'est faux!

Corrige l'erreur dans chaque phrase.
Exemple: 1 *Sophie aime <u>sortir</u> samedi soir.*

1 Sophie aime rester à la maison samedi soir.
2 Elle écrit un e-mail à Nicole.
3 Samedi soir, Charlotte va aller chez sa grand-mère.
4 Daniel va organiser un pique-nique.
5 Jean-Claude va aller à la discothèque.
6 Beaucoup de personnes vont à la fête de Sophie.
7 Finalement, Sophie téléphone à Charles.
8 Sophie va aussi aller à la fête dimanche soir.

6 C'est quand?

Aujourd'hui, c'est lundi.
Écris ces expressions dans l'ordre et avec l'anglais.
Exemple: *ce soir – this evening*

jeudi prochain   la semaine prochaine   ce soir
demain   dimanche prochain   samedi soir   vendredi après-midi   mercredi matin

7 Des projets

Complète les phrases.
Exemple: *Demain, je vais jouer au football.*

Demain, je …
Lundi prochain, mes amis …
Mercredi après-midi, nous …
Vendredi soir, je …
Samedi prochain, je ne vais pas …

Voici des idées:

8 📱 Oui ou non?

Note dans ton cahier deux activités (qui figurent sur ces pages) que tu vas faire demain.
Travaillez à deux. Chaque personne pose des questions pour découvrir les deux activités sur la liste de l'autre.
Exemple:

Est-ce que tu vas jouer sur l'ordinateur?   Non.

Est-ce que tu vas jouer au tennis?   Oui. (etc.)

1 🎧 Où habitent-ils?

a *Voici la France. Regarde la carte et les photos. Devine ou ces jeunes habitent.*
b *Écris 1–5. Écoute et note la ville ou le village.*

Dominique

Émilie

Mathieu

Lucie

Pierre

2 Des villes et des villages

Trouve deux phrases pour décrire chaque ville ou village.
Exemple: 1 *b g*

1	Nantes
2	Savigny
3	Toulouse
4	Annecy
5	Honfleur

a C'est une grande ville dans le sud de la France.
b C'est une grande ville dans l'ouest de la France.
c C'est un village près de Montluçon, au centre de la France.
d C'est une petite ville sur la côte, dans le nord de la France.
e C'est une ville moyenne à la montagne, dans l'est de la France.
f C'est à la campagne et on peut faire des promenades et faire de l'équitation.
g On peut visiter le château.
h En hiver, on peut faire du ski dans la région.
i On peut visiter le port et la ville – c'est très joli.
j On peut visiter le musée de l'espace, c'est très intéressant.

3 À toi! ✍

À écrire
Écris quelques phrases sur ta ville ou ta région.

J'habite à …			
C'est	une grande ville une ville moyenne une petite ville un village	dans le nord dans le sud dans l'est dans l'ouest au centre	de l'Angleterre de l'Écosse de l'Irlande (du Nord) du pays de Galles
C'est	à la campagne à la montagne sur la côte	près de (d')…	

4 🗣 Qu'est-ce qu'on peut faire ici? 💻

Travaillez à deux. Qu'est-ce qu'on peut faire dans ta ville ou ta région? Chaque personne dit une phrase, à tour de rôle.
Exemple:

> À Birmingham, on peut aller à la piscine.

> On ne peut pas faire de la voile ici.

Pour t'aider

À …, Dans la région, Ici,	on peut on ne peut pas	faire de la voile faire des promenades faire de l'équitation faire beaucoup de choses visiter des châteaux/musées aller à la piscine/pêche aller au cinéma jouer au tennis/golf

5 C'est quelle bulle?

Choisis la bonne bulle pour chaque image.

a Il ne peut pas partir – il ne trouve pas sa voiture.

b Tu peux me prêter de l'argent, Maman?

c Vous pouvez m'aider à traverser la rue, Monsieur?

d Est-ce que nous pouvons faire du camping ici?

e Est-ce que je peux téléphoner d'ici?

f Maman, est-ce que mes nouveaux amis peuvent jouer à la maison?

DOSSIER-LANGUE

pouvoir (to be able, can)

In the cartoon speech bubbles, there are different parts of the verb *pouvoir* (to be able, can). Here it is in full.

je peux	I can	*nous pouvons*	we can
tu peux	you can	*vous pouvez*	you can
il peut	he can	*ils peuvent*	they can
elle peut	she can	*elles peuvent*	they can
on peut	one (they, we) can		

Pouvoir is often used with another verb in the **infinitive**.

Est-ce que je peux	**faire**	*du camping ici?*
Tu peux	**visiter**	*le château.*
Vous pouvez	**aller**	*à la discothèque ce soir.*

To say you **can't** do something, you add *ne ... pas*.

Je	**ne**	*peux*	**pas**	*jouer au tennis mercredi.*
Vous	**ne**	*pouvez*	**pas**	*visiter le château aujourd'hui.*
Marc	**ne**	*peut*	**pas**	*aller au cinéma ce soir.*

6 Des questions et des réponses

a *Complète les questions avec une partie du verbe **pouvoir**.*
1 Qu'est-ce qu'on ... faire ce week-end?
2 Est-ce que je ... téléphoner à mes parents?
3 Quand est-ce que nous ... aller en ville?
4 Est-ce que Sophie et Marc ... aller au match avec nous?
5 Est-ce que tu ... passer à la maison, samedi?
6 Où est-ce que mon ami ... jouer au tennis?

b *Complète les réponses.*
a Vous ... aller en ville cet après-midi.
b Il ... jouer au tennis au centre sportif.
c Désolé, je ne ... pas venir samedi.
d Bien sûr, tu ... téléphoner à tes parents ce soir.
e Oui, ils ... aller au match avec vous.
f On ... aller à la piscine, faire une promenade, jouer au golf ou rester à la maison.

c *Trouve les paires.*
Exemple: 1 f

1 Le guide, c'est toi!

Consulte le guide touristique pour répondre aux questions.

Pour t'aider

1
> Est-ce que nous pouvons faire du camping à Saint-Martin?

> Oui, vous pouvez faire du camping à Saint-Martin.

2
> Est-ce qu'on peut aller à la pêche à Sancerre?

> Oui, on peut aller à la pêche à Sancerre.

5
> Est-ce qu'on peut jouer au golf à Sancerre?

> Non, ce n'est pas possible.

1. Est-ce que nous pouvons faire du camping à Saint-Martin?
2. Est-ce qu'on peut aller à la pêche à Sancerre?
3. Est-ce qu'on peut louer un vélo à Amboise?
4. Est-ce que nous pouvons aller à la pêche à Vouvray?
5. Est-ce qu'on peut jouer au golf à Sancerre?
6. Est-ce qu'on peut jouer au tennis à Amboise?
7. Est-ce que nous pouvons jouer au tennis à Saint-Martin?
8. Est-ce que nous pouvons faire de la voile à Sancerre?

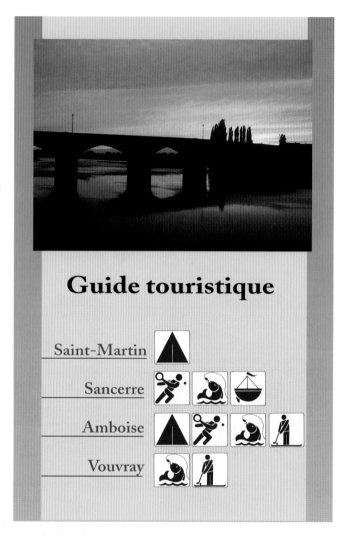

Guide touristique

Saint-Martin	
Sancerre	
Amboise	
Vouvray	

2 🎧 Claire

Claire est chez sa correspondante. Elle demande la permission de faire des choses.
Écoute et note les nombres.
Exemple: 10, …

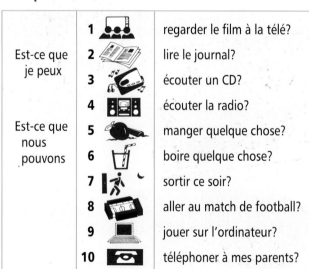

Est-ce que je peux	1	regarder le film à la télé?
	2	lire le journal?
	3	écouter un CD?
	4	écouter la radio?
Est-ce que nous pouvons	5	manger quelque chose?
	6	boire quelque chose?
	7	sortir ce soir?
	8	aller au match de football?
	9	jouer sur l'ordinateur?
	10	téléphoner à mes parents?

3 Ben est chez son correspondant

Ben est chez son correspondant. Pour demander la permission, qu'est-ce qu'il dit?
Exemple: 1 *Est-ce que je peux sortir ce soir, s'il vous plaît?*

4 Le jeu des cartes postales

a *Lis les cartes postales et trouve la bonne image.*

Exemple: 1 D

1
Je passe quelques jours à Marrakech, dans le sud du pays. Il fait très chaud ici. Les maisons sont toutes blanches avec de toutes petites fenêtres. Demain, je vais visiter la médina – c'est comme un marché. On peut acheter toutes sortes de choses là, des ceintures, des vêtements, des tapis etc. Ça va être bien – j'adore le shopping.
À bientôt
Louis

2
Il pleut sans cesse et la rue est comme une rivière. Il y a de la boue partout. On ne peut pas faire grand-chose. Maman dit que, s'il continue à pleuvoir, nous allons rentrer demain. Quelles vacances!
Charlotte

3
Bonjour d'Afrique où nous passons quinze jours de vacances. Il fait chaud. Aujourd'hui, nous visitons le parc national avec des lions, des hippopotames et des éléphants.
Demain, nous allons faire une excursion en bateau.
Amitiés
Nicole et Claude

4
Bonjour de Suisse. Il fait froid et il neige. C'est bien pour le ski. Seulement, il y a du monde ici et on doit faire la queue pendant des heures! Demain, nous allons faire du patinage.
Dominique

5
Le soleil, la mer – quel paradis sur cette île tropicale. Nous faisons de la plongée sous-marine. C'est fantastique. On voit des poissons de toutes les couleurs. Vendredi prochain, nous allons visiter la Guadeloupe, une autre île des Caraïbes.
À bientôt
Pierre et Suzanne

6
Salut de Québec! C'est le carnaval d'hiver ici. Il fait très froid (moins 10). Aujourd'hui, il y a un défilé avec un grand bonhomme de neige. On fait des sculptures en glace dans la rue. J'aime bien ce cheval en glace – il est superbe. Ce soir, nous allons voir un grand feu d'artifice.
Amitiés
Sophie

A

B

C

D

E

b *Réponds à deux questions de chaque groupe.*

Exemple: *Qui va faire du ski en Suisse?*
Dominique va faire du ski en Suisse.

Qui ... va faire du ski en Suisse? fait du camping? est sur une île tropicale?	Quel temps fait-il ... au Sénégal? au Canada? au Maroc?	Qu'est-ce qu'on peut ... acheter à la médina à Marrakech? voir en Afrique? faire en Suisse?

1 Des cartes postales 💻

Écris une carte postale. Choisis une ville ou un village que tu aimes ou une ville en France, comme Honfleur. **Exemple:**

Nous passons quelques jours ici, à Honfleur en France. C'est une petite ville dans le nord du pays. On peut visiter le port et la ville. Aujourd'hui, il fait beau et nous allons à la plage. Demain, nous allons louer des vélos et faire une promenade à la campagne.

Pour t'aider

Je passe	le week-end quelques jours une semaine dix jours	à (ville)	au (pays). en (pays). aux (pays).

C'est	une grande ville une ville moyenne une petite ville un village	dans	le nord le sud l'est l'ouest	du pays.
		au centre		

On peut	visiter les monuments. faire beaucoup de choses. faire des excursions. etc.

Cet après-midi, Ce soir, Demain, Vendredi prochain, etc.	je vais on va nous allons	faire une excursion. aller à un concert. faire de la voile. visiter le château. etc.

2 Les vacances idéales

a *Complète les phrases avec la forme correcte du verbe* ***pouvoir***.

Exemple: 1 *on peut*

b *Choisis les trois phrases qui sont les plus importantes pour tes vacances idéales.*

1 Il y a des monuments qu'on … visiter.
2 Il y a un 'snack' où un restaurant 'fast-food' où nous … manger.
3 Il y a beaucoup de discos où les jeunes … aller le soir.
4 Il y a des activités où on … retrouver d'autres jeunes.
5 Il y a un grand choix d'excursions que les visiteurs … faire.
6 Vous … faire beaucoup de sports différents, par exemple, de l'équitation et de la planche à voile.
7 La mer est tout près et nous … aller directement sur la plage.
8 On mange bien et on … choisir des plats au restaurant.

SOMMAIRE

Now you can ...

● **talk about different countries in Europe ...**

l'Allemagne (f)	Germany
l'Autriche (f)	Austria
la Belgique	Belgium
l'Espagne (f)	Spain
la France	France
la Grèce	Greece
l'Irlande (f)	Ireland
l'Irlande du Nord (f)	Northern Ireland
l'Italie (f)	Italy
la Suisse	Switzerland
l'Angleterre (f)	England
l'Écosse (f)	Scotland
le Danemark	Denmark
le Portugal	Portugal
le Royaume-Uni	UK
le pays de Galles	Wales
les Pays-Bas (m pl)	the Netherlands

● **... and elsewhere**

le Canada	Canada
le Sénégal	Senegal
le Maroc	Morocco
les États-Unis (m pl)	USA

● **talk about different means of transport**

(en) bus (m)	(by) bus
(en) avion (m)	(by) plane
(en) bateau (m)	(by) boat
(en) car (m)	(by) coach
(en) métro (m)	(by) underground
(en) taxi (m)	(by) taxi
(en) train (m)	(by) train
(en) voiture (f)	(by) car
(à/en) moto (f)	(by) motorbike
(à) pied (m)	(on) foot
(à) vélo (m)	(by) bike
(à) mobylette (f)	(by) mobylette
(à) cheval (m)	(on) horseback

● **say what you are going (or not going) to do**
(see also page 24)

Je vais passer une semaine en Écosse.	I'm going to spend a week in Scotland.
On ne va pas prendre la voiture.	We're not going to take the car.

● **say when you are going to do something**

demain	tomorrow
ce soir	this evening
lundi (mardi etc.) prochain	next Monday (Tuesday etc.)
la semaine prochaine	next week

● **talk about towns and villages**

C'est ...	It's ...
une grande ville	a large town
une ville moyenne	a medium-sized town
une petite ville	a small town
un village	a village
dans le nord	in the north
dans le sud	in the south
dans l'est	in the east
dans l'ouest	in the west
au centre	in the centre
à la campagne	in the country
à la montagne	in the mountains
sur la côte	on the coast
près de ...	near ...

● **talk about what you can (or can't) do**

Qu'est-ce qu'on peut faire ici/ dans la ville/dans la région?	What can you do here/in the town/in the region?
On peut visiter le château.	You can visit the castle.
Est-ce qu'on peut faire du ski?	Can you go skiing?
Non, on ne peut pas faire ça.	No, you can't do that.

● **ask permission**

Est-ce que je peux jouer sur l'ordinateur?	Can I play on the computer?

● **use the correct preposition with towns and countries**
(see page 21)

● **use the verb voir (to see)**
(see page 21)

● **use the verb venir (to come)**
(see page 23)

● **use aller + infinitive to say what you are going to do**
(see page 24)

● **use the verb pouvoir + infinitive to say you can or are able to do something**
(see page 27)

Louis Laloupe suit Monique Maligne

1 Cet homme est un voleur. Il est dangereux. Il s'appelle Marc Malheur. Louis Laloupe le cherche.

2 Voici l'amie de Marc Malheur. Elle s'appelle Monique Maligne. Elle a rendez-vous avec Marc ce soir.

3 Voici Louis Laloupe. Il est détective. Il cherche Marc Malheur – mais il ne sait pas où il est. Alors, il va suivre Monique.

4 Ah, voici Monique. Monique sort du café. Elle traverse la rue.

5 Puis elle prend la première rue à droite. Louis Laloupe prend la première rue à droite aussi.

6 Monique monte dans le bus numéro 7. Louis Laloupe monte aussi dans le bus.

7 Monique descend du bus sur la place principale et va dans un grand parking. Louis Laloupe la suit.

8 Monique monte dans une voiture bleu marine. Elle sort du parking. Louis Laloupe n'a pas de voiture, alors il prend un taxi.

Suivez la voiture bleu marine, s'il vous plaît.

9 La voiture bleu marine prend la direction de la gare. Le taxi la suit. Mais il y a beaucoup de voitures.

Ne perdez pas de vue la voiture bleu marine.

10 La voiture bleu marine s'arrête devant la gare. Enfin, Louis Laloupe arrive à la gare.

Voici sa voiture. Elle est à la gare. Je descends ici.

11 Monique achète un billet et va sur le quai 2. Elle attend le train.

12 Louis Laloupe achète un billet aussi. Mais où est Monique? Ah, la voilà, sur le quai 2.

13 Le train arrive en gare. Monique monte dans le train. Louis Laloupe monte dans le train aussi.

14 En voiture, en voiture, s'il vous plaît. Le train au quai numéro 2 va partir.

15 Soudain, Monique descend du train. Le train part.

16 Louis Laloupe est dans le train … mais pas Monique.

LA TOUR EIFFEL

La tour Eiffel en statistiques
Ouverture: 31 mars 1889
Construction: 1887 à 1889 (2 ans, 2 mois, 5 jours)
Composition: 18.038 pièces métalliques, 2.500.000 rivets
Poids: 10.100 tonnes
Hauteur: 324 m (avec antenne)
Peinture: 50 tonnes de peinture tous les 7 ans
Visiteurs: 6 millions par an, en moyenne
Nombre de marches: 1665

La tour Eiffel, construite en 1889 pour commémorer le centenaire de la Révolution française (1789), est le plus célèbre monument de France. La tour est en métal (fer). Elle repose sur quatre piliers et a trois étages.

Les trois étages
Pour monter à la tour, on peut prendre l'ascenseur mais, si on a beaucoup d'énergie, c'est moins cher de prendre les escaliers jusqu'au deuxième étage. Au premier étage, il y a un petit musée qui raconte l'histoire du monument, un restaurant et un buffet, des magasins de souvenirs et un bureau de poste. Pour monter au deuxième étage, on peut prendre l'ascenseur ou continuer à pied (700 marches). De là, on a un très beau panorama sur Paris. Mais pour une vue vraiment magnifique, il faut prendre l'ascenseur jusqu'au sommet. Quelquefois, s'il y a trop de vent, le troisième étage est fermé, car le monument oscille jusqu'à 12 cm.

Les visiteurs
Depuis sa construction, plus de 190 millions de visiteurs venant du monde entier ont visité ce monument extraordinaire.

Pour peindre la tour
Cinquante tonnes de peinture sont nécessaires pour peindre la tour de haut en bas. La tour a été repeinte dix-sept fois dans sa vie et elle a changé de couleur du brun-rouge au jaune puis au marron et enfin au bronze d'aujourd'hui.

Quelques journées exceptionnelles
En 1923, un journaliste descend l'escalier à bicyclette pour gagner un pari.
En 1948, un éléphant de cirque fait une promenade sur la tour, mais seulement jusqu'au premier étage.
En 1964, deux alpinistes grimpent au sommet de la tour.
En 1977, un champion de golf fait un drive du deuxième étage de la tour Eiffel.
En 1984, un petit avion, piloté par un américain, passe entre les piliers de la tour.
En 1989, on organise une grande fête pour célébrer les 100 ans de la tour.

oscille – *sways*
un pari – *a bet*

C'est bon?

Un jeu sur la nourriture et les boissons

1 Quel est le fruit le plus cultivé dans le monde?
   a la pêche
   b la poire
   c la pomme

2 Quel fruit contient le plus de vitamine C?
   a un citron
   b une fraise
   c un kiwi

3 Lequel n'est pas un légume?
   a un camembert
   b un chou
   c un concombre

4 Lequel n'est pas un poisson?
   a le saumon
   b le jambon
   c le thon

5 La ville de Dijon (au centre de la France) est célèbre pour …
   a la confiture
   b la moutarde
   c la glace

6 La région de Bretagne est célèbre pour …
   a les champignons
   b les petits pois
   c les crêpes

7 Un croque-monsieur, qu'est-ce que c'est?
   a du pain grillé avec des haricots
   b du pain grillé avec du fromage et du jambon
   c du pain grillé avec du thon et un œuf

8 Quelle est la boisson chaude préférée des Français?
   a le thé
   b le café
   c le chocolat

9 Il y a le thé noir et le thé vert. Qu'est-ce qu'on boit le plus …
   a en Grande Bretagne?
   b au Maroc?

10 Qu'est-ce qui pèse le plus?
   a le lait
   b la crème

pèse – *weighs*

unité 3

Au collège

In this unit you will learn how to ...

- describe your school
- talk about the school day
- describe how you travel to school
- talk about morning and evening routines
- give opinions about school subjects and aspects of school life
- say what you want and don't want to do

You will also ...

- use the verbs *dire* (to say), *lire* (to read) and *écrire* (to write)
- use the verbs *apprendre* (to learn) and *comprendre* (to understand)
- use reflexive verbs
- use the verb *vouloir* (to want, wish)

1 🎧 Notre collège

Écoute Michel et Nicole et regarde les photos.

1

Voici Michel Denis ...

2

... et Nicole Gilbert. Ils vont au collège. Un collège, c'est une école pour les élèves de 11 à 14 ou 15 ans.

3

– Il y a environ 700 élèves dans notre collège. C'est une école mixte.

4

– On ne porte pas d'uniforme scolaire. D'habitude, je porte un pantalon, une chemise et un pull.
– Et moi, je mets un jean et un sweat-shirt.

5

– Les cours commencent à huit heures. Il y a un cours de géographie dans cette salle de classe.

6

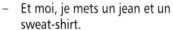

– Pour les sciences, on va dans un laboratoire.

7

– Dans la salle de technologie, il y a des ordinateurs. Moi, j'aime bien la technologie.

8

– Voici la bibliothèque. Il y a des livres de toutes sortes.
– Quand nous n'avons pas de cours, nous pouvons aller à la bibliothèque.

– Voici la cantine. À midi, je mange ici. Je suis demi-pensionnaire.

– Pendant la récréation, le matin et l'après-midi, nous sortons dans la cour.

– Pour l'EPS, c'est à dire, l'éducation physique et sportive, nous allons dans le gymnase …

… ou au terrain de sports.
– En été, nous allons à la piscine une fois par semaine.

– D'habitude, les cours finissent à cinq heures. Il n'y a pas d'internat au collège, alors tous les élèves rentrent à la maison.

2 Qu'est-ce qu'on a dit?

Trouve les paires.
Exemple: 1 *d*

1	Il y a environ …	**a**	on va dans un laboratoire.
2	On ne porte pas …	**b**	mangent à la cantine à midi.
3	Les cours commencent …	**c**	d'uniforme scolaire.
4	Pour les sciences, …	**d**	700 élèves à notre collège.
5	Dans la salle de technologie, …	**e**	à huit heures.
6	Les demi-pensionnaires …	**f**	dans le gymnase.
7	Pour l'EPS, on va …	**g**	à cinq heures.
8	Les cours finissent …	**h**	il y a des ordinateurs.

3 Jeu des définitions

Qu'est-ce que c'est?
Exemple: 1 *un collège*

1 C'est une école pour les élèves de 11 à 14 ou 15 ans.
2 Ce sont des vêtements qui sont les mêmes pour tous les garçons ou les filles qui vont à la même école.
3 Quand on n'a pas cours, on peut venir ici pour regarder les livres.
4 Les demi-pensionnaires mangent ici à l'heure du déjeuner.
5 Pendant la récréation, les élèves viennent ici.
6 On fait du sport ici. C'est à l'extérieur.
7 Les élèves ont des cours de science ici.
8 On vient ici pour les cours d'EPS. C'est à l'intérieur.

4 🎧 Des clubs et des activités

Écoute les conversations et complète les réponses.
Exemple: 1 *Il y a un club de gymnastique, …*

1 Qu'est-ce qu'il y a comme clubs au collège? (Il y en a trois seulement.)
   Il y a un club …
2 Claude va à quel club?
   Il va au club…
3 C'est quand?
   C'est …
4 Et Louise, elle va à quel club?
   Elle va au club …
5 C'est quand?
   C'est …

5 Les clubs au collège

a *Fais une liste de tous les clubs à ton collège.*
b *Est-ce que tu vas à un club?*

Oui, je vais au …   Non.

Pour t'aider

un club d'anglais/d'art/ d'informatique
un club de théâtre/de gymnastique/ de techno/de maths/de danse

1 Notre collège – un guide

Des renseignements généraux

Tu écris un guide sur ton école pour des visiteurs français. Commence avec les détails généraux.

(Nom de l'école) est une école mixte/de filles/de garçons pour les élèves de ... à ... ans à (ville)/près de (ville). Il y a environ ... élèves.
Nous portons un uniforme scolaire: pour les filles, c'est une chemise, un polo, un pull, un sweat-shirt, une jupe (etc.); pour les garçons, c'est un polo, une chemise, une cravate, un pull, un pantalon (etc.)./
Nous n'avons pas d'uniforme scolaire.
À l'école, il y a une bibliothèque, un gymnase, un laboratoire de sciences, une salle de technologie, un terrain de sports/cricket/football/hockey (etc.), une piscine et un court de tennis/netball (etc.).

Exemple:

King Henry's School est une école mixte pour des élèves de 11 à 18 ans près de Londres. Il y a environ 900 élèves. Nous portons un uniforme scolaire. Pour les filles, c'est une jupe grise etc.
À l'école, il y a deux gymnases, trois laboratoires de science etc.

3 La journée de Charlotte

Je m'appelle Charlotte Laurent, j'ai 12 ans et je suis en cinquième. Je vais au collège à Paris. Le collège est à environ 30 minutes de chez moi. Le matin, les cours commencent à 8h presque tous les jours, y compris le samedi.
Pendant la journée de classe, il y a trois pauses. Le matin, il y a la récréation de 10h à 10h10. Pendant la récréation, on vend des pains au chocolat. Mmm, c'est bon ça.
La pause-déjeuner est de 12h à 14h. Je suis demi-pensionnaire, alors je reste manger à la cantine. On mange assez bien en général. Le vendredi, on a souvent du poisson et une fois par semaine, on nous donne des frites avec du ketchup.
La pause de l'après-midi est à 16h et dure 10 minutes.
L'après-midi, les cours finissent vers 5h.

2 🎧 Dans la cour

Écoute les conversations. Écris les mots qui manquent dans ton cahier.

biologie une BD souvent nouveau anglais tes amis sévère français sciences une histoire une lettre j'ai

Exemple: 1 (a) *une BD*

1 – Qu'est-ce que tu lis?
– Je lis (**a**)... . C'est très amusant.
– Et (**b**)..., qu'est-ce qu'ils lisent?
– Hasan lit (**c**)... de Tintin et Magali lit (**d**)... de sa correspondante.
2 – Est-ce que tu écris (**a**)... à ta correspondante?
– Bof! J'écris quand (**b**)... le temps.
– Elle écrit en (**c**)...?
– Oui, et moi, j'écris en (**d**)...
3 – On dit qu'il y a un nouveau prof de (**a**)...
– Qu'est-ce que tu dis?
– Il y a un (**b**)... prof de (**c**)... . On dit qu'il est assez (**d**)...

DOSSIER-LANGUE

The verbs *dire*, *lire* and *écrire*

In the conversations, you have used different parts of the verbs *dire, lire* and *écrire*. The verbs follow a similar pattern, especially in the singular. Copy them out in full, referring to *Les verbes* (page 161) if necessary.

	dire	*lire*	*écrire*
	(to say, tell)	(to read)	(to write)
je (j')	dis	....	....
tu	....	lis	écris
il/elle/on	....	....	écrit
nous	disons	lisons	écrivons
vous	dites	lisez	écrivez
ils/elles	disent	....	écrivent

The verbs *relire* (to read again) and *décrire* (to describe) are compounds of *lire* and *écrire*. They follow the same pattern.

Lis le texte et regarde l'heure – qu'est-ce qui se passe?
Exemple: 1 *d*

1 `08.00` **2** `10.05` **3** `13.00`
4 `14.30` **5** `16.05` **6** `17.00`

a Charlotte est en classe.
b Charlotte mange à la cantine.
c C'est la pause de l'après-midi.
d Les cours commencent.
e Les cours finissent.
f On vend des pains au chocolat.

4 L'emploi du temps

Michel est aussi en cinquième. Voici son emploi du temps.

	LUNDI	**MARDI**	**MERCREDI**	**JEUDI**	**VENDREDI**	**SAMEDI**
8h		physique	-	technologie	-	instruction civique
9h	*anglais	maths	-	technologie	anglais	anglais
10h–10h10	RÉCRÉATION					
10h10	biologie	dessin	-	anglais	maths	français
11h10	biologie	musique	-	-	-	-
12h	DÉJEUNER					
14h	français	-	-	maths	français	-
15h	EPS	histoire	-	EPS	français	-
16h–16h10	RÉCRÉATION					
16h10	-	géographie	-	EPS	biologie	

* Les élèves peuvent choisir entre anglais et allemand comme première langue vivante.

Complète les phrases.
Exemple: 1 *anglais*

1 Le premier cours de la semaine, c'est …
2 Le dernier cours de la semaine, c'est …
3 Le jeudi, le premier cours est …
4 Le …, Michel n'a pas cours.

5 Comme langues vivantes, Michel apprend …
6 Comme sciences, il apprend …
7 Il a … heures de technologie par semaine.
8 Il finit à …, le samedi.

5 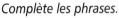 C'est quel jour?

Écoute les conversations et regarde l'emploi du temps. Les élèves parlent des cours qu'ils ont. Décide à chaque fois de quel jour on parle.
Exemple: 1 *jeudi.*

6 Un emploi du temps idéal

a Fais ton emploi du temps idéal pour un vendredi.
● Tu dois faire six heures de cours et six matières différentes.
● Tu peux commencer tôt (à 7h00) ou tard (à 10h00).
● Tu peux finir tôt (à 13h30) ou tard (à 19h00).
● Tu peux prendre une longue pause-déjeuner (2h) ou une courte pause-déjeuner (30 min.).

À toi de décider!
Exemple:

Vendredi	
9h30	Maths
10h30	Géographie
11h30	Sciences physiques
12h30	DÉJEUNER
13h00	EPS
14h00	Anglais
15h00	Technologie

b Travaillez à deux. Chaque personne doit poser des questions pour découvrir l'emploi du temps de l'autre.

7 Notre collège – un guide

La journée scolaire
Complète les détails de la journée scolaire.
Les cours commencent à …
La récréation du matin est de … à …
La pause-déjeuner est de … à …
La pause de l'après-midi est de … à …
Les cours finissent à …

Les matières qu'on apprend cette année
Fais une liste des matières qu'on apprend cette année, avec le nombre de cours par semaine.
Tu peux présenter les matières comme ça:
les maths (5 cours)
le français (4 cours)
ou comme ça:

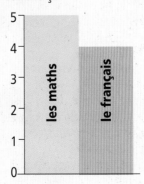

Puis ajoute:
Un cours dure … (heure(s)/minutes)

1 🎧 Pour aller au collège

Écoute la discussion et complète le résumé.

1 Sophie et Charles prennent …
2 Paul prend …
3 Marc prend …
4 Claire, Nicole et Lucie prennent …

5 Et toi? Est-ce que tu prends le bus?
  Oui, je prends …
  Non, je prends …
  Non, je vais à pied.

2 Tu comprends?

¿Dónde está la catedral?

Et toi? Tu apprends l'espagnol?

Oui, je l'apprends au collège.

Il parle espagnol. Tu le comprends?

Non, je ne comprends pas l'espagnol.

Alors, tu le comprends?

Tu ne l'apprends pas au collège?

Non, nous apprenons l'anglais et l'allemand, mais nous n'apprenons pas l'espagnol.

Oui, je le comprends. Mais je ne sais pas où est la cathédrale!

Vrai ou faux?
1 José parle français.
2 Luc comprend l'espagnol.
3 Anne ne comprend pas l'espagnol.
4 Elle apprend l'anglais et l'italien au collège.
5 Luc n'apprend pas l'espagnol au collège.
6 Luc ne parle pas espagnol.

DOSSIER-LANGUE

prendre, apprendre and comprendre

The verbs *comprendre* (to understand) and *apprendre* (to learn, to teach) follow the same pattern as *prendre* (to take). Can you work out what the missing parts of each verb should be?

comprendre

je ………	nous comprenons
tu comprends	vous ………
il/elle/on ………	ils/elles ………

apprendre

j'apprends	nous ………
tu ………	vous apprenez
il/elle/on apprend	ils/elles apprennent

3 L'éducation musicale

Qu'est-ce qu'on apprend comme instrument de musique?
Exemple: 1 *Moi, j'apprends le violon.*

1 Moi, j'…
2 Toi, tu …
3 Mon frère …
4 Mon amie …
5 Au collège, nous …
6 Vous …
7 Mes sœurs …

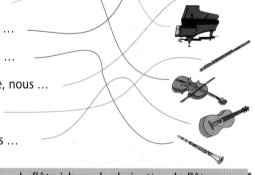

le piano   la flûte à bec   la clarinette   la flûte
la guitare   le violon   la trompette

4 🗣 À toi!

À discuter

Travaillez à deux. Posez et répondez aux questions à tour de rôle.

* Comment viens-tu au collège, le matin?
  (Je prends le bus/le train/mon vélo etc./Je viens à pied.)
* Qu'est-ce que tu apprends comme langues/sciences?
* Quel instrument de musique apprends-tu?
  (J'apprends le violin/la batterie etc. Je n'apprends pas d'instrument.)

À écrire

Copie les questions et écris tes réponses.

5 Notre collège – un guide

Complète les phrases.
Comme langues vivantes, nous apprenons …
Comme sports, nous faisons …
Dans notre classe, … élèves apprennent un instrument de musique.
L'instrument le plus populaire est …

6 🎧 Le matin, chez Charlotte

Écoute la conversation avec Charlotte et choisis la bonne réponse.

1 Le matin, quand est-ce que tu te lèves?
Je me lève …
a à sept heures moins le quart
b entre sept heures et quart et sept heures et demie
c après huit heures.

2 Tu portes un uniforme scolaire?
a Oui, je porte un uniforme scolaire.
b Non, normalement, je porte une jupe et un sweat-shirt.
c Non, normalement, je porte un pantalon et un pull.

3 Qui se lève le premier chez vous?
C'est …
a mon père
b ma mère
c moi.

4 Qu'est-ce que tu prends pour le petit déjeuner?
Je prends …
a un œuf et un verre de lait
b des tartines et un chocolat chaud
c des céréales et un jus de fruit.

5 Quand est-ce que tu quittes la maison?
Je quitte la maison vers …
a 7h   **b** 7h30   **c** 8h15.

6 Comment vas-tu au collège?
Je vais au collège …
a en bus
b en voiture
c en métro.

7 🎧 Le soir, chez Michel

a *Cette fois, devine les réponses de Michel. Lis les indices pour t'aider.*

Des indices
- Michel aime parler avec ses copains après les cours.
- Il adore le chocolat.
- Il n'aime pas faire ses devoirs immédiatement.
- Les élèves de cinquième ont une heure de travail le soir.
- Le soir, il ne se couche pas tard.

b *Puis écoute la conversation pour vérifier.*

1 À quelle heure est-ce que tu rentres, le soir?
Je rentre vers …
a 5h   **b** 5h30   **c** 6h.

2 Est-ce que tu prends quelque chose à manger?
Oui, normalement, je prends…
a un fruit, par exemple une pomme ou une banane
b un paquet de chips
c du pain avec du chocolat.

3 Qu'est-ce que tu fais ensuite?
a Je commence mes devoirs.
b Je me repose.
c Je m'amuse – je regarde la télé ou je joue sur l'ordinateur.

4 Tu as combien d'heures de travail, le soir?
Normalement, j'ai du travail pour …
a une heure
b une heure et demie
c deux heures ou plus.

5 À quelle heure est-ce que tu te couches?
Je me couche vers …
a 9h   **b** 9h30   **c** 10h.

DOSSIER-LANGUE

Reflexive verbs

In the interviews about everyday routine, some reflexive verbs were used. Reflexive verbs are always used with an extra word like *me, te, se, nous* or *vous* in front of them. This is called a **reflexive pronoun** because it 'reflects' the subject. The pronoun means 'self', e.g. myself, yourself, himself, herself, itself, ourselves, themselves etc. In English we often leave out these pronouns but they are never left out in French.

Many reflexive verbs are regular -er verbs, like **se** *laver* (to get washed).

je **me** *lave*	I get washed (wash myself)	*nous* **nous** *lavons*	we get washed
tu **te** *laves*	you get washed	*vous* **vous** *lavez*	you get washed
il **se** *lave*	he gets washed	*ils* **se** *lavent*	they get washed
elle **se** *lave*	she gets washed	*elles* **se** *lavent*	they (f) get washed

If the verb begins with a vowel or silent h, *me, te* and *se* change to *m', t'* and *s',* e.g. *je m'appelle* (I'm called), *tu t'habilles* (you get dressed), *il s'ennuie* (he's bored), *elle s'arrête* (she stops).

1 À toi!

À discuter

Travaillez à deux. Pose ces questions à ton/ta partenaire. Puis changez de rôle.
Pour t'aider, regarde les activités 6 et 7 à la page 39.

1 Le matin, tu te lèves à quelle heure?
2 Qu'est-ce que tu portes?
3 Qui se lève le premier chez vous?
4 Qu'est-ce que tu prends pour le petit déjeuner?
5 Quand est-ce que tu quittes la maison?

2 Un sondage

Faites un sondage en groupe ou en classe.
Exemple:

> Normalement, qui se lève avant sept heures?

> Qui se lève entre sept heures et huit heures?

> Et qui se lève après huit heures?

Notez les réponses.

Dans notre groupe/classe, ... élèves se lèvent avant sept heures, ... élèves se lèvent entre sept heures et huit heures, et ... élèves se lèvent après huit heures.

> Qui se couche vers neuf heures?

> Qui se couche vers neuf heures et demie?

> Et qui se couche vers dix heures ou plus tard?

Dans notre groupe/classe, ... élèves se couchent vers neuf heures, ... élèves se couchent vers neuf heures et demie, et ... élèves se couchent vers dix heures ou plus tard.

> Et pendant les vacances, c'est différent?

3 Qu'est-ce qu'on fait?

Trouve le bon texte dans la case à la page 41.
Exemple: 1 *Je me réveille.*

Exemple:

> Le matin, tu te lèves à quelle heure?

> Je me lève vers sept heures et demie.

À écrire

Réponds aux questions.

1 Quand est-ce que tu rentres à la maison?
2 Qu'est-ce que tu manges? À quelle heure?
3 Qu'est-ce que tu fais ensuite?
4 Tu as beaucoup de devoirs, le soir?
5 À quelle heure est-ce que tu te couches?

4 Chez mon oncle

Choisis le bon verbe.
Exemple: 1 b *Il s'appelle*

Pendant les vacances, ma sœur et moi, nous allons souvent chez mon oncle. (**1a** Il se lève **b** Il s'appelle **c** Il se repose) Daniel et il a une ferme en Normandie.
Mon oncle (**2a** se réveille **b** s'arrête **c** se dépêche) toujours très tôt. Il (**3a** me lève **b** te lèves **c** se lève), il (**4a** se réveille **b** se lave **c** s'ennuie) dans la salle de bains et il (**5a** s'habille **b** nous habillons **c** s'habillent).
Le matin, il (**6a** m'occupe **b** s'occupe **c** vous occupez) des animaux de la ferme.
Ma sœur, elle (**7a** ne se lève pas **b** ne nous levons pas **c** ne vous levez pas) si tôt.
Elle (**8a** m'intéresse **b** t'intéresses **c** s'intéresse) beaucoup à la vie à la ferme.
Moi, je (**9a** me repose **b** te reposes **c** se repose) le matin.
Je (**10a** ne m'intéresse pas **b** ne me couche pas **c** ne me réveille pas) beaucoup à la ferme. Quelquefois, je (**11a** m'ennuie **b** t'ennuies **c** s'ennuie). Mais quand il fait chaud, nous (**12a** nous réveillons **b** nous baignons **c** nous habillons) dans la rivière et ça, c'est bien.

1  **2**  **3**  **4**  **5**

DOSSIER-LANGUE

Reflexive verbs in the negative

Can you find some reflexive verbs in the negative in task 4?
Here are some more examples:
Le matin, je ne me lève pas tout de suite. (I don't get up straightaway in the morning.)
Le bus ne s'arrête pas ici. (The bus doesn't stop here.)
On ne s'amuse pas. (We're not having much fun.)
Ne goes before the reflexive pronoun and *pas* goes after the verb.
You probably won't need to use reflexive verbs in the negative much, but it's useful to be able to understand them.

Is it a reflexive verb?

To tell if a verb is reflexive look for the extra pronoun.
To double check, you can look up the verb in the dictionary. All reflexive verbs are listed with the same pronoun as part of their infinitive.
Which is it?
Look up these words and find out:
hurry, bathe, rest.
Now look up the words you found, but this time in the French-English end of the glossary.
Which letter are they listed under – the one that begins the pronoun or the one that begins the verb itself?

5 On s'amuse?

Voici des questions sur les vacances.

Est-ce que tu passes de bonnes vacances?
Tu t'amuses?
Tu te couches tard et tu te lèves tard?
Tu te baignes?
Il fait beau?

Les réponses
1 Je m'amuse beaucoup ici.
2 Je m'ennuie ici.
3 Je me couche tôt – il n'y a pas grand-chose à faire.
4 Le soir, il y a beaucoup de choses à faire et je me couche tard.
5 Le matin, je ne me lève pas très tôt – je me repose.
6 Je ne me baigne pas – la mer est froide.
7 Je me baigne tous les jours – la mer est bonne.
8 Il fait beau – je me repose au soleil.
9 Il pleut – je ne vais pas à la plage.

Lis les réponses et fais deux listes: je m'amuse; je ne m'amuse pas. Mets chaque phrase dans la bonne liste.

Exemple:

😊 Je m'amuse	🙁 Je ne m'amuse pas
Je m'amuse beaucoup ici.	

Il se lave.   Elle s'habille.   Ils s'amusent.   Vous vous dépêchez?   Tu te lèves?   Ils se baignent.
Nous nous reposons.   Il s'arrête.   Je me réveille.   Elles s'ennuient.

1 🎧 Une journée pas idéale

Écoute la conversation et regarde le texte. Que pense Pierre de ces matières?

1 les maths
2 l'anglais
3 la biologie
4 le français
5 l'éducation physique

a il n'aime pas ça
b c'est fatigant
c c'est difficile
d il déteste ça
e ce n'est pas intéressant

Pierre: Salut, Marc.
Marc: Salut, Pierre. Voici un ami Canadien. Il s'appelle Jean Duval.
Pierre: Salut, Jean. Tu viens en classe avec nous?
Jean: Oui. Qu'est-ce que vous avez comme cours aujourd'hui?
Pierre: On est lundi … alors, d'abord, il y a maths – je déteste ça – puis anglais, ça c'est beaucoup trop difficile. Ensuite, il y a biologie et je n'aime pas ça. Cet après-midi, il y a français. Ce n'est pas intéressant, le français. Et ensuite, il y a éducation physique et ça, c'est fatigant. Tu es sûr que tu veux venir aujourd'hui?

2 Une bonne journée?

Et toi? Réponds aux questions.

1 C'est quel jour?
  On est …
2 Qu'est-ce que tu as comme cours aujourd'hui?
  D'abord, il y a …, puis … Ensuite, il y a …
3 Et l'après-midi?
  L'après-midi, il y a … Et ensuite, il y a …
4 Alors, c'est une bonne journée, une journée moyenne ou une mauvaise journée?

3 🎧 Tu aimes quelles matières?

Écoute les conversations et décide qui parle.
Exemple: 1 *Magali*

Magali

♡ la chimie
✗ le dessin

Corinne

♡ la biologie
✗ la géographie

Marc

♡ l'histoire
✗ les sciences

David

♡ l'EPS
✗ l'allemand

Fatima
♡ l'anglais
✗ les maths

4 Mes matières

Lis le texte de Charlotte et réponds aux questions.
Exemple: 1 *l'anglais, …*

Nos différentes matières sont l'anglais, l'allemand, le latin, l'histoire-géographie, l'instruction civique, le français, la physique, les sciences naturelles, les mathématiques, la technologie, l'éducation physique, la musique et le dessin. Ma matière préférée est l'anglais, car je suis la première de la classe. Les matières que j'aime le moins sont les maths et le latin, car les professeurs de ces matières donnent beaucoup trop de devoirs à la maison. En général, j'ai à peu près une heure de travail chez moi tous les soirs. Enfin, j'aime bien mon collège, surtout le mercredi, car je fais de la gymnastique (mon sport préféré) ce jour-là.

1 Qu'est-ce que Charlotte apprend comme langues vivantes?
2 Quelle est sa matière préférée?
3 Quelles sont les matières qu'elle aime le moins?
4 Elle a environ combien d'heures de devoirs par jour?
5 Quelle est sa journée préférée?
6 Quel est son sport préféré?

5  À toi!

À discuter
Travaillez à deux. Une personne choisit trois questions et pose ces questions à l'autre. Puis changez de rôle.
Exemple:

> Quelles sont les deux matières que tu n'aimes pas?

> Je déteste l'histoire et je n'aime pas beaucoup l'anglais.

- Quelle est ta matière préférée?
- Qu'est-ce que tu aimes comme matières?
- Quelles sont les deux matières que tu n'aimes pas?
- Que penses-tu du français?

Réponses possibles:

ce n'est pas c'est	amusant intéressant important difficile facile fantastique fatigant nul pratique utile

6 On surfe sur le Net …

Lis les extraits d'un débat sur Internet à l'école.

Un débat: Internet à l'école, c'est utile?

1 Internet à l'école --c'est génial, parce que ça nous permet de faire des recherches pour un devoir, par exemple. Nous avons notre propre site à l'école et c'est un excellent moyen de communiquer avec tout le monde.
Luc, Genève, Suisse   12 ans

2 Bonjour!
Nous allons à l'école à Tahiti et nous avons Internet depuis un an. C'est top, en tahitien, on dit c'est 'to'! Nous aimons surfer sur Internet et jouer. Nous pouvons trouver beaucoup de choses. C'est très bien pour nous qui sommes très loin.
Des élèves en sixième, Tahiti

3 L'Internet est très important pour l'avenir des jeunes. Il est utile pour contacter des jeunes dans le monde entier. Ça nous aide à trouver des correspondants en cours d'anglais ou d'allemand et ça permet de pratiquer une autre langue.
André, Paris, France   13 ans

4 Je suis d'accord avec toi, André. Nous venons juste d'être connectés et nous allons bientôt créer notre propre site. Seulement, les cours d'informatique finissent trop vite!
Nathalie, La Rochelle, France   12 ans

5 À mon école, j'ai Internet et j'adore ça. Le seul inconvénient, c'est que nous avons seulement un ordinateur par classe.
Pierre, Montréal, Canada   13 ans

6 Comme professeur de français dans une école à Bruxelles, je veux apprendre* à tous mes élèves comment utiliser l'Internet. Malheureusement, le système informatique est souvent en panne, les adresses et les sites intéressants disparaissant ou changent trop vite.
Hélène Rousseau, Bruxelles, Belgique

7 Il est intéressant de naviguer sur le Net, mais je trouve que beaucoup de personnes passent trop de temps sur leurs ordis. Elles font moins de sport etc. … Non, ce n'est pas une question de vie ou de mort, avoir Internet à l'école.
Mélanie, Lyon, France   12 ans

*In this sentence *apprendre* means 'to teach'.

a *Trouve la phrase qui correspond à chaque extrait.*
Exemple: 1 *a*

a C'est très utile pour faire des recherches.
b Internet, c'est utile pour trouver des correspondants.
c C'est bien quand on habite loin des autres pays.
d Il est important que les élèves apprennent à utiliser Internet, mais les sites intéressants changent trop vite.
e Il y a des personnes qui passent trop de temps sur l'ordinateur.
f Les cours d'informatique finissent trop vite.
g On a Internet, mais on n'a pas assez d'ordinateurs.

b *C'est qui? Écris le nom de la personne qui correspond.*

1 Son école a déjà son propre site.
2 On va créer un site à son école.
3 À son école, le système est souvent en panne.
4 À son école, il y a seulement un ordinateur par classe.

c *Écris trois avantages (ou plus) d'avoir Internet à l'école et un inconvénient (ou plus).*

1 🎧 Après les cours

Écoute les conversations et trouve les paires.
Exemple: 1 c

a
b
c
d
e
f
g
h

1 Claire veut …
2 Nicole veut …
3 Luc veut …
4 Sophie veut …
5 André et ses copains veulent …
6 Lucie et sa copine veulent …
7 Pierre et Daniel veulent …
8 Mélanie et Sika veulent …

DOSSIER-LANGUE

vouloir (to wish, want)

In the conversations, different parts of the verb *vouloir* (to wish, want) are used.

- *Vouloir* is similar to another irregular verb you have learnt recently.
  Which one? (Clue: look at page 27.)

vouloir (to want, wish, like)

je veux	I want	*nous voulons*	we want
tu veux	you want	*vous voulez*	you want
il veut	he wants	*ils veulent*	they want
elle veut	she wants	*elles veulent*	they (f) want
on veut	one (they, we) wants		

- *Vouloir* is often used with another verb in the infinitive. Find four infinitives in the following sentences.

Qu'est-ce que vous voulez faire? (What do you want to do?)
Est-ce que tu veux aller à la plage? (Do you want to go to the beach?)
Nous voulons visiter le château, mais mon frère veut jouer au football.
(We want to visit the castle, but my brother wants to play football.)

- The expression *je voudrais* (I should/would like) is also from the verb *vouloir*, but from a different tense. It is often more polite to use *je voudrais* rather than *je veux*, just as in English, 'I should like' is more polite than 'I want'.

Je voudrais aller aux magasins, si possible. (I would like to go to the shops, if possible.)

2 Cet après-midi

Travaillez à deux. Lisez la conversation, mais changez les mots en couleurs.

– Qu'est-ce que tu veux faire cet après-midi?
– Je ne sais pas.
– On peut **aller à la piscine**, si tu veux?
– Oui, je veux bien.
– Est-ce que les autres veulent venir aussi?
– Non, ils veulent **jouer au tennis**.

aller à la piscine	jouer au tennis
aller au parc	jouer au volley
aller au cinéma	jouer au badminton
aller en ville	faire de l'équitation
aller au centre sportif	faire du patin
	faire du vélo

3 Qu'est-ce qu'ils veulent faire?

*Complète les réponses avec une partie du verbe **vouloir**.*
Exemple: 1 *Nous voulons regarder un film à la télévision.*

Pour t'aider

jouer au football   regarder le film   jouer aux cartes
écouter de la musique   faire du vélo   jouer au tennis

DOSSIER-LANGUE

The negative

Il veut dormir, il ne veut pas se lever.

To say you don't want to do something, add **ne ... pas**.
*Je **ne** veux **pas** faire mes devoirs.* (I don't want to do my homework.)
*Vous **ne** voulez **pas** aller en ville?* (Don't you want to go to town?)
*Ils **ne** veulent **pas** prendre le bus.* (They don't want to take the bus.)

4 On veut ... on ne veut pas

*Écris deux phrases pour chaque image:
une positive, une négative.*

Exemple: 1 *Il **veut** manger.*
*Il **ne veut pas** aller dans le jardin.*

1 manger ✔ / aller dans le jardin ✗
2 rester au lit ✔ / se lever ✗
3 jouer au football ✔ / faire ses devoirs ✗
4 rester à la maison ✔ / sortir ✗
5 aller dans un fast-food ✔ / déjeuner à la cantine ✗
6 se reposer au soleil ✔ / travailler dans le jardin ✗

5 À toi!

À discuter

*Travaillez à deux. Qu'est-ce qu'on veut faire? Une personne
pose une question, l'autre répond, à tour de rôle.*

Qu'est-ce que	tu veux	faire	la semaine prochaine?
			ce soir?
	vous voulez		demain?
	ton frère veut		vendredi après-midi?
	ta sœur veut		samedi soir?
	tes amis veulent		dimanche prochain?
	les autres veulent		mercredi matin?

À écrire

Écris trois questions et trois réponses.

Moi, je	(ne)	veux	(pas)	faire du roller.
Je		voudrais		voir le nouveau film d'Astérix/de ...
Nous		voulons		surfer sur Internet.
Mon frère		veut		lire ma BD.
Ma sœur		veut		dormir toute la journée.
Mes amis		veulent		manger une pizza énorme.
Les autres		veulent		chanter avec un groupe de rock.

1 Le collège Jules Verne

Écoute la description et écris les mots qui manquent.

Le collège Jules Verne

Je vais au collège Jules Verne. C'est dans la rue Jules
Verne, au centre-ville. C'est un collège (1) … . Il y a à peu
près (2) … élèves. C'est très sympa. Le collège est bien
équipé dans un bâtiment (3) … . Il y a (4) … laboratoires
de sciences. Il y a quatre (5) … – ça, c'est bien, parce que
j'adore la gymnastique. La cour sert de (6) … de sports.
Comme sports, nous faisons du hand, du (7) … et de la
(8) … . Il n'y a pas de (9) … au collège, alors nous allons à
la piscine municipale toutes les semaines. Pour la (10) …,
il y a des salles d'ordinateurs.

3 Beaucoup de questions

Réponds à huit questions (ou plus) au choix.
1 Comment s'appelle ton collège?
2 C'est où?
3 Il y a combien d'élèves?
4 À quelle heure est-ce que tu arrives au collège?
5 Quand est-ce que les cours commencent?
6 Est-ce que tu prends le déjeuner au collège?
7 Est-ce que tu aimes les sciences?
8 Qu'est-ce qu'on apprend comme langues vivantes?
9 Est-ce que tu vas au collège, le mercredi?
10 Qu'est-ce qu'on fait comme sport?
11 Les cours finissent à quelle heure d'habitude?
12 Tu as beaucoup de devoirs?

> Be careful not to confuse these two words. They
> both sound the same, apart from the article (*le, la*).
> *la cour* – playground   *le cours* – lesson

2 Une lettre

Cher Dominique,

Merci de ta lettre. Tu me demandes de parler de ma vie au
collège. Eh bien, je me lève à sept heures moins dix le matin et
je quitte la maison à huit heures moins le quart. Pour aller au
collège, je prends le train. Les cours commencent à huit heures
et demie et finissent à cinq heures. Je vais au collège tous les
jours, sauf le dimanche, bien sûr. Mais le mercredi et le
samedi, je n'ai pas cours l'après-midi, et le jeudi, je finis à trois
heures.

Je suis demi-pensionnaire — c'est-à-dire, je prends le déjeuner
au collège. En classe, j'aime beaucoup l'anglais et l'histoire.
Je n'aime pas la physique. C'est trop difficile.

À la fin de la journée, je rentre chez moi. Je goûte et je fais
mes devoirs dans la cuisine. Puis je regarde la télé ou je joue
sur l'ordinateur et vers neuf heures et demie, je me couche.

C'est bientôt les vacances d'hiver. Nous avons quinze jours de
vacances et je vais faire du ski pendant une semaine. Ça va être
fantastique.

À bientôt,   Nicolas

Exemple: 1 *Nicolas se lève <u>avant</u> sept heures.*

Lis la lettre et corrige les erreurs dans ces phrases.
1 Nicolas se lève après sept heures le matin.
2 Il va au collège en voiture.
3 Les cours commencent avant huit heures.
4 Il va au collège cinq jours par semaine.
5 Le jeudi, il finit à 4 heures.
6 Comme matières, il aime les maths et la biologie.
7 La matière qu'il aime le moins, c'est la géographie.
8 Il fait ses devoirs dans sa chambre.
9 Il se couche avant neuf heures.
10 Il va faire de la voile pendant les vacances d'hiver.

chantez

1 Les maths, je n'aime pas ça,
L'anglais, c'est pas pour moi,
C'est difficile, l'informatique,
Ce que j'aime, c'est la musique.
J'aime bien mon collège
Surtout le vendredi,
Le jour où on fait de la musique
Tout l'après-midi.

2 Ce que j'aime le moins,
C'est sûr, c'est le latin.
C'est fatigant, la gymnastique,
Ce que j'aime, c'est la musique.
J'aime bien mon collège
Surtout le vendredi,
Le jour où on fait de la musique
Tout l'après-midi.
Lundi – l'allemand et la physique,
Mardi – berck! l'instruction civique,
Mercredi et jeudi, beaucoup de devoirs,
Mais vendredi me semble moins noir!

3 Eh oui, les sciences nat.,
C'est plus facile que les maths,
Mais c'est loin d'être fantastique,
Ce que j'aime, c'est la musique.
J'aime bien mon collège
Surtout le vendredi,
Le jour où on fait de la musique
Tout l'après-midi.

SOMMAIRE

Now you can ...

● describe your school

la bibliothèque	library
la cour	playground
la cantine	canteen
un demi-pensionnaire	day pupil who has lunch at school
le gymnase	gym
un laboratoire	laboratory
la salle de classe	classroom
le terrain de sports/de football/de rugby	sports/football/rugby grounds

● talk about the school day

le cours	lesson
l'emploi du temps (m)	timetable
la pause-déjeuner	lunch break
la récréation	break

● talk about school subjects

les matières (f pl)	subjects
l'allemand (m)	German
l'anglais (m)	English
la biologie	biology
la chimie	chemistry
le dessin	art
l'EPS (l'éducation physique et sportive) (f)	P.E.
l'espagnol	Spanish
le français	French
la géographie	geography
l'histoire (f)	history
l'informatique (f)	ICT
l'instruction civique (f)	citizenship
l'instruction religieuse (f)	religious education
les langues vivantes (f pl)	modern languages
le latin	latin
les maths	maths
la physique	physics
les sciences (naturelles) (f pl)	(natural) sciences
la technologie	technology

● talk about morning and evening routines

Le matin, ...	In the morning ...
Je me lève à ...	I get up at ...
Je me lave ...	I get washed ...
Je porte mon uniforme scolaire/ un polo et un pantalon etc.	I wear my school uniform/ a polo shirt and trousers etc.
Pour le petit déjeuner, je prends ...	For breakfast, I have ...
Je quitte la maison à ...	I leave the house at ...
Je vais au collège en bus/ en train/en voiture etc.	I go to school by bus/ by train/by car etc.

Le soir, ...	In the evening ...
Je rentre vers ...	I get home at about ...
Normalement, je mange quelque chose, par exemple ...	Normally I have something to eat, e.g. ...
Ensuite, je ...	Then I ...
J'ai du travail pour ... (minutes/heures)	I have ... (minutes'/hours') work.
Je me couche vers ...	I go to bed at about ...

● ask about and give an opinion on school subjects

C'est ...	It's
Ce n'est pas ...	It's not ...
amusant	fun
difficile	difficult
facile	easy
fatigant	tiring
intéressant	interesting
important	important
utile	useful
nul	useless
Quelle est ta (votre) matière préférée?	What is your favourite subject?
Qu'est-ce que tu aimes (vous aimez), comme matières?	Which subjects do you like?
Qu'est-ce que tu n'aimes pas?	What don't you like?
J'aime beaucoup ...	I like ... very much
Est-ce que tu aimes ...?	Do you like ...?
Non, pas beaucoup	No, not much
Je préfère ...	I prefer ...
Je n'aime pas ...	I don't like ...

● use the verbs *dire*, *lire* and *écrire*
(see page 36)

● use the verbs *apprendre* and *comprendre*
(see page 38)

● use reflexive verbs
(see also pages 39 and 41)

se réveiller	to wake up
se lever	to get up
se laver	to get washed
s'habiller	to get dressed
s'occuper de	to be busy with
s'intéresser à	to be interested in
se dépêcher	to hurry
se reposer	to rest
se baigner	to bathe, swim
se coucher	to go to bed
s'ennuyer	to be bored
s'amuser	to have fun, have a good time

● use the verb *vouloir* (to want, wish)
(see page 44)

Zinedine Zidane, footballeur professionnel

Zinedine Zidane est un joueur de football français très célèbre.

Il est devenu un grand héros quand il a marqué deux buts pendant la finale de la Coupe du Monde au Stade de France.

Il a joué dans des équipes différentes, par exemple Cannes, Bordeaux et Turin (une équipe italienne) et bien sûr, dans l'équipe de France.

Il vient de Marseille, il est marié et il a deux enfants, Enzo et Lucas.

Quand avez-vous commencé à jouer au football?

Le football a toujours été une grande passion pour moi. À l'âge de quatre ou cinq ans, j'avais toujours un ballon sous le bras. Une fois rentré de l'école, je prenais le ballon et j'allais jouer au football dans le quartier.

Maintenant, vous êtes très célèbre, alors comment se passe une journée typique?

« Une journée typique, ce n'est pas très extraordinaire.

Je me lève vers sept heures et demie – huit heures. Je prends le petit déjeuner avec mes enfants, puis j'emmène Enzo à l'école.

Je reviens à la maison et je m'occupe de Lucas avec Véronique, ma femme.

Pendant la matinée, j'essaie de faire un peu de travail administratif.

En fin de matinée, nous trouvons le temps d'aller faire un tour au parc, puis nous allons au centre-ville faire des courses.

L'après-midi, je vais à l'entraînement. Ça a lieu de 15h–17h30. Après, il y a souvent des rendez-vous. Ce n'est pas la même chose tous les jours.

S'il y a des matchs, mon programme est un peu différent. Si j'ai deux entraînements par jour, je passe toute la journée au club et je ne vois pas mes enfants. »

Que signifie pour vous la finale de la Coupe du Monde?

« La finale de la Coupe du Monde contre le Brésil a été un grand moment dans ma carrière. J'avais la chance de marquer deux buts pendant le match, puis un autre joueur, Emmanuel Petit, a inscrit un troisième but. Et voilà – nous avons gagné le match et nous étions champions du monde. »

Les jeunes parlent aux jeunes

Je m'appelle Hélène et j'ai treize ans. Voilà mon problème: je rougis très facilement. Quand un prof me parle ou quand un garçon me regarde, je deviens toute rouge. Qu'est-ce que je peux faire pour rester naturelle?

Je m'appelle Olivier et j'ai quatorze ans. Voilà mon problème: j'ai horreur de me laver. Tous les matins, je suis fatigué et je dois me dépêcher pour aller au collège, alors je n'ai vraiment pas le temps de me laver comme il faut!

Quand un professeur te parle, concentre-toi bien sur ce qu'il dit. Les profs te parlent pour t'expliquer des choses difficiles à comprendre. Dis-toi qu'on ne va pas te manger. Quand un garçon te regarde, fais comme s'il n'existait pas.
Marie

Dis-toi que c'est une chose nécessaire, même si ça prend du temps. Sinon, tes amis vont s'éloigner de toi!
Philippe

Mets ta station de radio favorite et écoute la radio quand tu es dans la salle de bains. Dis-toi que c'est quelque chose que tu fais pour rendre la vie plus agréable pour toi et pour les autres.
Nicole

Ton problème est dû à la timidité. À ta place, je m'inscrirais dans un club de théâtre pour me donner plus de confiance. Bon courage!
Sophie

Essaie de te décontracter et de relâcher tes muscles. Respire très fort. Puis quand quelqu'un te parle, dis-toi que c'est ta mère ou une copine, quelqu'un dont tu n'as pas peur.
Luc

Moi non plus, je n'aime pas me laver. Tu peux essayer de te coucher plus tôt pour être moins fatigué le matin.
Marc

Le jeu des nombres

Chaque réponse est un nombre.
1 Il y a combien de jours dans le mois de juillet?
2 X est le chiffre romain pour quel nombre?
3 À quelle température l'eau se transforme-t-elle en glace?
4 Quel est le numéro de code de James Bond?
5 Quelle est la date de la bataille de Hastings?
6 Un adulte a combien de dents?
7 Les faces opposées d'un dé font quelle somme?
8 Il y a combien de cartes dans un jeu de cartes? (On ne compte pas les jokers.)
9 Il faut combien d'heures en moyenne pour faire Paris–Londres en Eurostar?
10 Il y a combien de pièces dans un jeu d'échecs?

les faces opposées d'un dé – *the opposite sides of a dice*

unité

4

En famille

In this unit you will learn how to ...

- introduce people
- ask and answer questions when staying with a French family
- talk about what you have done recently
- talk about presents and souvenirs
- say goodbye and thank you

You will also ...

- use the perfect tense of regular verbs (with *avoir*)
- use expressions of past time
- use *ce, cet, cette, ces* + noun (this ...)

---

1 🎧 Bienvenue en France

Un groupe de jeunes Canadiens est arrivé en France. Ils vont passer dix jours chez des familles françaises.

a *Lis les descriptions pour identifier les six personnes.*
Exemple: 1 *Hélène*

a
Je suis de taille moyenne et j'ai les cheveux courts. Pour le voyage, je vais mettre un jogging et un sweat-shirt violet.
André

b
Je ne suis pas très grande et j'ai les cheveux blonds, assez longs. Ma couleur préférée est le rose, alors je vais mettre ma veste rose.
Hélène

c
Je suis assez grand et j'ai les cheveux châtains. Je vais mettre un T-shirt et un short parce qu'il fait chaud en avion.
Daniel

d
J'ai les cheveux bruns et je porte des lunettes. Je vais mettre un jean, un T-shirt et ma veste rouge.
Julie

e
Pas difficile de me reconnaître. Je suis grand. Je porte un jean, un polo et ma casquette noire.
Christophe

f
Je suis assez petite et j'ai de longs cheveux roux. Je vais mettre un jean, une petite chemise noire et un haut gris.
Émilie

b *Qui sont-ils? Écoute pour vérifier.*

2 C'est moi!

Écris une petite description de toi.

Pour t'aider

Je suis Je ne suis pas	assez très	grand(e) petit(e) mince		J'ai	les cheveux	noirs blonds roux châtains bruns	courts longs mi-longs
		de taille moyenne					
Je porte des Je ne porte pas de		lunettes					

3 🎧 Daniel et la famille Martin

Écoute la conversation et lis le texte.
Thomas Martin est à la gare avec ses parents. Beaucoup de ses amis sont là aussi avec leurs parents. Il est sept heures du soir et les jeunes Canadiens sont arrivés.

Un garçon s'approche de Mme Martin.
– Bonjour, Madame. Je m'appelle Daniel Laforêt.
– Bonjour, Daniel. Bienvenue en France. On peut te tutoyer, non?
– Bien sûr, Madame.
– Je te présente mon mari, Claude Martin.
– Bonjour, Daniel.
– Bonjour, Monsieur.
– Et voici notre fils, Thomas.
– Bonjour, Daniel. Tu as fait bon voyage?
– Oui, merci.
– Bon, allons à la maison, maintenant. Tu as beaucoup de bagages?
– J'ai une valise et un sac à dos.
– Bon, la voiture est dans le parking. Allons-y.
(chez les Martin)
– Entre, Daniel. On va dans le salon.
– Daniel, je te présente mon frère, Marc.
– Bonjour, Daniel.
– Et voici mes deux sœurs, Laura et Marion.
– Bonjour, Daniel. C'est ton premier séjour en France?
– Oui, c'est ça.

4 Vrai ou faux?

Corrige les phrases qui sont fausses.
Exemple: 1 *faux – Le groupe arrive à sept heures du soir.*

1 Le groupe de jeunes Canadiens arrive très tôt le matin.
2 Beaucoup de personnes attendent le groupe.
3 Daniel va loger chez la famille Martin.
4 Daniel a fait un bon voyage.
5 Comme bagages, il a deux grosses valises.
6 À la maison, on va dans la cuisine.
7 Pour Daniel, c'est son deuxième séjour en France.

5 Des phrases utiles

Trouve ces phrases en français.
Exemple: 1 *On peut te tutoyer?*

1 Can we call you *tu*?
2 May I introduce you to my husband.
3 May I introduce you to my brother.
4 This is our son.
5 These are my sisters.
6 Have you had a good journey?
7 Do you have a lot of luggage?
8 Is it your first visit to France?

6 🎧 La famille de Daniel

Écoute la conversation et complète les détails.
Exemple: 1 *sœur*

Daniel a une (**1**) … jumelle. Elle a (**2**) … ans, comme lui. Il a aussi un demi-frère qui a (**3**) … mois. Alors, c'est un bébé. Sa sœur s'appelle (**4**) … . Elle est en France aussi. Comme animaux, ils ont (**5**) … et (**6**) … .
Daniel a (**7**) … cousins qui habitent à Montréal. Il a aussi des (**8**) …, mais ils n'habitent pas à Montréal.

7 🔊 À toi! ☞

À discuter

Travaillez à deux. Une personne choisit trois questions et pose ces questions à l'autre. Puis changez de rôle.

- Il y a combien de personnes dans ta famille?
  (Il y a cinq personnes: mon père, ma mère, mon frère, ma sœur et moi.)
- Comment s'appellent-ils?
  (Mon père/Mon demi-frère/Ma petite sœur s'appelle …)
- Ton frère/Ta sœur, quel âge a-t-il/elle?
- Tu as des grands-parents?
- Est-ce qu'ils habitent tout près?

À écrire

Copie trois questions et écris tes réponses.

1 🎧 Julie et la famille Lebois

a *Julie arrive chez la famille Lebois. On pose beaucoup de questions (a–f).*
Trouve la bonne question pour chaque image.
Exemple: 1 *d*

1  **2**  **3**  **4** **5**  **6**

b *Écoute la conversation et note dans quel ordre on pose les questions.*

Exemple: *c*, …

Les questions

a Est-ce que je peux téléphoner à mes parents?
b À quelle heure est-ce que tu te couches d'habitude?
c Où est-ce que je peux mettre mes vêtements?
d Quand est-ce qu'on se lève ici, normalement?
e Où sont les toilettes et la salle de bains?
f Est-ce que tu as une serviette?

c *Relis les questions (a–f) et trouve la bonne question pour ces réponses.*

Exemple: 1 *c*

Les réponses

1 Il y a de la place dans l'armoire.
2 Pendant les vacances, je me lève assez tard, vers neuf heures et demie, dix heures.
3 Les toilettes et la salle de bains sont en face.
4 Non, je n'ai pas de serviette.
5 D'habitude, je me couche vers dix heures.
6 Oui, bien sûr. Il y a un téléphone dans la cuisine.

2 🗣 Invente une conversation

Imagine que tu arrives chez la famille Lebois. Invente une conversation avec ton/ta partenaire.
Exemple:

> Où est-ce que je peux mettre mes vêtements?

> Il y a de la place dans l'armoire.

3 Des conversations

Complète les conversations avec la forme correcte du verbe ***avoir***.

Exemple: 1 *tu as*

a – Est-ce que tu (**1**) … des frères et des sœurs?
– Oui, j' (**2**) … un frère, mais je n'(**3**) … pas de sœurs.

b – Tu (**4**) … des cousins?
– Oui, j' (**5**) … un cousin et deux cousines.

c – Est-ce que vous (**6**) … des animaux?
– Non, nous n' (**7**) … pas d'animaux, mais mes cousins (**8**) … un chien.

d – Tu (**9**) … un ordinateur ou une console dans ta chambre?
– Moi, non, mais nous (**10**) … un ordinateur dans la salle de séjour et ma sœur aînée (**11**) … une console dans sa chambre.

4 🗣 À la maison

À discuter

Travaillez à deux. Inventez une conversation sur la maison.

Voici des idées:
- Tu as ta propre chambre?
  (Oui/Non, je partage une chambre avec …)
- Comment est la chambre?
  (Elle est (assez) petite/grande/confortable.)
- Est-ce que vous avez un ordinateur à la maison?
- Où est-il?
- Avez-vous un jardin?
- Le jardin, comment est-il?
  (Il est (assez/très) petit/grand.)

À écrire

Écris un paragraphe sur ta chambre ou ta maison.

5 Tout va bien

Comme on a Internet à la maison, Julie décide d'envoyer un e-mail à ses parents. Voici son message.

Salut!

Tout va bien ici. La famille Lebois est très sympa. Ils habitent dans un appartement moderne. J'ai ma propre chambre qui est très jolie. Nicole a beaucoup de jeux électroniques, alors nous jouons souvent sur l'ordinateur. Nicole a deux cousins qui habitent près d'ici. Ils sont amusants.

Hier, nous avons passé la journée avec les cousins. Le matin, nous avons visité la ville. J'ai acheté des cartes postales. À midi, nous avons mangé au café. Moi, j'ai mangé un sandwich au jambon et une glace à la fraise.

L'après-midi, on a joué au tennis dans le parc. Hier soir, on a regardé une vidéo – Astérix et Obélix contre César. C'était amusant.

Bises,
Julie

DOSSIER-LANGUE

Present or past?

In Julie's message, some of the verbs are in the present tense, but some are in a different tense.

present tense

*J'**ai** ma propre chambre.* (I **have** my own room.)

*Nous **jouons** souvent sur l'ordinateur.* (We often **play** on the computer.)

These verbs are in the present tense because they describe something that is still happening or happens regularly. Can you find some more verbs in the present tense?

perfect tense

*Le matin, nous **avons visité** la ville.* (In the morning, we **visited** the town.)

*J'**ai acheté** des cartes postales.* (I **bought** some postcards.)

These verbs are in a past tense, because they refer to things that have happened and are now over. The past tense that is used here is called the perfect tense (*le passé composé*). It is composed of two verbs:

    the present tense of ***avoir***   a **past participle**
(this is known as the **auxiliary** verb)   (this gives the meaning)

On a joué

Can you find some more examples of verbs in the perfect tense? Remember that two verbs are used in the perfect tense.

a Mangetout cherche une fenêtre ouverte.

b Mangetout a trouvé une fenêtre ouverte.

c La dame prépare le repas.

d La dame a préparé le repas.

e Mangetout a mangé le poisson.

f Mangetout mange le poisson.

g La dame a chassé Mangetout dans le jardin.

h La dame chasse Mangetout dans le jardin.

Vrai ou faux?

Exemple: 1 *vrai*

1 Julie est contente en France.
2 Les Lebois habitent dans une maison.
3 Julie partage la chambre de Nicole.
4 Hier matin, Julie a visité la ville avec Nicole et ses cousins.
5 Elle a acheté des jeux électroniques.
6 À midi, ils ont mangé à la maison.
7 Hier après-midi, ils ont joué au football.
8 Hier soir, ils ont regardé un jeu à la télé.

6 🎧 Présent ou passé?

Écris 1–10 et écoute les phrases. Note:
* *PR (si la phrase est au présent)*
* *P (si la phrase est au passé).*

Exemple: 1 *PR*

7 Mangetout adore le poisson

Trouve le bon texte pour chaque image.
Exemple: 1 *c*

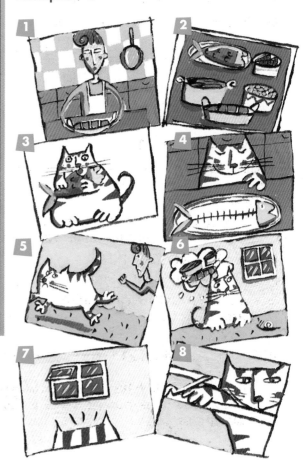

1 🎧 Un coup de téléphone

Le téléphone sonne chez les Martin. Écoute la conversation et fais les activités.

a *Mets les images dans le bon ordre.* **Exemple:** *6, …*

b *Choisis la bonne réponse.* **Exemple: 1** *b*

1 Ce matin, Daniel a visité …
 a un musée **b** la ville **c** le château.

2 Il a acheté …
 a un T-shirt et une carte
 b un livre et une carte
 c un magazine et une carte.

3 Thomas a décidé d'acheter …
 a une BD **b** un CD **c** un CD-ROM.

4 À midi, Daniel et Thomas ont déjeuné …
 a à la maison
 b au collège
 c dans un fast-food.

5 L'après-midi, ils ont écouté …
 a un CD
 b la radio
 c les instructions.

6 Puis ils ont joué …
 a aux cartes
 b sur l'ordinateur
 c au badminton.

7 Daniel a regardé …
 a ses photos
 b des magazines
 c ses e-mails.

2 Samedi après-midi

La famille Martin et des amis ont travaillé tout l'après-midi. Trouve le bon texte pour chaque image.

Exemple: 1 *h*

a Sophie a rangé le salon.
b Laura et Marion ont décoré la maison.
c Nous avons acheté des chips et du coca.
d J'ai passé l'aspirateur.
e Mais, on a oublié de mettre Jupiter dans le jardin!
f Pierre a aidé dans la cuisine.
g Marc, tu as organisé la musique?
h Mme Martin a préparé le gâteau.

DOSSIER-LANGUE

The perfect tense

The perfect tense is composed of two verbs:
part of *avoir* + a past participle.
Look at the past participle of these verbs and compare it with the infinitive. Can you see how it is formed?

	infinitive	past participle
to buy	*acheter*	*acheté*
to listen	*écouter*	*écouté*

Drop the *-r* and add an acute accent to the final *-e*.
Both words sound the same in spoken French.

3 La fête de Thomas

a *Daniel parle de la fête. Complète les phrases avec le participe passé.*

Exemple: 1 *Thomas a porté*

1 Pour la fête, Thomas a … son nouveau jean et un T-shirt. (porter)
2 Moi, j'ai … un jogging et mon T-shirt favori. (porter)
3 Thomas a … ma sœur, Julie, et sa correspondante, Nicole, à la fête. (inviter)
4 La fête a … à huit heures. (commencer)
5 On a … de la bonne musique. (écouter)
6 Nous avons … de la pizza et du gâteau. (manger)
7 Quelques personnes ont … . (danser)
8 J'ai … avec beaucoup de personnes. (parler)

b *Julie parle de la fête. Complète les phrases avec la forme correcte du verbe **avoir**.*

Exemple: 1 *Thomas a invité*

1 Samedi dernier, Thomas … invité Nicole et moi à sa fête.
2 Nous … cherché un cadeau pour Thomas en ville.
3 Finalement, nous … trouvé une BD (bande dessinée).
4 Thomas … aimé le livre.
5 Les filles … dansé.
6 Mais Daniel, tu … refusé de danser, pourquoi?
7 Moi, j' … rencontré Marc, le frère de Thomas. Il est sympa.
8 La fête … duré jusqu'à onze heures.

4 🎧 Quand exactement?

a *Trouve les paires.* **Exemple: 1** *f*

1	last week	**a**	hier
2	yesterday morning	**b**	hier soir
3	Sunday afternoon	**c**	hier matin
4	last weekend	**d**	vendredi dernier
5	yesterday	**e**	dimanche après-midi
6	last Friday	**f**	la semaine dernière
7	last night	**g**	le week-end dernier

b *Écoute les conversations. On utilise une des expressions **a–g** dans chaque conversation. Note la bonne expression.*

Exemple: 1 *f*

5 Des phrases bizarres

Choisis cinq numéros entre 1 et 6 ou jette un dé.
Quelle est la phrase?

A	**B**	**C**	**D**	**E**
1 Hier,	1 j'ai	1 attrapé	1 un gâteau	1 dans la cuisine.
2 Hier matin,	2 tu as	2 mangé	2 une tarentule	2 dans le jardin.
3 Hier soir,	3 on a	3 imaginé	3 des souris	3 dans la salle de bains.
4 Lundi dernier,	4 nous avons	4 trouvé	4 des chocolats	4 dans le salon.
5 Mercredi soir,	5 vous avez	5 cherché	5 un dragon	5 dans le garage.
6 Samedi dernier,	6 ils ont	6 dessiné	6 un œuf	6 dans la salle à manger.

6 L'autre jour

Écris quelques phrases pour décrire un jour récent.

Pour t'aider

	j'ai	travaillé (dans le jardin/ à la maison)
Samedi dernier,	mon ami(e) a mon frère a ma sœur a	aidé dans la cuisine lavé la voiture préparé le déjeuner/ le dîner/un pique-nique
Hier,	mes parents ont	joué sur l'ordinateur/ au badminton/au football téléphoné à un(e) ami(e)
Dimanche dernier,	mes amis ont on a	organisé une petite fête/ une boum
	nous avons	mangé au restaurant

1 🎧 Aux magasins

Écoute et trouve les mots qui manquent dans la case.
Exemple: a *maison*

acheter	Canada	chats	cher	copain	cousine
intéressant	l'informatique	maison	prix	

1 **Christophe** a oublié son appareil à la (**a**) ..., alors il va acheter un appareil-photo jetable.
– Cet appareil rouge n'est pas (**b**) ...
– C'est vrai, mais je vais acheter cet appareil bleu. C'est le même (**c**) ... et je préfère la couleur.

2 **Nicole** veut acheter des chaussettes pour sa petite (**d**) ...
– Regarde, il y a des chaussettes pour enfants là-bas.
– Ah oui, j'aime bien ces chaussettes avec les petits (**e**) ... Elles sont mignonnes.
– Oui, et ces chaussettes avec les fleurs sont jolies aussi.
– Oui, c'est vrai, mais ma cousine aime bien les chats, alors je vais (**f**) ... ces chaussettes avec les chats.

3 **Daniel** cherche des cartes postales.
– Je cherche des cartes postales pour mes copains au (**g**) ...
– Regarde ces cartes postales des sports. Elles sont amusantes, non?
– Ah oui, j'aime bien cette carte postale d'un footballeur. Je vais l'acheter pour un (**h**) ... qui aime le foot.

4 **Hélène** regarde les magazines.
– Avez-vous des magazines pour les jeunes?
– Oui, il y a un grand choix de magazines là-bas.
– Regarde ce magazine – c'est (**i**) ... . Il y a des photos et des articles sur la mode.
– Oui, mais moi, je préfère (**j**) ... . Dans ce magazine, il y a des articles intéressants sur Internet et il y a un CD-ROM gratuit. Je vais acheter ça.

2 Qu'est-ce qu'on a acheté?

Qu'est-ce qu'on a acheté? Écris une liste des choses.
Exemple: 1 Christophe A

A cet appareil bleu   **B** cet appareil rouge

C ces chaussettes avec les chats   **D** ces chaussettes avec les fleurs

E cette carte postale d'un skieur   **F** cette carte postale d'un footballeur

G ce magazine sur la mode   **H** ce magazine sur Internet

DOSSIER-LANGUE

This and that

In the task above, there are three different words meaning 'this' and one meaning 'these'. Can you find them?
The word you need for 'this' depends on the noun which follows:

singular			plural
masculine	masculine beginning with a vowel	feminine	
ce	cet	cette	ces

3 Ça commence avec c

Tous les mots commencent avec c dans ce jeu des définitions.

1 Beaucoup de familles ont cet animal à la maison, mais ce n'est pas un chien.
2 Cette petite machine est très utile pour faire des calculs.
3 On boit cette boisson souvent en France, surtout au petit déjeuner ou après un repas.
4 Ce légume orange contient beaucoup de vitamines.
5 On porte ce vêtement sur la tête.
6 Ce petit objet est utile pour écrire ou dessiner.

4 La publicité

Complète ces phrases avec **ce** *ou* **cet**.
Exemple: 1 *ce sac*

1 Regardez ... sac de sport pratique.
2 Goûtez ... gâteau délicieux.
3 ... appareil n'est pas cher.
4 Achetez ... ordinateur portable.
5 Regardez ... instrument de musique.

Complète ces phrases avec **cette** *ou* **ces**.

6 Achetez ... lunettes de soleil.
7 Envoyez ... carte amusante.
8 ... chaussures sont très élégantes.
9 Regardez ... raquettes fantastiques.
10 Écoutez ... belle musique.

5 Idées souvenirs

Regarde la liste des souvenirs (Légende). Quelle est l'image qui correspond?
Exemple: 1 j

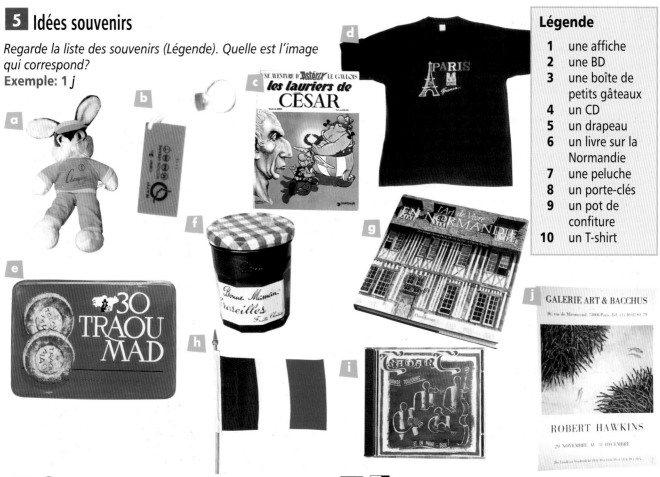

Légende

1 une affiche
2 une BD
3 une boîte de petits gâteaux
4 un CD
5 un drapeau
6 un livre sur la Normandie
7 une peluche
8 un porte-clés
9 un pot de confiture
10 un T-shirt

6 🎧 On achète des souvenirs

Écris 1–8, écoute et décide ce qu'on achète.
Écris la bonne lettre.
Exemple: 1 f (un pot de confiture)

7 Des cadeaux

Travaillez à deux. Lisez cette conversation, puis changez les mots soulignés et changez de rôle.

– Je cherche un cadeau pour ma mère.
– Nous avons cette boîte de petits gâteaux ou bien ce livre sur la Normandie.
– Je voudrais le livre, s'il vous plaît.

8 Qu'est-ce qu'on a oublié?

a   Laura et Marion achètent des cadeaux.

1 peluche (pour Lucie)
1 drapeau (pour Henri)
1 porte-clés (pour oncle Julien)
1 pot de confiture (pour tante Mathilde)

Qu'est-ce qu'elles ont acheté?
Qu'est-ce qu'elles ont oublié?

b   Marc achète des choses pour la rentrée.

un dictionnaire
une règle
une gomme
un cahier

Qu'est-ce qu'il a acheté?
Qu'est-ce qu'il a oublié?

1 As-tu bonne mémoire?

As-tu bonne mémoire? Réponds aux questions.
Exemple: 1 *a*

1 Est-ce que Christophe a choisi
  a cet appareil bleu
  ou
  b cet appareil rouge

2 Et Nicole, est-ce qu'elle a choisi
  a ces chaussettes avec les fleurs
  ou
  b ces chaussettes avec les chats ?

3 Daniel, est-ce qu'il a choisi
  a cette carte postale d'un skieur
  ou
  b cette carte postale d'un footballeur ?

4 Et Hélène, est-ce qu'elle a choisi
  a ce magazine sur la mode
  ou
  b ce magazine sur Internet ?

2 Quelle bulle?

Mets la bonne bulle à chaque image.

a Vous avez choisi, Madame?
b Il a trop rempli l'aquarium.
c Il a rougi.
d Tu as fini ton yaourt?

DOSSIER-LANGUE

Perfect tense of *-ir* verbs

You know that to form the perfect tense, you need two verbs: part of *avoir* and a past participle. *Choisir, finir* and *remplir* are regular *-ir* verbs.
Look at the past participle of these verbs and compare it with the infinitive. Can you see how it is formed?

	infinitive	**past participle**
to choose	*choisir*	*choisi*
to finish	*finir*	*fini*
to fill	*remplir*	*rempli*
to succeed	*réussir*	*réussi*

You take off the *-r*, so the past participle ends in *-i*.

3 🎧 Activités au choix

Mardi, il y a un choix d'activités pour les jeunes.
Regarde le programme, écoute les conversations et note les détails. Puis complète les phrases.
Exemple: 1 *d Julie et Hélène ont choisi le volley.*

Le matin
1 Julie et Hélène ont choisi …
2 André a choisi …
3 Daniel et Christophe ont choisi …
4 Émilie a choisi …

L'après-midi
5 Émilie, tu as choisi …
6 Julie a choisi …
7 Hélène a choisi …
8 Et vous, les garçons, vous avez choisi …

4 Tu as choisi ça?

Travaillez à deux. Chaque personne choisit une activité le matin et une activité l'après-midi et note les détails.
Pose des questions pour trouver le choix de ton/ta partenaire. Note le nombre de questions.
Exemple:

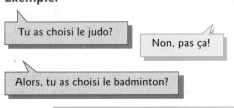

Tu as choisi le judo?

Non, pas ça!

Alors, tu as choisi le badminton?

Oui, j'ai choisi le badminton. Ça fait deux questions.
Maintenant, à moi de poser les questions …

Programme

Matin –
au centre sportif

a le badminton
b le judo
c le tennis de table
d le volley

Après-midi

e une excursion en bateau
f une visite du musée des beaux arts
g une visite guidée de la vieille ville
h une visite de la cathédrale

5 🎧 Une journée difficile

Écoute l'histoire et regarde les images.

Le matin

Le déjeuner

L'après-midi

a **Le matin:** *Trouve le bon texte pour les images 1–4.*

a Sophie et Mélanie ont joué sur l'ordinateur. Après une heure, elles ont fini leur jeu.

b Puis elles ont réussi à préparer le déjeuner dans le four à micro-ondes.

c Le matin, elles ont trouvé ça facile. Robert a dormi jusqu'à midi.

d Samedi dernier, tante Marie a demandé à Sophie et à Mélanie de garder son fils, Robert, pour la journée.

b **Le déjeuner:** *Complète le texte pour les images 5–8 avec les mots dans la case.*

| rempli   continué   refusé   manger |

e Robert a refusé de… . Puis, il a perdu sa petite voiture et il a pleuré.

f Sophie a rendu la voiture à Robert, mais il a … à pleurer.

g Mélanie a … une bouteille avec du lait.

h Mais Robert a … de boire.

c **L'après-midi:** *Trouve le bon texte pour les images 9–12.*

i Les deux filles ont attendu leur tante avec impatience.

j Sophie a téléphoné à tante Marie sur son téléphone portable, mais elle n'a pas répondu.

k Robert a cessé de pleurer et il a commencé à rire.

l Soudain, Robert a entendu un bruit – le chat du voisin a sauté par la fenêtre.

DOSSIER-LANGUE

Perfect tense of *-re* verbs

In task 5 (page 59) there are some examples of past participles ending in *-u*, e.g. *perdu, rendu*. Can you find two more? These past participles are formed from regular verbs ending in *-re*. Compare the past participle (*participe passé*) of these verbs with the infinitive (*infinitif*). Can you see how it is formed?

	infinitive	past participle
to wait (for)	*attendre*	*attendu*
to hear	*entendre*	*entendu*
to lose	*perdre*	*perdu*
to give back	*rendre*	*rendu*
to sell	*vendre*	*vendu*

You take off the *-re* and add *-u*.

1 Des conversations

a Complète les questions.
Exemple: 1 Tu as entendu un bruit?

1 Tu
2 Est-ce que Julie
3 Vous
4 Est-ce qu'on
5 Vous

avez attendu longtemps au café?
a vendu des glaces au parc?
as entendu un bruit?
avez perdu quelque chose?
a rendu le CD?

b Complète les réponses.

a Oui, j'
b Oui, nous
c Non, mais on
d Oui, elle
e J'

avons attendu les autres pendant une heure.
a vendu des boissons dans le kiosque.
ai entendu le téléphone, mais c'est tout.
ai perdu mon billet.
a rendu le CD hier matin.

c Trouve les paires.
Exemple: 1 e

2 🎧 Perdu et retrouvé

Écoute les conversations et complète les phrases avec des mots dans la case. **Exemple: 1 baskets, ...**

1 Nicole a perdu ses ..., mais elles sont dans la ...
2 Luc a perdu son ..., mais il est sur la ...
3 Sophie a perdu sa ..., mais elle est dans la ...
4 Charles a perdu son ..., mais il est sous son ...
5 Les garçons ont perdu leur nouveau ..., mais il est dans l'...
6 Les filles ont perdu leurs ..., mais elles sont dans la ...

baladeur	peluche	ordinateur
baskets	stylo	salle à manger
CD-ROM	cuisine	salle de bains
lunettes de soleil	lit	table

3 C'est la vie

Choisis le bon mot.

1 Ce Parisien a (vendu / perdu / entendu) la Tour Eiffel.

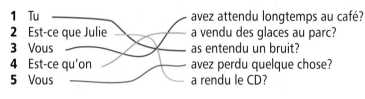

2 J'ai (vendu / attendu / perdu) mes lettres, mais heureusement, je n'ai pas (rendu / perdu / entendu) mon pied!

3 Attention, attention! Le zoo a (perdu / attendu / vendu) un tigre très dangereux.

4 Le gendarme a (vendu / perdu / attendu) devant la banque.

5 Tu as (vendu / entendu / attendu) quelque chose?

Summary of regular verbs (perfect tense)

As you have learnt, the perfect tense (*le passé composé*) is composed of two verbs:
- the present tense of *avoir* (the auxiliary verb)
- and the past participle (*le participe passé*) of a second verb.

Regular verbs form the past participle as follows:

-er verbs	*-é*	e.g. *jouer*	*joué*	**J'ai joué** au badminton. (I played badminton.)
-ir verbs	*-i*	e.g. *finir*	*fini*	*Il* **a fini** *l'exercice.* (He finished the exercise.)
-re verbs	*-u*	e.g. *attendre*	*attendu*	*Nous* **avons attendu** *le train.* (We waited for the train.)

4 Une visite à Paris

Christophe décrit une visite à Paris.
Complète la description avec la forme correcte du verbe au passé composé.
(N'oublie pas: avoir + participe passé.)
Exemple: 1 *le groupe a passé*

1 Mardi dernier, le groupe … la journée à Paris. (passer)
2 Nous … en train. (voyager)
3 Le matin, nous … la Tour Eiffel. (visiter)
4 On … des souvenirs tout près. (regarder)
5 Moi, j'… une petite Tour Eiffel. (acheter)
6 À midi, on … au restaurant. (manger)
7 Moi, j'… du poulet et des frites. (choisir)
8 Les autres … une pizza. (choisir)
9 L'après-midi, nous … de faire une excursion en bateau. (décider)
10 Nous … Daniel et Julie pendant dix minutes. (attendre)
11 Daniel … son billet. (perdre)
12 Mais Julie … le billet par terre. (retrouver)

5 Inventez des conversations

Travaillez à deux. Lisez les conversations, puis changez les mots en couleur.

- Qu'est-ce que vous avez fait **hier**?
- Moi, j'ai **joué au tennis** avec Alex. Les autres ont **joué au golf**.

hier	joué au tennis
hier matin	joué au golf
samedi dernier	joué au badminton
le week-end dernier	regardé un film
	visité la ville

- **Le film** a fini à quelle heure?
- Il a fini à **quatre heures**.
- Qu'est-ce que vous avez fait ensuite?
- Nous avons **joué aux cartes**.

Le film	quatre heures	joué aux cartes
Le concert	trois heures	écouté des CD
Le pique-nique	cinq heures	joué sur l'ordinateur
Le match	six heures	surfé sur Internet

- Vous avez attendu longtemps au restaurant?
- Non, on a attendu **cinq minutes**.
- Qu'est-ce que vous avez mangé?
- Moi, j'ai choisi **le poulet** et Dominique a choisi **une pizza**.

cinq minutes	le poulet
dix minutes	une pizza
un quart d'heure	le poisson
	une omelette
	des spaghettis
	une salade

1 En famille

Trouve les paires.
Exemple: 1 *b*

1	Tu as fait bon voyage?	**a**	Non, c'est ma première visite.
2	Tu as bien dormi?	**b**	Oui, merci, j'ai fait très bon voyage.
3	Tu as assez mangé?	**c**	Oui, j'ai acheté des cartes postales ce matin.
4	Tu as téléphoné à tes parents?	**d**	Oui, merci, j'ai très bien dormi.
5	Tu as acheté des cartes postales?	**e**	Oui, merci, j'ai mangé un repas délicieux.
6	Tu as déjà visité la France?	**f**	Oui, merci, j'ai téléphoné hier soir.

2 🎧 Bon retour!

Écoute la conversation et regarde la case pour trouver les mots qui manquent. Attention! Il y a trop de mots dans la case.

C'est le (**1**) … jour des vacances.
Hier, Daniel a acheté (**2**) … pour Mme Martin.

– Merci bien pour (**3**) …, Daniel.
J'espère que tu as passé de bonnes vacances ici (**4**) …
– Ah oui, Madame, j'ai passé des vacances merveilleuses.
– Alors, au revoir et bon retour (**5**) …!
– Au revoir, Madame, et merci pour tout.

à Montréal	à Rouen
au Canada	en France
des fleurs	les fleurs
des chocolats	les chocolats
premier	dernier

3 La lettre de Julie

Lis la lettre de Julie et réponds aux questions.

1 Julie a passé ses vacances où?
2 Qu'est-ce qu'elle a surtout aimé?
3 Qu'est-ce que ses parents ont aimé?

Chers Monsieur et Madame Lebois,
Je voudrais vous remercier de votre hospitalité. J'ai passé de très bonnes vacances en France. J'ai surtout aimé la visite au jardin de Monet. Mes parents ont bien aimé les cadeaux.
Merci encore,
Julie

4 À toi! ✍

À écrire
Écris une petite lettre comme ça, mais avec des détails différents.

Voilà des idées:	
J'ai beaucoup aimé	la journée à la plage à Dieppe.
	la visite à la montagne.
	la fête de Thomas.
	l'excursion à Honfleur.
	le repas au restaurant.

SOMMAIRE

Now you can ...

● **introduce people**

Je te présente mon frère, Marc. — May I introduce my brother, Mark.

Et voici mes deux sœurs, Laura et Marion. — These are my two sisters, Laura and Marion.

● **talk about families**

beau-père (m)	stepfather, father-in-law
bébé (m)	baby
belle-mère (f)	stepmother, mother-in-law
cousin (m), cousine (f)	cousin
(demi-) frère (m)	(half/step-) brother
(demi-) sœur (f)	(half/step-) sister
enfant (m)	child
fille (f)	daughter, girl
fils (m)	son
grand-mère (f)	grandmother
grand-père (m)	grandfather
jumeau(x) (m)	boy twin(s)
jumelle (f)	girl twin
oncle (m)	uncle
parent (m)	parent, relative
tante (f)	aunt

● **understand and answer questions when staying with a French family**

On peut te tutoyer? — Can we call you 'tu'?

Tu as beaucoup de bagages? — Do you have much luggage?

C'est ton premier séjour en France? — Is it your first stay in France?

Tu as fait bon voyage? — Did you have a good journey?

Est-ce que je peux téléphoner à mes parents? — Can I phone my parents?

Où est-ce que je peux mettre mes vêtements? — Where can I put my clothes?

Il y a de la place dans l'armoire. — There's some room in the wardrobe.

Quand est-ce qu'on se lève ici, normalement? — When do people normally get up here?

Normalement, on se lève vers 7h30. — We usually get up around 7.30.

Où sont les toilettes et la salle de bains? — Where's the toilet and the bathroom?

Est-ce que tu as une serviette? — Do you have a towel?

À quelle heure est-ce que tu te couches d'habitude? — When do you normally go to bed?

Tu as bien dormi? — Did you sleep well?

● **talk about what you have done recently**

Qu'est-ce que tu as fait ce matin? — What did you do this morning?

Ce matin, j'ai visité la ville. — This morning I visited the town.

Dimanche dernier, on a passé la journée chez les grands-parents de Nicole. — Last Sunday we spent the day at Nicole's grandparents' house.

Hier après-midi, on a joué au tennis. — Yesterday afternoon we played tennis.

Hier soir, nous avons regardé une vidéo. — Last night we watched a video.

● **talk about presents and souvenirs** (see also page 56)

Nicole a acheté ce livre. — Nicole bought this book.

Luc a choisi cet appareil pour son anniversaire. — Luke chose this camera for his birthday.

J'ai choisi cette carte pour Thomas. — I chose this card for Thomas.

Daniel a acheté ces fleurs pour Mme Martin. — Daniel bought these flowers for Mme Martin.

● **say goodbye and thank you**

Au revoir. — Goodbye.

Merci pour tout. — Thank you for everything.

J'ai passé des vacances merveilleuses. — I've had a great holiday.

Bon retour en France/au Canada. — Have a good journey back to France/Canada.

● **use the perfect tense of regular verbs (with avoir)**

e.g.	-er **travailler**	-ir **finir**	-re **perdre**
j'ai	travaillé	fini	perdu

(see also pages 53, 54, 58, 60)

some regular -ir verbs

choisir	to choose
finir	to finish
remplir	to fill
réussir	to succeed

some regular -re verbs

attendre	to wait (for)
entendre	to hear
perdre	to lose
rendre	to give back
répondre	to answer, reply
vendre	to sell

● **use expressions of past time**

hier	yesterday
hier après-midi	yesterday afternoon
hier soir	last night
dimanche dernier	last Sunday
samedi matin	Saturday morning
la semaine dernière	last week
le week-end dernier	last weekend

● **use ce, cet, cette, ces + noun (this ...)** (see page 56)

La vente

1
Alors Richard, il faut ranger ta chambre avant l'arrivée de ton correspondant, samedi prochain.

2
Voilà Maman. C'est fait! La chambre est prête pour notre visiteur.

Mais c'est fantastique, Richard. Tu as bien travaillé!

3
Mais qu'est-ce que c'est? Toutes ces boîtes ne sont pas à nous!

4
Tout ça, c'est pour vous deux! Ce sont des cadeaux.

Des cadeaux! Ce sont de vieux jouets. On ne veut pas de cadeaux comme ça!

5
Voilà, Maman. J'ai donné tous mes trésors aux jumeaux.

C'est très gentil, Richard.

6
Mais deux jours après …

Faites de la place dans votre maison! GRANDE VENTE ici dimanche 25 février

Chic! Voilà la solution!

7
Quelle bonne idée! On va vendre tout ça.

8
Regarde, c'est Michel, le copain de Richard!

Tiens! Ça ressemble au petit robot de Robert. Je vais l'acheter pour lui. Comme ça, il va en avoir deux.

9
Salut, Richard! Voici un petit cadeau pour toi!

La vie scolaire en Europe

1 En France

Beaucoup d'enfants vont à l'école maternelle à 4 ans, mais la scolarité obligatoire est de 6 ans à 16 ans (avec le lycée après, si on veut).

On apprend beaucoup de choses par cœur et à l'âge de 17 ou 18 ans, il faut passer un examen très important (et assez dur) qui s'appelle le bac (baccalauréat).

2 En Allemagne

On encourage les élèves à être responsables et respectueux et on ne les surveille pas beaucoup entre les cours, par exemple. Les élèves allemands peuvent même manger et boire dans leur salle de classe – ils ne sont pas surveillés, mais ils ne laissent pas de papiers par terre.

Les élèves allemands travaillent souvent en groupes et tout le monde est responsable pour le succès du travail.

Et un grand avantage – en Allemagne, la journée scolaire finit à 13 ou à 14 heures.

> surveiller – *to supervise*

3 Au Danemark

Ici, la scolarité obligatoire commence à 7 ans, on reste dans la même école jusqu'à 16 ans et après ça, on peut aller au lycée.

Chaque élève note ce qu'il/elle fait et ce qu'il/elle pense dans un journal spécial et on discute de tout ça avec le prof.

En classe, il y beaucoup de discussions et souvent, on sort en groupe pour étudier la nature et la campagne.

4 En Suède

Ici, il n'y a pas d'examens, même à la fin des études secondaires. Tout le monde travaille 'à son rythme personnel'! Et pendant les trois premières années de l'école secondaire, il n'y a même pas de notes, pas de compétition!

Les profs travaillent à côté des élèves et les meilleurs élèves aident les moins forts – on fait des progrès ensemble.

Ça nous a changé la vie!
Des inventions du vingtième siècle

1 L'aspirateur

En 1900, c'est un Anglais, H. Cecil Booth, qui a inventé l'aspirateur pour la maison, mais c'était très lourd.

En 1906, un Français, Robert Bimm, a fait un aspirateur beaucoup plus léger et plus facile à utiliser.

Et vers la fin du 20ème siècle, encore une invention très importante – c'est l'aspirateur Dyson.

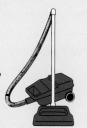

2 Le trombone

Ce petit objet, si utile, a été inventé en 1900 par un Norvégien, Johann Waaler – en cent ans, il n'a pas beaucoup changé!

3 L'escalier roulant

Le premier escalier roulant a été présenté au Salon de Paris en 1900. Après la première guerre mondiale, l'escalier roulant était très populaire et on l'a installé dans tous les grands magasins de Paris.

4 Le 'frigo'

On a inventé le réfrigérateur aux États-Unis en 1913, mais deux marques célèbres datent d'un peu plus tard: **Frigidaire** (français) date de 1919 et **Electrolux** (suédois) de 1931.

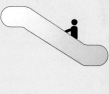

5 L'hélicoptère

C'est un Français, Paul Cornu, qui a fait le premier vol dans une sorte d'hélicoptère, à Lisieux, en 1907. Plus tard, les Anglais et les Américains ont développé des hélicoptères de plus en plus modernes.

Mais le vrai inventeur de l'hélicoptère, c'est Léonard de Vinci, qui a dessiné une machine volante en 1480!

unité

5

Bon appétit!

In this unit you will learn how to ...
- buy drinks and snacks in a café
- choose ice creams
- discuss what you like to eat and drink
- order a meal in a restaurant
- describe a meal

You will also ...
- use the verb *boire* (to drink)
- use the perfect tense of some irregular verbs
- ask questions in the perfect tense
- learn the negative form of the perfect tense

1 🎧 Les cafés en France

Regarde les images, écoute et lis. Puis fais les activités en bas.

1 En France, il y a beaucoup de cafés. Ils sont ouverts toute la journée et souvent jusqu'à minuit.

Voici un café en France. Le garçon de café sert des boissons aux clients.

Dans un café en France, il y a un grand choix de boissons. Par exemple, on boit des boissons froides, comme l'Orangina, le jus de fruit et la limonade ...

... et il y a aussi des boissons alcoolisées, par exemple le vin, la bière et le cidre.

Les Français boivent beaucoup d'eau minérale – on peut choisir entre l'eau gazeuse et non-gazeuse.

Beaucoup de clients prennent des boissons chaudes, comme un café-crème, un thé au lait, un thé au citron ou un chocolat chaud.

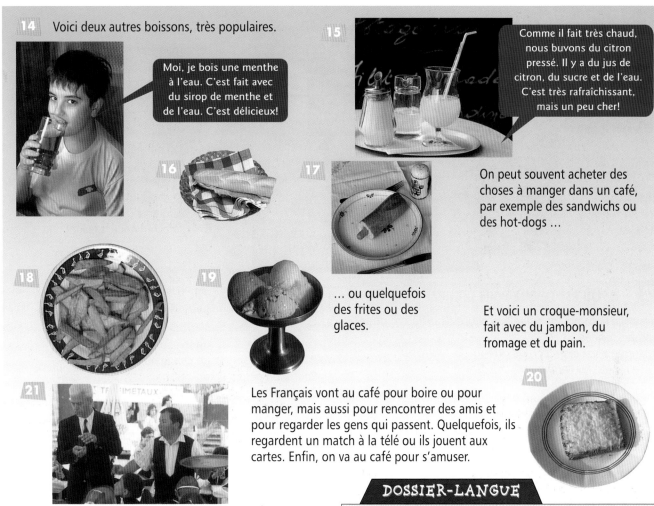

14 Voici deux autres boissons, très populaires.

Moi, je bois une menthe à l'eau. C'est fait avec du sirop de menthe et de l'eau. C'est délicieux!

15 Comme il fait très chaud, nous buvons du citron pressé. Il y a du jus de citron, du sucre et de l'eau. C'est très rafraîchissant, mais un peu cher!

On peut souvent acheter des choses à manger dans un café, par exemple des sandwichs ou des hot-dogs …

16

17

18

19

… ou quelquefois des frites ou des glaces.

Et voici un croque-monsieur, fait avec du jambon, du fromage et du pain.

21

Les Français vont au café pour boire ou pour manger, mais aussi pour rencontrer des amis et pour regarder les gens qui passent. Quelquefois, ils regardent un match à la télé ou ils jouent aux cartes. Enfin, on va au café pour s'amuser.

20

2 🎧 Qu'est-ce qu'on prend?

Des clients au café commandent des boissons qui sont illustrées sur ces pages.
Écris 1–10, écoute bien et écris le numéro de l'image qui correspond.
Exemple: 1 *Photo 10.*

3 Vrai ou faux?

Exemple: 1 *faux*

1 Les cafés sont fermés l'après-midi.
2 On ne peut pas boire de boissons chaudes au café.
3 Le vin est une boisson alcoolisée.
4 Pour faire une menthe à l'eau, on prend du sirop de menthe et de l'eau.
5 Un citron pressé est fait avec du melon, du sucre et de l'eau.
6 Normalement, on va au café pour boire ou pour manger quelque chose.
7 Un croque-monsieur est fait avec du poisson, du fromage et du pain.
8 La limonade est une boisson froide et gazeuse.

DOSSIER-LANGUE

boire (to drink)

Here is the present tense of the irregular verb *boire* (to drink).

je bois	*nous buvons*
tu bois	*vous buvez*
il/elle/on boit	*ils/elles boivent*

Which parts of this verb are used in the article about cafés in France?

4 Les boissons

*Complète la conversation avec la forme correcte du verbe **boire**.*
Exemple: 1 *boire*

– Qu'est-ce que tu aimes (**1**) …?
– J'aime le jus de fruit, je (**2**) … beaucoup de jus d'orange. Et toi, qu'est-ce que tu (**3**) …, normalement?
– Alors, moi, je (**4**) … souvent du coca, mais à la maison, nous (**5**) … surtout de l'eau minérale.
– Ah bon, qu'est-ce que vous (**6**) … comme eau minérale, gazeuse ou non-gazeuse?
– On (**7**) … les deux, mais moi, je préfère l'eau gazeuse. C'est plus rafraîchissant.

1 🎧 On va au café?

Ces jeunes vont fêter l'anniversaire de Paul.

> Bien sûr. Merci, Jean-Pierre. Tu viens au café?

> Salut, Paul. Bon anniversaire! C'est bien aujourd'hui, non?

Jean-Pierre

Paul

Marc

Claire

Élise

Tiffaine

> Et vous aussi, Marc et Élise? On va au café de la Poste. J'ai déjà invité Tiffaine et son amie Claire. On y va?

Les copains arrivent au café.
Qu'est-ce qu'ils ont commandé?
Écoute la conversation et lis le texte,
puis complète les phrases.
Exemple: 1*Claire* a commandé un jus d'orange.

1 … a commandé un jus d'orange.
2 … a commandé un coca.
3 … a choisi un chocolat chaud.
4 … a choisi un café-crème.
5 … a demandé un Orangina.
6 … a commandé une limonade.

2 🗣 Qu'est-ce que vous prenez?

Personne A commande quelque chose de différent pour cinq personnes.
Personne B est le garçon de café (ou la serveuse).
Il/Elle répète les commandes à la fin.
Puis changez de rôle.

Exemple: **A** *Pour Danielle, un citron pressé, s'il vous plaît.*
B *Alors, un citron pressé.*
A *Pour Madame, un(e) … (etc.)*
B *… et un(e) … (etc.)*

Pour Danielle,	un thé au lait,	
Pour ma mère,	un Orangina,	
Pour mon père,	un citron pressé,	
Pour moi,	un coca,	s'il vous plaît.
Pour Madame,	un verre de lait,	
Pour Monsieur,	une bière,	
Pour (nom),	un chocolat chaud,	
(Nom) prend	un café-crème,	

3 🎧 On vend des glaces

Aujourd'hui, il fait chaud et tout le monde achète une glace.
Écoute les clients pour trouver les résultats du sondage.

1 … personnes ont choisi la fraise.
2 … personnes ont commandé une glace à la vanille.
3 … personne a demandé une glace à l'abricot.
4 Le parfum le plus populaire est …

4 🗣 Tu veux une glace?

Travaillez à deux. Lisez cette conversation, puis changez les parfums de glace.

– Ouf! Il fait chaud. Tu veux une glace?
– Oui, je veux bien.
– Une, deux ou trois boules?
– Une boule, s'il te plaît.
– Quel parfum?
– Je voudrais une glace … **à la fraise**. Non, **au citron**. Non, non, **à l'orange**.
– Voilà! Une glace **à l'orange** pour toi. Et pour moi, une glace **au chocolat**.
– Oh zut! Moi aussi, je préfère **le chocolat**.

Achetez une glace!
Nos parfums, au choix!

		café
		cassis
	au	chocolat
		citron
		banane
		fraise
une glace	à la	noisette
		pistache
		vanille
		abricot
	à l'	ananas
		orange
	aux	fruits de la passion
		pépites de chocolat

DOSSIER-LANGUE

The perfect tense – a reminder

On the previous page you have been using expressions like
Il **a commandé** *un Orangina.*
Tout le monde **a acheté** *une glace.*
Ces personnes **ont choisi** *la fraise.*

All these verbs (in **bold**) are in the perfect tense
- they refer to the past.
- they are made up of two verbs:
  - the auxiliary verb, e.g. part of *avoir*
  - and the past participle, e.g. *commandé, choisi, vendu.*

See how many more examples of the perfect tense you can find on page 68.

5 Vous êtes au café

Travaillez à deux. Lisez cette conversation, puis inventez des conversations différentes. Changez de rôle.

Garçon: Vous désirez?
Client(e): **Un Orangina,** s'il vous plaît.
Garçon: **Un Orangina.** Bien. C'est tout?
Client(e): Et **un sandwich,** s'il vous plaît. Qu'est-ce que vous avez comme **sandwichs**?
Garçon: **Pâté, fromage ou jambon.**
Client(e): Alors **un sandwich au pâté,** s'il vous plaît.
Garçon: **Un sandwich au pâté.**
Client(e): Et **où sont les toilettes,** s'il vous plaît?
Garçon: C'est là-bas, au fond.
Client(e): Merci, Monsieur.
…
Client(e): Monsieur! L'addition, s'il vous plaît.
Garçon: Voici l'addition.
Client(e): Merci, Monsieur, voilà!

un Orangina
un chocolat chaud
un café-crème
un thé au citron
un verre de lait
un jus de fruit
une menthe à l'eau

Où sont les toilettes?
Avez-vous le téléphone?

un sandwich au pâté / au fromage / au jambon
un croque-monsieur   un hot-dog
une glace à la vanille / au café / etc.
une crêpe

Que désirez-vous?

1 Bien, Messieurs, Mesdemoiselles,
Que désirez-vous?
Mon frère va prendre une menthe à l'eau,
Et pour moi un chocolat chaud.
Mais Monsieur, je suis désolée,
Paul et Marc et Anne et Claire
N'ont pas encore décidé.

2 Bien, Messieurs, Mesdemoiselles,
Que désirez-vous?
Paul désire un verre de lait,
Mon frère va prendre une menthe à l'eau,
Et pour moi un chocolat chaud.
Mais Monsieur, je suis désolée,
• • Marc et Anne et Claire
N'ont pas encore décidé.

3 Bien, Messieurs, Mesdemoiselles,
Que désirez-vous?
Marc voudrait un Orangina,
Paul désire un verre de lait,
Mon frère va prendre une menthe à l'eau,
Et pour moi un chocolat chaud.
Mais Monsieur, je suis désolée,
• • • • Anne et Claire
N'ont pas encore décidé.

4 Bien, Messieurs, Mesdemoiselles,
Que désirez-vous?
Anne prend un citron pressé,
Marc voudrait un Orangina,
Paul désire un verre de lait,
Mon frère va prendre une menthe à l'eau,
Et pour moi un chocolat chaud.
Mais Monsieur, je suis désolée,
• • • • • • Claire
N'a pas encore décidé.

5 Bien, Messieurs, Mesdemoiselles,
Que désirez-vous?
Claire a choisi un coca,
Anne prend un citron pressé,
Marc voudrait un Orangina,
Paul désire un verre de lait,
Mon frère va prendre une menthe à l'eau,
Et pour moi un chocolat chaud.
• • • • • • •
Tout le monde a décidé!

6 Bien, Messieurs, Mesdemoiselles,
Vous mangez quelque chose?
Mon frère prend une portion de frites,
Et pour moi une tranche de quiche.
Mais Monsieur, je suis désolée …
Ne dites rien, déjà j'ai deviné.
Paul et Marc et Anne et Claire
N'ont pas encore décidé.

Racontez–nous!
Des repas intéressants

Un grand merci à nos lecteurs! Nous avons reçu beaucoup de lettres. Vous avez écrit des descriptions d'une grande variété de repas. Nous avons lu toutes vos lettres et en voici une petite sélection.

Une spécialité régionale

Pendant mes vacances à Carcassonne, en France, la mère de mon correspondant a fait du cassoulet. On m'a dit que c'est la spécialité de la région.
Dans une grande cocotte*, elle a mis des haricots blancs, des saucisses, du porc et du canard avec des légumes. Avec ça, on a bu du vin rouge de la région. Délicieux!
Mais nous avons dormi tout l'après-midi!
Charles Levallois, Québec

* **une cocotte** – *casserole dish*
* **j'étais** – *I was*

Un repas européen

À la maison des jeunes, cette année, on a organisé un repas européen qui a été un événement très réussi.
On a eu des plats allemands, comme la choucroute ('Sauerkraut' en allemand), et italiens, comme les spaghettis, et j'ai découvert un plat anglais qui s'appelle le 'Yorkshire pudding'. Comme dessert, moi, j'ai pris un plat belge, un gâteau au chocolat – miam, miam – j'adore le chocolat!
Élise Donoyer, Lyon

Un déjeuner au collège

Quand j'étais* en France chez mon correspondant, nous avons pris un repas dans la cantine à son collège. J'ai été un peu surpris.
D'abord, on a eu une salade de tomates, ensuite du poisson avec des frites délicieuses, puis des haricots verts – servis tout seuls!
Après, on a pu choisir un yaourt, du fromage ou un fruit. Moi, j'ai pris un yaourt aux abricots.
J'ai vu le menu pour la semaine et on mange comme ça presque tous les jours! Trois ou quatre plats par repas – pas mal, non?
Richard Bernard, Manchester, Angleterre

1 Racontez-nous!

Lis le texte, puis trouve les paires pour faire un résumé.
Exemple: 1 b

1	Les lecteurs du magazine ont écrit	**a**	le Yorkshire pudding.
2	Dans ces lettres, on a décrit	**b**	beaucoup de lettres.
3	On a fait du cassoulet	**c**	un plat belge.
4	Avec le cassoulet, on a bu	**d**	des plats intéressants.
5	Les jeunes à Lyon ont préparé	**e**	du vin rouge.
6	Comme spécialité anglaise, on a eu	**f**	le menu au collège français.
7	Comme dessert, Élise a pris	**g**	pour Charles.
8	Richard a été surpris quand il a vu	**h**	un repas européen.

2 D'autres verbes utiles

a Trouve les participes passés. Regarde **Les verbes**, page 160.
Exemple: 1 j'ai appris

1	apprendre *(to learn)*	j'ai …
2	comprendre *(to understand)*	j'ai …
3	offrir *(to offer, give)*	j'ai …
4	ouvrir *(to open)*	j'ai …
5	recevoir *(to receive)*	j'ai …
6	vouloir *(to want, wish)*	j'ai …

b Écris des phrases avec ces verbes.
Exemples: J'ai **appris** ce verbe.
Nous **avons ouvert** notre cadeau …

DOSSIER-LANGUE

The perfect tense with irregular participles

The perfect tense is composed of two verbs: an auxiliary verb and a past participle.
Regular past participles are formed like this:

infinitive ends in	past participle ends in
-er *(manger)*	-é *(mangé)*
-ir *(finir)*	-i *(fini)*
-re *(vendre)*	-u *(vendu)*

Some verbs have irregular past participles.
Can you find on this page the past participles to complete the list which follows?

1	*avoir (to have)*	j'ai *eu*	**Exemple**
2	*boire (to drink)*	j'ai …	
3	*lire (to read)*	j'ai …	
4	*pouvoir (to be able)*	j'ai …	
5	*voir (to see)*	j'ai …	
6	*dire (to say)*	j'ai …	
7	*écrire (to write)*	j'ai …	
8	*mettre (to put)*	j'ai …	
9	*prendre (to take)*	j'ai …	
10	*être (to be)*	j'ai …	
11	*faire (to do, make)*	j'ai …	
12	*découvrir (to discover)*	j'ai …	

3 🎧 Dans la rue

C'est lundi et on fait un sondage:

> Hier, c'était dimanche. Alors, le déjeuner de dimanche traditionnel, ça existe toujours? Oui ou non? Voici nos recherches.

Écoute les questions. Il y a huit réponses. Combien disent 'oui' et combien disent 'non'? Note les réponses comme ça:

Oui	Non
/	

5 🎧 Le sandwich surprise

Voici des idées intéressantes!

a Voilà une sélection de sandwichs surprises. Lis les détails. Quel sandwich préfères-tu?

b Maintenant, écoute les résultats pour savoir qui a gagné!

4 À toi! ✍

À écrire

Qu'est-ce qu'on a pris? Fais des phrases.

Hier,	j'ai	mangé	une pizza (ou un autre plat)
Au café,	j'ai	bu	du coca (ou une autre boisson)
Pour mon petit déjeuner,	j'ai	pris	des céréales et du jus de fruits (etc.)
Pour mon anniversaire,	nous avons	eu	un repas délicieux

> C'est la saison des pique-niques. Inventez ... un sandwich surprise! Envoyez vos idées à **Sandwich surprise** avant la fin du mois. Le lundi de Pâques, écoutez les résultats à 18h à la radio.
> **100 CD à gagner!**

Voici mon sandwich surprise.
Mettez une tranche de jambon, puis une tranche de fromage, puis un morceau d'oignon, du sel et du poivre – voilà, c'est délicieux!
Claudette Bernard, Paris

Un sandwich surprise un peu spécial
D'abord, mettez du beurre et de la confiture d'oranges sur votre pain. Puis ajoutez des sardines et des chips – c'est un peu spécial, mais c'est délicieux! J'ai mangé un de ces sandwichs moi-même, mais mon chien en a mangé trois!
Jean-Pierre Léon, Dieppe

Le sandwich surprise idéal!
Voilà mon idée – j'ai coupé en petits morceaux deux ou trois radis, deux ou trois champignons et du pâté. J'ai ajouté du sel et du poivre et j'ai mélangé ça avec de la mayonnaise. C'est excellent! Mon père en a mangé trois!
Paul Dubois, La Rochelle

Le sandwich surprise salade de fruits
Ne mettez pas de beurre sur votre pain, mais mettez un peu de crème fraîche. Puis ajoutez trois tranches de banane, une tranche de melon, une tranche de poire ou de pomme, puis deux ou trois fraises si possible. Ajoutez un peu de sucre et voilà! Ma mère adore ce sandwich, et mes amis aussi.
Gisèle Leblanc, Nice

1 🎧 Les sandwichs de M. Corot

a Écoute et regarde les images.   *b Mets les textes dans l'ordre.*   *c Puis écoute pour vérifier.*
Exemple: 1 f

a M. Corot a téléphoné à son médecin. Le médecin a envoyé M. Corot directement à l'hôpital. À l'hôpital, ils ont décidé, par précaution, de garder M. Corot pour une nuit.

d Mardi matin à 8h15, les Corot ont quitté la maison. Mme Corot a amené son mari à la gare en voiture, puis elle a continué son voyage jusqu'à son bureau.

g Mme Corot a téléphoné tout de suite à son mari.
– Chéri, ne mange pas tes sandwichs. Minou a mangé des sardines hier soir, et maintenant, il est très malade.
– Mais … j'ai déjà mangé mes sardines – j'ai pris trois sandwichs aux sardines. Qu'est-ce que je vais faire?
– Téléphone immédiatement au médecin.

b À midi et demi, Mme Corot a fini son travail et elle a décidé de rentrer à la maison. À son retour, elle a appelé le chat:
– Minou, Minou, où es-tu? Voilà ton lait. Viens, Minou!
Elle a cherché le chat partout.

e Le matin, pendant leur absence, l'épicier a apporté des provisions chez les Corot: des boîtes, des paquets, des bouteilles. Il a mis les provisions dans le garage.

h À ce moment-là, l'épicier a frappé à la porte.
– Bonjour, Madame. Comment va votre chat aujourd'hui?
– Il va beaucoup mieux, merci. Mais …
– Je suis désolé, Madame, mais hier matin, par erreur, j'ai laissé tomber une grosse bouteille de limonade et la bouteille a frappé votre chat très fort sur la tête.

c Finalement, elle a trouvé Minou dans le garage. Le pauvre chat était très malade. Mme Corot a dit – Mais, Minou, qu'est-ce qu'il y a? Tu as mangé quelque chose de mauvais? 'Mon Dieu,' a pensé Mme Corot! 'Les sardines …? Les sardines ont empoisonné le chat!'

f Lundi soir, M. et Mme Corot ont préparé des sandwichs pour mardi. Elle a mis du jambon dans ses sandwichs, mais il a fait des sandwichs aux sardines et il a donné deux ou trois sardines au chat. Minou adore le poisson et il a mangé les sardines tout de suite.

i M. Corot a passé la nuit à l'hôpital. Il a bien dormi.
Mercredi matin, Mme Corot a téléphoné à l'hôpital. On a dit que M. Corot allait très bien, alors il a pu quitter l'hôpital.

2 Un résumé de l'histoire

Complète le résumé avec les mots dans la case.
Exemple: 1 préparé

mangé   préparé   mangé
fait   passé   vu   téléphoné   quitté
apporté   frappé   expliqué

1 Lundi soir, les Corot ont … des sandwichs.
2 M. Corot a … des sandwichs aux sardines.
3 Le chat a … des sardines.
4 Mardi matin, M. et Mme Corot ont … la maison à 8h15.
5 Pendant leur absence, l'épicier a … des provisions à la maison.
6 À son retour, Mme Corot a … le chat au garage. Il était malade.
7 Elle a … à son mari.
8 Il a dit qu'il avait déjà … ses sandwichs aux sardines.
9 M. Corot a … une nuit à l'hôpital.
10 Mercredi matin, l'épicier a … à la porte.
11 Il a tout … .

3 Quelle est la bonne réponse?

Choisis la bonne réponse aux questions. **Exemple: 1** *a*

1 Quand est-ce que les Corot ont préparé les sandwichs?
   a Lundi soir.
   b Mardi à midi.
   c Mardi soir, après le dîner.

2 Qu'est-ce que Mme Corot a fait?
   a Elle a fait des sandwichs au saucisson.
   b Elle a fait des sandwichs aux sardines.
   c Elle a fait des sandwichs au jambon.

3 Qui a mangé des sardines lundi soir?
   a M. et Mme Corot ont mangé des sardines.
   b Le chat a mangé des sardines.
   c M. Corot a mangé des sardines.

4 À quelle heure est-ce que les Corot ont quitté la maison mardi matin?
   a Ils ont quitté la maison à huit heures et quart.
   b Ils ont quitté la maison à huit heures.
   c Ils ont quitté la maison à sept heures et demie.

5 Qu'est-ce que l'épicier a apporté chez les Corot?
   a Il a seulement apporté des boîtes de conserves.
   b Il a seulement apporté des légumes.
   c Il a apporté des provisions.

6 Où est-ce que Mme Corot a trouvé le chat?
   a Elle a trouvé le chat dans le jardin.
   b Elle a trouvé le chat dans la rue.
   c Elle a trouvé le chat dans le garage.

7 Pourquoi est-ce que M. Corot a passé la nuit à l'hôpital?
   a Parce qu'il a été malade au bureau.
   b Parce qu'on pense qu'il a mangé de mauvaises sardines.
   c Parce que sa femme a téléphoné au médecin.

8 Qui a expliqué à Mme Corot pourquoi le chat a été malade?
   a C'est M. Corot.
   b C'est le médecin.
   c C'est l'épicier.

DOSSIER-LANGUE

Asking questions in the perfect tense

To ask a question in the perfect tense you can …
- add *Est-ce que* to the beginning of the sentence
  Est-ce que tu as déjeuné à la cantine hier?
- add a different question word
  (what?) **Qu'est-ce que** tu as fait hier après-midi?
  (who?) **Qui** a mangé des sandwichs aux sardines?
  (where?) **Où est-ce que** Mme Corot a trouvé le chat?
- make the sentence sound like a question by changing the tone of your voice
  Tu as été malade? ↗ *Vous avez fini?* ↗

You can also …
- turn the auxiliary verb round and add a hyphen (-)
  As-tu bien dormi?
  Le chat, **a-t-il** mangé de mauvaises sardines?
Notice what happens when you turn round *il a* and *elle a*.
  il a → **a-t-il**?   *elle a* → **a-t-elle**?
Don't forget the extra *-t-* which makes it easier to say.

4 🎧 Au bureau de M. Corot

*Au bureau, on a posé beaucoup de questions à M. Corot. Écoute les questions et choisis la bonne réponse (**a** ou **b**).*
Exemple: 1 *b*

1 **a** Oui, j'ai déjeuné à la cantine.
   b Non, j'ai mangé mes sandwichs aux sardines.
2 **a** J'ai visité le médecin.
   b J'ai préparé des sandwichs.
3 **a** Il m'a envoyé à l'hôpital.
   b Il m'a envoyé à mon bureau.
4 **a** J'ai passé la nuit chez moi.
   b J'ai passé la nuit à l'hôpital.
5 **a** Non, en effet, je n'ai pas été malade.
   b Oui, j'ai été très malade.
6 **a** Oui, j'ai très bien dormi.
   b Non, je n'ai pas bien dormi.
7 **a** Oui, le chat a mangé de mauvaises sardines.
   b Non, le chat n'a pas mangé de mauvaises sardines.

5 🗣️ 💻 Quelle est la question?

a À toi d'écrire ces questions correctement.
Exemple: 1 *As-tu déjeuné au collège aujourd'hui?*

1 As-tu | aujourd'hui | au collège | déjeuné ?
2 mangé | tu as | ce matin | Qu'est-ce que ?
3 Qu'est-ce que | bu | tu as ?
4 avez-vous | vos vacances | Où | cet été | passé ?
5 Est-ce qu'il | beau | pendant vos vacances | a fait ?
6 Avez-vous | tous vos devoirs | hier soir | fait ?

b Travaillez à deux et posez des questions comme ça à tour de rôle.

c Choisis quelques questions, copie la question et écris tes réponses.

1 🎧 💻 **Un désastre pour Emmanuel**

Écoute la conversation et lis le texte.

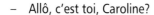

– Allô, c'est toi, Caroline?

– Oui, oui, c'est moi. Mais qu'est-ce qu'il y a, Emmanuel?

– C'est mes devoirs d'informatique, tu sais, les résultats de mon sondage sur les cafés en France – c'est un vrai désastre!

– Mais pourquoi? Tu as trouvé les devoirs trop difficiles?

– Non, non. Ils ont été faciles, les devoirs!

– Alors, ton ordinateur n'a pas marché? C'est ça, le désastre?

– Non, non, ce n'est pas ça. Mon ordinateur a bien marché.

– Alors, c'est la disquette? Tu as perdu la disquette avec les devoirs dessus?

– Non, non, je te dis, je n'ai pas perdu la disquette. J'ai mis la disquette dans la machine, l'ordinateur a bien marché, j'ai fait les devoirs sans problème. Zut, zut et zut!

– Mais tu n'as pas sauvegardé ton travail – c'est ça?

– Si, si, je l'ai sauvegardé. J'étais sur le point de l'imprimer et …

– Ah oui, j'ai deviné! C'est l'imprimante qui n'a pas marché. Tu as tapé les résultats de ton sondage, mais tu n'as pas réussi à les imprimer! Mais apporte-moi ta disquette, je peux l'imprimer ici pour toi.

– Non, non, Caroline, ce n'est pas ça. Tu n'as pas compris. Écoute un instant et ne me pose plus de questions!!! … *(silence)* … Caroline, tu es là?

– Bien sûr, je suis là – mais tu m'as dit d'écouter, alors j'écoute!

– Bon. Alors voilà l'histoire – j'ai fait le travail, je l'ai sauvegardé, mais je ne l'ai pas transféré sur la disquette. J'étais juste sur le point de l'imprimer, lorsque César, mon chat, a sauté sur l'ordinateur, et il a effacé tout mon travail. Tout a disparu et maintenant, l'ordinateur ne marche plus.

– Ça alors, Emmanuel! Ça, c'est un vrai désastre!

DOSSIER-LANGUE

The perfect tense in the negative

To make a verb in the perfect tense into the negative put *ne (n')* … *pas* around the auxiliary verb.

auxiliary verb   past participle

*Je **n'ai pas** vu ce film.*
   I didn't see the film/I haven't seen the film.
*Il **n'a pas** fait ses devoirs.*
   He didn't do/He hasn't done his homework.
*Ils **n'ont pas** fini le repas.*
   They haven't finished/They didn't finish the meal.
*Vous **n'avez pas** trouvé vos cahiers?*
   Haven't you found/Didn't you find your exercise books?
*Non, nous **n'avons pas** trouvé nos cahiers.*
   No, we haven't found/didn't find our exercise books.

The story of Emmanuel contains a lot of negatives. Look back to it as you do the next activity.

---

2 **C'est un vrai désastre!**

*Complète l'histoire d'Emmanuel avec **a** ou **n'a pas**.*

Exemple: 1 Emmanuel *n'a pas* trouvé les devoirs trop difficiles.

1. Emmanuel … trouvé les devoirs trop difficiles.
2. Il … perdu la disquette.
3. Il … mis la disquette dans la machine.
4. L'ordinateur … bien marché.
5. Il … sauvegardé son travail.
6. L'imprimante … bien marché.
7. Emmanuel … transféré son travail sur la disquette.
8. Emmanuel … réussi à imprimer son travail.
9. Le chat … sauté sur l'ordinateur.
10. César … effacé le travail d'Emmanuel.
11. Emmanuel … raconté son histoire très calmement.
12. Caroline … posé beaucoup de questions.

3 🎧 Oui ou non?

*Écris 1–7. Écoute ces conversations. Si on répond à la forme négative, écris **Non**.*
Exemple: 1

Tu as lu ce journal?

Je n'ai pas lu ce journal. Je ne l'aime pas beaucoup.

Tu écris:

1 Non

4 Hier

Voici Élise et Marc. Qu'est-ce qu'ils ont fait hier?
Complète les phrases à la forme négative.
Exemple: 1 Ils **n'ont pas** pris le petit déjeuner à sept heures du matin.

1 Ils … pris le petit déjeuner à sept heures du matin.
2 Ils … beaucoup travaillé.
3 Ils … eu leur déjeuner à la cantine.
4 Élise … lu son livre de maths, elle a lu un magazine.
5 Marc … fait ses devoirs d'informatique, mais il a essayé son nouveau jeu électronique.
6 Élise … préparé ses affaires pour demain.
7 Marc … mis ses crayons et ses livres dans son sac.

Leur grand-mère entre.

9

C'est vrai, Mamie, nous … fait grand-chose!

10

Ne t'inquiète pas, Mamie! Hier, nous … fait grand-chose parce que c'était le premier jour des vacances!

8 Mais les enfants, vous … fait grand-chose!

5  À toi!

À discuter

Travaillez à deux. Posez des questions à tour de rôle.
Exemple:

As-tu visité la Chine?

Non, je n'ai pas visité la Chine. Et toi? Est-ce que tu as …

À écrire

Copie quelques questions et écris tes réponses. Puis invente d'autres questions et réponses.

- As-tu visité la Chine/l'Antarctique/le Taj Mahal/ l'Australie/l'Afrique du Nord?
- Est-ce que tu as appris l'esperanto/le chinois/le grec/l'arabe à l'école?
- Est-ce que ta famille a déjà gagné à la loterie?
- Est-ce que tu as fini tes devoirs en avance cette semaine?
- Est-ce que tu as fait toutes les courses pour la famille cette semaine?
- As-tu préparé le déjeuner, dimanche dernier?

1 Les idées de menus

Les idées de menus

Hors-d'œuvre
du melon
des crevettes
de la salade de tomates
du pâté
du potage

Plats
du steak
du poulet
du poisson
une omelette
une pizza
du saumon

Légumes
des frites
des carottes
des haricots verts
des petits pois
des champignons
du chou-fleur

Salades
de la salade verte

de la salade mixte

Desserts
des fruits
des glaces
des yaourts
un gâteau
une mousse au chocolat
de la crème caramel

Boissons
de la limonade
du jus de fruit
du coca
de l'Orangina
de l'eau minérale

Un jeu des définitions

Qu'est-ce que c'est?

Exemple: 1 *C'est du melon.*

1 C'est un fruit rond. On mange souvent ce fruit comme hors-d'œuvre.
2 Ce sont des légumes. Ils sont verts et longs et ils ne sont pas ronds.
3 C'est une sorte de viande qu'on mange souvent. C'est aussi un oiseau.
4 Ce sont des légumes. Ils sont petits, verts et ronds.
5 C'est une boisson froide. Elle peut être gazeuse ou non-gazeuse. On l'achète en bouteille

6 C'est un plat italien, mais très populaire en France et en Angleterre aussi. C'est la spécialité de beaucoup de restaurants.
7 C'est un plat qu'on fait avec des œufs. Beaucoup de végétariens aiment ça.
8 On fait ça avec des pommes de terre. Presque tous les enfants aiment ça. On mange souvent ça avec du ketchup.

2 🎧 📝 Le menu pour ce soir

*Élise et son frère, Marc, adorent faire la cuisine. Ils ont
invité deux copains à dîner à la maison.
Ils ont décidé de préparer un vrai repas avec un hors-
d'œuvre, un plat principal, des légumes et un dessert.
Ils ont posé des questions à leurs amis pour trouver les
choses qu'ils aiment et qu'ils n'aiment pas.*

a *Copie le tableau et écoute les conversations.
Écris ✔ ou ✘ pour noter les réponses de
Tiffaine et de Jean-Pierre.*

Tu aimes ça?	**Tiffaine**	**Jean-Pierre**
1 le pâté	✔	✘
2 le melon		
3 la viande		
4 le poisson		
5 les légumes		
6 les fruits		

b *Et toi, tu aimes ça? Maintenant, réponds pour toi!*
Exemple: 1

> Est-ce que tu
> aimes le pâté?

> Oui, j'aime ça.

ou

2

> Tu aimes le melon?

> Non, je n'aime pas
> beaucoup ça.

3 🎧 Qu'est-ce qu'on va manger?

a *Regarde les réponses de **Tiffaine** et de **Jean-Pierre** et
choisis un menu.*

Qu'est-ce qu'on a choisi finalement …
1 comme hors-d'œuvre?
2 comme plat principal?
3 comme légumes?
4 comme dessert?

b *Maintenant, écoute la conversation. Qu'est-ce que Marc
et Élise ont choisi pour leur repas?*

4 📝 Les menus au choix

À écrire

*Regarde les idées de menus (à la page 76).
Invente un menu pour un repas.*

- hors-d'œuvre
- plat principal
- légumes
- salade
- dessert
- boisson

À discuter

*Travaillez à deux. Posez des questions à tour de rôle pour
deviner le menu de l'autre. Répondez uniquement par **oui**
ou **non**.*
Exemple:

> Comme hors-d'œuvre, tu
> as choisi des crevettes?

> Non. Et toi, tu as
> choisi du melon?

> Oui. Alors toi, tu as
> choisi du potage? etc.

*La première personne qui a deviné le menu de son/sa
partenaire a gagné.*

1 C'est utile, le dictionnaire

Qu'est-ce que ça veut dire? Si tu ne sais pas, cherche dans le dictionnaire.

1 assiette de charcuterie
2 pâté maison
3 en supplément
4 prix nets
5 garni
6 fruits de saison
7 plat du jour
8 l'addition, s'il vous plaît

3 Mme Dubois

*Mme Dubois a dîné au restaurant Le Perroquet Vert.
Qu'est-ce qu'elle a choisi?
Écoute, regarde le menu et complète la liste.*
Exemple: 1 *du pâté*

1 Pour commencer, elle a choisi …
2 Comme plat principal, …
3 Comme légumes, …
4 Comme dessert, …
5 Comme boisson, …

4 M. Lemaître

*M. Lemaître a dîné au restaurant Le Perroquet Vert.
Qu'est-ce qu'il a choisi?
Écoute sa conversation avec sa femme, regarde le menu et écris une liste.*
Exemple:

> *Pour commencer, il a commandé …
> Comme plat principal, il a choisi …
> (etc.)*

5 Vous avez choisi?

a Regarde le menu du restaurant, écoute cette conversation et complète les blancs.
Exemple: 1 *du pâté*

Garçon: Vous avez choisi?
Cliente: Oui. Pour commencer, je voudrais
(1)…, s'il vous plaît.
Garçon: Oui, **(1)**… . Et comme plat principal?
Cliente: **(2)**…
Garçon: Et comme légumes?
Cliente: Comme légumes, je vais prendre **(3)**…
Garçon: Alors, **(2)**… avec **(3)**…
…

b Ensuite, travaillez à deux et inventez d'autres conversations

2 Le Perroquet Vert

Regarde la carte, puis fais les activités 3–5.

Le Perroquet Vert

Menu à 20 €

Les hors-d'œuvre
Radis au beurre
Melon
Assiette de charcuterie
Pâté maison
Salade de tomates
Cocktail de crevettes

Les plats
Poulet rôti
Steak garni
Filet de poisson
au beurre blanc
Omelette au fromage

Plat du jour

cassoulet

Les légumes
Pommes frites
Chou-fleur
Haricots verts
Carottes
Petits pois

Les desserts
Pêche Melba
Mousse au chocolat
Crème caramel
Gâteau au chocolat (maison)
Fruits de saison
Tarte aux pommes

*Prix nets
Boisson en supplément*

Garçon: Vous prenez un dessert?
Cliente: Oui. Comme dessert, je voudrais **(4)**…,
s'il vous plaît.
…
Cliente: L'addition, s'il vous plaît.
Garçon: Voilà.
Cliente: Merci, Monsieur/Madame.

SOMMAIRE

Now you can ...

● **buy drinks in a café**

Qu'est-ce que tu prends?	What are you having?
Pour moi, ...	For me, ...
Je voudrais ...	I'd like ...
une bière	beer
une boisson (non-)alcoolisée	a (non) alchoholic drink
une boisson (non-)gazeuse	a (non) fizzy drink
un cidre	cider
un citron pressé	freshly squeezed lemon juice
une menthe à l'eau	mint flavoured drink
un Orangina	Orangina
un thé (au lait/au citron)	tea (with milk/lemon)
un verre de lait	glass of milk
Où sont les toilettes?	Where are the toilets?
Avez-vous le téléphone?	Have you a telephone?
L'addition, s'il vous plaît.	The bill, please.

● **buy snacks**

Qu'est-ce que vous avez comme sandwichs?	What kind of sandwiches have you?
un sandwich au jambon/ au pâté	ham/pâté sandwich
un sandwich au fromage/ au saucisson	cheese/salami sandwich
une crêpe	pancake
un croque-monsieur	toasted sandwich with cheese and ham
une portion de frites	portion of chips
un hot-dog	hot dog
une pizza	pizza

● **buy an ice cream**

Je voudrais une glace, s'il vous plaît.	I'd like an ice cream please.
Quel parfum?	What flavour?
une glace à la fraise/au citron/...	strawberry/lemon/... ice cream
(see page 68 for other flavours)	

● **express likes and dislikes**

Tu aimes le melon?	Do you like melon?
Oui, j'aime ça.	Yes, I like that.
Non, je n'aime pas beaucoup ça.	No, I don't like that much.

● **talk about a simple menu**

comme hors-d'œuvre	for the starter
comme plat principal	for the main course
comme légumes	for vegetables
comme dessert	for sweet
comme boisson	to drink
... il y a ...	... there is ...

● **... and some new items of food**

des crevettes	prawns
du saumon	salmon
du thon	tuna

● **order a meal in a restaurant**

Avez-vous choisi?	Have you chosen?
Pour commencer, je vais prendre ...	To start with, I'll have ...
Comme plat principal, je voudrais ...	For a main course, I'd like ...
Comme dessert, je vais prendre ...	For a sweet I'll have ...
une assiette de charcuterie	mixed cold meats, salami etc.
fruits de saison	fruit in season
garni	served with 'trimmings', e.g. sprig of cress, small salad, vegetables etc.
le plat du jour	dish of the day
pâté/gâteau maison	home-made pâté/cake

● **use the verb boire**
(see page 67)

● **use irregular past participles**
(see page 70 and Les verbes page 160)

Qu'est-ce que tu as bu?	What did you drink?
As-tu écrit la lettre?	Have you written the letter?

● **ask about what has happened**
(see page 73)

Qu'est-ce que tu as fait hier?	What did you do yesterday?
Où as-tu mangé hier soir?	Where did you eat last night?

● **use n' ... pas in the perfect tense**

Je n'ai pas vu le film hier.	I didn't see the film yesterday.
Nous n'avons pas mangé à la cantine.	We didn't eat in the canteen.

Auteurs et personnages internationaux!

Les auteurs les plus célèbres et les personnages des livres et des bandes dessinés populaires sont internationaux! Par exemple, les livres de Roald Dahl et plus récemment les aventures de Harry Potter ont été traduits en plusieurs langues.

Reconnaissez-vous ces personnages?

1 C'est un garçon aux cheveux roux. Il a beaucoup d'aventures et il est toujours accompagné de son chien blanc. C'est un personnage de BD.

2 C'est un animal très intelligent qui apprend à garder les moutons. C'est le héros d'un livre de Dick King-Smith et aussi d'un film très populaire. Il est petit et rose.

3 C'est un Gaulois (un ancien Français). Il n'est pas très grand, mais il défend son pays contre les Romains. Son ami est très gros.

4 C'est un garçon qui a gagné une visite à une usine où on fabrique du chocolat. Pendant cette visite, il rencontre des personnes extraordinaires.

5 C'est une petite fille aux longs cheveux blonds. Elle visite le Pays des Merveilles et elle rencontre un lapin blanc qui est toujours en retard.

6 C'est un garçon qui ne veut pas être adulte. Il sait voler et il a une amie spéciale qui s'appelle Wendy. Son autre amie s'appelle Clochette (*Tinkerbell* en anglais). C'est une petite fée.

7 C'est un garçon anglais qui porte des lunettes et qui va à une école pour les jeunes sorciers.

8 C'est un petit personnage très gentil, mais pas vraiment humain. Il habite dans un trou, dans un monde étrange et merveilleux et il affronte beaucoup de dangers. Ce livre est suivi d'une trilogie, qui s'appelle Le Seigneur des anneaux.

Roald Dahl

Un auteur très populaire en France qui écrit en anglais

Roald Dahl est né au pays de Galles de parents norvégiens. D'abord, il a travaillé pour une compagnie pétrolière en Afrique, puis il est devenu pilote. Finalement, il a décidé de devenir écrivain.

Au début, il a écrit des livres pour les adultes. Puis il a écrit son premier livre pour les enfants: James et la grosse pêche, suivi de Charlie et la chocolaterie et toute une série de best-sellers. Ses livres sont publiés dans le monde entier.

Il a écrit ses livres dans une cabane, dans le verger de sa grande maison à la campagne et il a raconté beaucoup de ses histoires à ses enfants pour les tester.

La plupart de ses livres sont illustrés par Quentin Blake. Roald Dahl et Quentin Blake avaient, tous les deux, un enthousiasme pour la nature, la campagne, les animaux et les oiseaux. «Ce sont des illustrations de Quentin Blake qui ont donné vie à mes personnages», a observé Roald Dahl.

Roald Dahl est mort en novembre 1990, à l'âge de 74 ans.

Complétez les titres

Voici des livres de Roald Dahl et d'autres livres d'origine anglaise qui sont très populaires en France. (Regardez les mots dans la case pour compléter les titres.)

Roald Dahl
James et la grosse …
Le bon gentil …
L'énorme …
Fantastique Maître …

Dick King-Smith
Le … de la reine
Babe, le … devenu berger

J K Rowling
Harry Potter et le … d'Azkaban
Harry Potter et la … de feu

pêche, Renard, crocodile, coupe, cochon, nez, prisonnier, géant

Harry Potter est arrivé en France!

C'est mercredi, 29 novembre 2000. Il est 00h01. Beaucoup d'enfants français ne dorment pas – ils sont trop excités – mais pourquoi?
C'est que le quatrième tome de la série sur Harry Potter est sorti!
Après des semaines de publicité et quelques mois après la version originale en anglais (sortie le 8 juillet), 500.000 exemplaires de Harry Potter et la coupe de feu (traduit en français) sont arrivés dans les librairies de France.

un tome – *volume*

Et voici vos opinions!

Voici des extraits des lettres que ses 'fans' ont mis sur l'Internet:

Moi, normalement, je déteste lire, mais J'ADORE Harry Potter.
Après avoir lu quelques pages d'un de ces livres, on ne peut pas en sortir! C'est une sorte de drogue!
Amandine (13 ans)

Salut!
Je m'appelle Jean-Luc et j'ai lu les trois premiers livres de Harry Potter. Ils sont super méga cools! Il faut absolument lire le quatrième livre de cette série fantastique!

Je m'appelle Hermione.
Non, non, ce n'est pas vrai!
En fait, je m'appelle Pauline, mais je voudrais être Hermione. Les livres de Harry Potter sont super, vraiment GÉNIALS!

J'ai lu les trois premiers livre de Harry Potter et ils sont incroyables! Il y a de l'émotion, du suspense et de l'humour. Je vais commencer tout de suite à lire le quatrième livre. J'adore!!!!!!!
Nicolas (14 ans)

Le saviez-vous?
Encore Harry Potter

1 Avant la fin de l'année 2000, on a vendu plus de 40 millions de livres de la série, traduits en 31 langues.

2 C'est Jean-François Ménard qui a traduit en français le quatrième tome de la série. Il a passé deux mois complètement plongé dans la vie de Harry et il a traduit dix pages d'anglais par jour!

3 Après les livres – les films. Pour le premier film, plus de 60.000 enfants ont voulu jouer le rôle de Harry. Finalement, on a choisi un jeune acteur anglais de onze ans, Daniel Radcliffe.

4 On a cherché un bon décor pour l'école Hogwarts, où Harry apprend la sorcellerie, et finalement, on a choisi un bâtiment vieux de 900 ans – la cathédrale de Gloucester!

5 Pour les jeunes Français, il y a quelques problèmes de prononciation des noms anglais des livres, mais on a trouvé une solution. Sur le Net, ils peuvent trouver des guides sur la prononciation, des détails sur l'origine des noms et un petit dictionnaire de mots sorciers.

unité 6

En voyage

In this unit you will learn how to ...
- talk about travel plans
- understand signs at a station
- buy a train ticket
- say what must or should not be done
- understand travel information
- travel by air, coach and boat
- describe a recent day out

You will also ...
- use the present tense of *partir*
- use the expression *il faut* + infinitive
- use the perfect tense of verbs (with *être*)

1 🎧 On part bientôt

Écoute et lis le texte.

Pierre
- Je pars à Paris pour le week-end avec ma sœur, Sophie, et deux amis, Martin et Émilie. Nous allons prendre le train. À Paris, je veux voir la Tour Eiffel, bien sûr, et ma sœur veut faire une promenade en bateau sur la Seine.
- Vous partez quand?
- Nous partons samedi matin.

Lucie

Lucie part au Canada avec le club de sports. On va prendre l'avion de Paris à Montréal.
- Tu pars quand, Lucie?
- Je pars dimanche après-midi. Le voyage en avion est assez long – six heures – mais je vais prendre un bon livre pour le voyage.

Claire et André

- Mon frère et moi, nous partons en Angleterre avec notre collège. Nous allons à Canterbury dans le Kent. Nous allons prendre le car et le bateau. Nous allons loger chez des familles anglaises. J'espère qu'on va me comprendre.
- Vous partez quand?
- Nous partons lundi prochain, vers sept heures du matin.

2 Où, quand et comment?

a *Explique où ils vont.*
  1 Pierre et Sophie vont ...
  2 Lucie va ...
  3 André et Claire vont ...
b *Explique quand ils partent.*
  1 Pierre et Sophie partent ...
  2 Lucie part ...
  3 André et Claire partent ...
c *Explique comment ils voyagent.*
  1 Pierre et Sophie prennent ...
  2 Lucie prend ...
  3 André et Claire prennent ...

DOSSIER-LANGUE

partir (to leave)

The verb *partir* means to leave or to depart. The infinitive ends in *-ir*, but it is irregular in the present tense.

je pars	nous partons
tu pars	vous partez
il/elle/on part	ils/elles partent

The verbs *sortir* (to go out) and *dormir* (to sleep) follow a similar pattern. These are practised in *Unité 7* and *Unité 8*.

3 🎧 Pour aller au collège

Écris 1–6 et écoute les conversations.
À chaque fois, note ...
a *l'heure de départ*
b *le moyen de transport utilisé.*
Exemple: 1 a 7h30, b en bus

4 👥 À toi!

À discuter
Travaillez à deux. Posez les questions 1–3 et répondez à tour de rôle.
Exemple:

> Le matin, tu pars à quelle heure pour aller au collège?

> Je pars à huit heures moins le quart.

1 Le matin, tu pars à quelle heure pour aller au collège?
2 Comment vas-tu au collège?
3 Est-ce que tu pars en vacances cette année?
  (Oui, nous partons en août. Nous allons .../Non/Je ne sais pas.)

À écrire
Écris tes réponses aux questions.

5 🎧 À la gare

Écoute et lis le texte.

Sous l'horloge

Il est 9h45. Pierre et Sophie sont à la gare. Ils attendent Martin et Émilie.

P Où sont-ils, enfin?

S Ah, voilà Émilie.

É Salut. Excusez-moi, je suis un peu en retard. Ça fait longtemps que vous êtes là?

S Non, ça va, mais Martin n'est pas encore là.

P Tiens, il arrive.

M Salut à tous. Excusez-moi, j'ai acheté un magazine au kiosque. Vous attendez depuis longtemps?

P Mais non, tu es un peu en retard, comme toujours, mais ça ne fait rien! Nous sommes tous là maintenant, alors, allons acheter des billets.

É Où est le guichet?

P Il est là-bas.

Au guichet

P Quatre aller-retours pour Paris, s'il vous plaît.

● Voilà, 40 euros.

P Voilà, Monsieur. Merci.

S Le prochain train pour Paris part à quelle heure?

● À 10h15.

S Bon, merci.

Devant le tableau des horaires

M C'est quel quai?

É Je ne sais pas. Il faut regarder le tableau.

M Voilà notre train. C'est quai numéro cinq.

P Il faut composter les billets avant de prendre le train.

S Où est la machine à composter?

P Elle est là-bas.

É C'est bien. Alors, allons sur le quai maintenant.

● Attention, attention. Le train de 10h15 à destination de Paris arrive en gare.

6 Ça, c'est faux!

Corrige les erreurs.

1 Pierre et Émilie sont à la gare avant les autres.
2 Sophie est un peu en retard.
3 Les amis achètent des billets au kiosque.
4 Le prochain train pour Paris part à deux heures quinze.
5 Le train pour Paris, c'est quai numéro quinze.
6 Avant de prendre le train, il faut manger les billets.
7 On peut composter des billets dans une machine à laver.

DOSSIER-LANGUE

Rappel: *être* (present tense)

Can you find all the parts of the present tense of *être* in the conversation at the station?
Copy them out in the usual way.

je …	nous …
tu …	vous …
il/elle/on …	ils/elles …

7 📋 Des conversations

a *Complète les conversations avec la forme correcte du verbe* **être**.
b *Lisez les conversations avec un(e) partenaire.*

– Tu (**1**) … libre, dimanche?
– Non, dimanche, je (**2**) … à Paris.
– Alors, quand (**3**) …-tu libre la semaine prochaine?
– Je (**4**) … libre mercredi après-midi.

– Quelle heure (**5**) …-il, s'il vous plaît?
– Il (**6**) … onze heures et quart.
– Est-ce que le train (**7**) … à l'heure?
– Non, il (**8**) … un peu en retard.

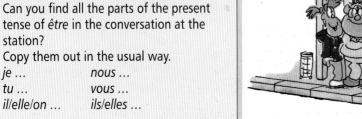

– Où (**9**) …-vous en ce moment?
– Nous (**10**) … devant la gare.
– Est-ce que Charlotte et Luc (**11**) … avec vous?
– Oui, ils (**12**) … là aussi.

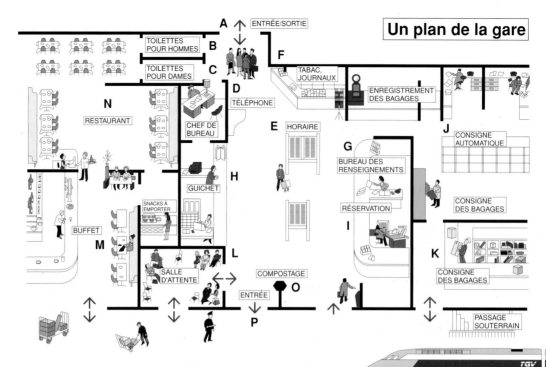

Un plan de la gare

(plan labels) A ENTRÉE/SORTIE · B TOILETTES POUR HOMMES · C TOILETTES POUR DAMES · D TÉLÉPHONE · N RESTAURANT · CHEF DE BUREAU · E HORAIRE · F · TABAC, JOURNAUX · ENREGISTREMENT DES BAGAGES · H GUICHET · G BUREAU DES RENSEIGNEMENTS · J CONSIGNE AUTOMATIQUE · RÉSERVATION · I · CONSIGNE DES BAGAGES · SNACKS À EMPORTER · BUFFET · M · L · SALLE D'ATTENTE · COMPOSTAGE · O · ENTRÉE · P · K CONSIGNE DES BAGAGES · PASSAGE SOUTERRAIN · TGV

---

1 🎧 Au bureau des renseignements

Écris 1–6 et écoute les conversations. Note l'heure de départ et le quai pour chaque train.
Exemple: 1 14h50, quai 3

2 👤 Complète l'horaire

Travaillez à deux. Une personne regarde cette page. L'autre personne regarde la page 140. Posez des questions pour compléter l'horaire. Notez les détails dans votre cahier.
Exemples:

> Le train pour Paris part de quel quai?

> Il part du quai numéro …

> Le train pour Le Havre part à quelle heure?

> Il part à …

Trains au départ

Départ	Destination	Quai
17h30	Paris	......
......	Le Havre	1
......	Dieppe	5
18h45	Lille	......
19h00	Rouen	......

3 Un plan de la gare

Regarde le plan et trouve les paires.
Exemple: 1 g

1	On peut acheter des billets	a	dans la salle d'attente.
2	On peut acheter des magazines	b	à la consigne.
3	Pour acheter une boisson, il faut aller	c	sur le quai.
4	Pour déjeuner ou dîner, on va	d	au buffet.
5	Pour laisser sa valise, il faut aller	e	au restaurant.
6	On peut s'asseoir	f	au bureau des renseignements.
7	Pour prendre le train, on va	g	au guichet.
8	Pour connaître les tarifs et les horaires, on va	h	au kiosque.

4 🎧 Qu'est-ce qu'on cherche?

a *Écris 1–6. Écoute les dialogues et écris la bonne lettre.*
Exemple: 1 e

a 🧳   c 1 2   e 💻   g ☎
b 🍽   d 📰   f 🚻   h ℹ

b *Maintenant, à toi. Regarde les symboles **a–h**. Qu'est-ce qu'on dit?*
Exemple: a Où est la consigne, s'il vous plaît?

Pour t'aider

Où	est	le buffet, le bureau des renseignements, la consigne, le guichet, le kiosque, la salle d'attente,	s'il vous plaît?
	sont	les téléphones, les toilettes,	

5 🎧 Au guichet

Écris 1–5. Écoute les voyageurs. Quel est le bon billet pour chaque voyageur?
Exemple: 1 d

a La Rochelle – aller-retour – 2e classe – € 80

b Grenoble – aller simple – 1e classe – € 75

c Avignon – aller-retour – 2e classe – € 115

d Tours – aller simple – 2e classe – € 25

e Bordeaux – aller simple – 2e classe – € 50

6 Inventez des conversations

Lisez la conversation à deux. Puis inventez d'autres conversations.

– Un **aller simple** pour **Paris**, deuxième classe, s'il vous plaît.
– Voilà, c'est €**60**.
– Merci. Le train part à quelle heure?
– À **10h20**.
– C'est direct?
– Oui.
– Et c'est de quel quai?
– Quai numéro **3**.

un aller simple
un aller-retour

8h30
9h15
11h50

Paris
Rouen
Lille
Strasbourg
La Rochelle

€50
€60
€75
€100

| 1 | 2 | 3 |
| 4 | 5 | 6 |

7 🎧 Dans le train

*Écoute la conversation et lis le texte. Choisis **a** ou **b**.*

S Il y a du monde, hein?
M Oui, il y a du monde et nous n'avons pas réservé de places.
S Cherchons un compartiment (**1a** fumeurs **1b** non-fumeurs).
M Voilà. Il y a des places ici, mais il n'y a pas quatre places ensemble.
P Excusez-moi, (**2a** Madame **2b** Monsieur), cette place est occupée?
● (**3a** Oui, elle est occupée. **3b** Non, c'est libre.)
É Bon, Pierre, nous pouvons nous mettre là. Tu préfères la fenêtre ou le couloir?
P (**4a** La fenêtre. **4b** Le couloir.)
É D'accord. Il y a de la place pour (**5a** nos bagages **5b** nos valises) là-bas.

8 Au contraire

Trouve les contraires.
Exemple: 1 c

1	fumeurs	a	en retard
2	occupé	b	le départ
3	la sortie	c	non-fumeurs
4	l'arrivée	d	derrière
5	à l'heure	e	séparé
6	un aller simple	f	l'entrée
7	ensemble	g	libre
8	devant	h	un aller-retour

DOSSIER-LANGUE

il faut, il ne faut pas

Il faut composter son billet

Il ne faut pas voyager sans billet

Il faut is an unusual phrase. This verb is only used in the *il* form (3rd person singular). It is often used with an infinitive to mean 'you have to…', 'you should' or 'it is necessary to…', e.g.
Pour acheter un billet, il faut aller au guichet.
(To buy a ticket, you have to go to the ticket office.)
Il ne faut pas + infinitive means 'you should not', e.g.
Il ne faut pas mettre les pieds sur les bancs.
(You should not put your feet on the seats.)

It is often used in certain common expressions, e.g.
Qu'est-ce qu'il faut faire?
(What should you do? What do we have to do?)
Il ne faut pas faire ça. (You shouldn't do that.)

*Martin a acheté un magazine, **Spécial vacances**, pour lire dans le train. En voici quelques extraits.*

1 Max à Paris

Trouve le bon texte pour chaque image.

a Soudain, son livre est tombé du sommet.

b L'ascenseur est monté lentement.

c Max est parti de son hôtel à neuf heures.

d Il est sorti de l'ascenseur. Voilà son livre!

e Il est allé à la Tour Eiffel en bus.

f Enfin, il est arrivé au troisième étage.

g Il est monté au deuxième étage par l'escalier.

h Max est descendu par l'ascenseur.

i Max est resté un bon moment au sommet.

j Puis il est entré dans l'ascenseur.

DOSSIER-LANGUE

The perfect tense with *être*

The story about Max is written in the past, so all the verbs are made up of an auxiliary (or 'helping') verb and a past participle. But which auxiliary verb?

Look at captions **a–j**. They all contain *est*, which is part of the verb *être*.

These verbs use *être* as an auxiliary verb to help form the perfect tense.

je suis	nous sommes	
tu es	vous êtes	+ past
il est	ils sont	participle
elle est	elles sont	

There are about thirteen common verbs which form the perfect tense with *être*. As they are all used fairly often, it is important to learn which they are and people have found several ways to help remember. Here are three ways. Choose the one you think will help you most (or invent your own), then work with a friend to learn the list.

1 Each letter in the name
MRS VAN DE TRAMP
stands for a different verb. Can you work them out?

2 Learn them in pairs of opposites according to their meaning. Here are ten of them in pairs.

aller	to go	*je suis allé*
venir	to come	*je suis venu*
(and *revenir*	to come back	*je suis revenu*)

entrer	to go in	*je suis entré*
(and *rentrer*	to return	*je suis rentré*)
sortir	to go out	*je suis sorti*
descendre	to go down	*je suis descendu*
monter	to go up	*je suis monté*
rester	to stay, remain	*je suis resté*
tomber	to fall	*je suis tombé*
arriver	to arrive	*je suis arrivé*
partir	to leave, depart	*je suis parti*

and one odd one:

retourner	to return	*je suis retourné*

(*revenir* (like *venir*) and *rentrer* (like *entrer*) can often be used instead of this verb)

Here is one more pair of opposites.

naître	to be born	*il est né*
mourir	to die	*il est mort*

3 If you have a visual memory, this picture may help you.

Or why not draw your own?

2 Trouve les paires

Exemple: 1 *b*

1 Napoléon est né en Corse.
2 Un oiseau est resté dans l'arbre.
3 Le train est arrivé à l'heure.
4 Le chat est entré dans la cuisine.
5 L'ascenseur est monté au dixième étage.
6 Mon frère est allé en ville à deux heures.

a Il est revenu à neuf heures du soir.
b Il est mort à Sainte-Hélène.
c L'autre est tombé par terre.
d Il est descendu au sous-sol.
e Il est sorti avec le poisson.
f Il est parti avec dix minutes de retard.

4 La vie est facile avec un robot!

a Complète l'histoire avec les mots dans la case.
b Puis écoute l'histoire pour vérifier.

1 Quand Dani … … à la maison, vendredi dernier, il a trouvé ses parents très fatigués.

Nous sommes très fatigués. Peux-tu faire le ménage?

2 Samedi matin, Dani … … très tôt. Après une heure, il … … avec un gros paquet.

3 Dani a donné le robot à ses parents. Puis il … … chez un ami.

Ce robot va faire tout le ménage pour vous.

4 D'abord, le robot … … dans les chambres pour faire les lits.

5 Puis il … … à la cuisine pour chercher l'aspirateur.

6 Un livre … … par terre. Le robot a passé l'aspirateur partout.

7 Dani … … à six heures et il … … dans le salon. Quelle horreur!

8 Lundi matin, Dani … … très tôt, mais cette fois avec le robot.

3 Un jeu de calcul

Kévin va à un match de football à Saint-Julien.

a Complète les phrases.
Exemple: 1 Il est *sorti* de la maison à 10 heures.

1 Il est … (sortir) de la maison à 10 heures.
2 Il est … (aller) à la gare à vélo.
3 Le train est … (entrer) en gare.
4 Kévin est … (monter) dans le train.
5 Le train est … (partir) à 10h40.
6 Vingt minutes après, le train est … (tomber) en panne.
7 Kévin est … (rester) dans le train pendant trente minutes.
8 Une heure plus tard, le train est … (arriver) à la gare de Saint-Julien.
9 Kévin est … (descendre) du train.
10 Il est … (arriver) au stade trente minutes après.

b Réponds aux questions.

1 À quelle heure est-ce que Kévin est arrivé au stade?
2 Le match a commencé à 14 heures. Est-ce que Kévin est arrivé avant le match?
3 Le voyage a duré combien de temps?

est arrivé   est entré
est parti   est rentré   est tombé
est allé   est monté   est parti
est revenu   est descendu

5 Trois questions

Travaillez à deux. Personne A choisit une identité et personne B pose des questions. Après deux tours, changez de rôle.

Personne A
Choisis un homme dans le tableau et écris son nom dans ton cahier. Réponds aux questions avec les détails de cet homme.

Personne B
Pose ces questions et note les réponses.
● Quand est-il sorti?
● Où est-il allé?
● Comment est-il rentré?
Regarde les détails et identifie l'homme.

Exemple: **A** *choisit Cosmo.*

B Quand est-il sorti?
A Il est sorti à onze heures.
B Où est-il allé?
A Il est allé a la lune.
B Comment est-il rentré?
A Il est rentré en fusée.
B C'est Cosmo.
A Oui.

César	18h30	théâtre
Napoléon	06h00	parc
Hercule	15h30	centre sportif
Dracule	minuit	château
Zénith	19h30	concert de rock
Cosmo	11h00	la lune

en fusée

1 🎧 Martin et Émilie

Écoute les conversations et choisis la bonne réponse.

A Martin

1 Le matin, Martin est resté
   a au lit   b au collège
   c à la maison.

2 Il est sorti
   a à 1h   b à 3h   c à 3h30.

3 Il est allé
   a au centre sportif
   b au supermarché
   c chez un ami.

4 Il est resté là-bas
   a 1 heure   b 2 heures
   c 3 heures.

5 Il est rentré
   a à vélo   b en train
   c en voiture.

B Émilie

1 Le matin, Émilie est restée
   a au lit   b au collège
   c à la maison.

2 Elle est sortie
   a à 2h   b à 2h30   c à 10h.

3 Elle est allée
   a à la patinoire
   b à la bibliothèque
   c à la piscine.

4 Elle est restée là-bas
   a 1 heure   b 2 heures
   c 3 heures.

5 Elle est rentrée
   a à pied   b en métro
   c en bus.

2 Deux cartes postales

Si tu es une fille, copie la carte postale de Pierre, mais change les participes passés si nécessaire.
(Attention! Il ne faut pas changer les verbes avec avoir.)
Si tu es un garçon, copie la carte postale de Sophie, mais change les participes passés si nécessaire.
Signe ta carte avec ton nom.
Exemples:
Si tu es une fille, tu commences: Je suis bien **arrivée** ... .
Si tu es un garçon, tu commences: Je suis **venu** ... .

> Je suis bien arrivé à Paris. Hier, je suis allé à la Tour Eiffel. Je suis monté au troisième étage. C'était magnifique – j'ai pu voir tout Paris. Quand je suis descendu, j'ai acheté des cartes postales. Je suis rentré vers cinq heures, mais je suis sorti le soir pour faire une excursion en bateau.
> À bientôt,
> Pierre

> Je suis venue à Paris pour le week-end. Ce matin, je suis sortie de bonne heure. Je suis allée au marché aux oiseaux. C'était amusant – j'ai vu un perroquet magnifique. Ensuite, je suis allée à La Samaritaine. C'est un grand magasin et je suis montée au dixième étage pour voir le panorama sur Paris. Quand je suis descendue, j'ai acheté un livre sur Paris.
> À bientôt,
> Sophie

3 🎲 Le jeu des dés

À discuter

Travaillez à deux. Une personne est sortie le week-end, mais quand, où et comment? Il faut jeter un dé pour décider. Une personne pose des questions. L'autre jette le dé puis donne la réponse. À la fin de la conversation, changez de rôle.

a Quand es-tu sorti(e)?
1 vendredi soir
2 samedi matin
3 à deux heures et demie
4 à midi
5 dimanche après-midi
6 à minuit

b Où es-tu allé(e)?
1 chez un(e) ami(e)
2 chez mes grands-parents
3 au cinéma
4 à la piscine
5 aux magasins
6 à la maison hantée

c Tu es resté(e) longtemps là-bas?
1 une heure environ
2 deux heures et demie
3 plus de trois heures
4 quatre heures et demie
5 cinq heures au moins
6 trente secondes

d Comment es-tu rentré(e)?

1
2
3
4
5
6

À écrire

Copie les questions et écris tes réponses (vraies ou imaginaires).

4 À l'aéroport

Trouve le bon texte pour chaque image. **Exemple: 1** *d*

a Pendant le vol, Lucie a regardé un film, elle a lu son livre et elle a mangé un repas.

b Un peu plus tard, ils sont allés à la porte numéro huit pour le vol à Montréal.

c Après six heures de vol, ils sont arrivés à Montréal. Il faisait nuit quand ils sont descendus de l'avion.

d Lucie est allée à l'aéroport en car avec les autres membres du club.

e Ils sont montés dans l'avion et l'avion est parti à l'heure.

f Ils sont allés au guichet Air France pour les formalités et pour laisser les bagages.

Qui est allé au match?

Tu es allé au match hier soir, Jean-Pierre?

Oui, Monsieur, bien sûr, je suis allé au match.

Nous aussi, Monsieur, nous sommes tous allés au match. C'était notre équipe favorite!

Moi aussi, Monsieur, je suis allée au match. C'était fantastique!

Vous êtes tous allés au match? C'est curieux, ça. Moi aussi, je suis allé au match.

DOSSIER-LANGUE

The past participle of verbs with *être*

Many of the verbs in the description of Lucie's journey form the perfect tense with *être*. Can you find some?

Look carefully at the past participle of *aller* in **Qui est allé au match?**

Tu es allé au match …? … je suis allée … … nous sommes tous allés …

This is the rule:

Add **-e** to the past participle if the person doing the action (the subject) is **feminine**.

Add **-s** to the past participle if **more than one person** is doing the action (the subject is **plural**).

Add **-es** to the past participle if the entire group is **feminine**.

If it is a mixed group or just males, you just add **-s**.

This is known as the past participle **agreeing** with the person doing the action (otherwise known as the **subject**).

Here is the verb *aller*, written out in full in the perfect tense. All the letters which you might need to add are shown in brackets.

je suis allé(e)	*nous sommes allé(e)s*
tu es allé(e)	*vous êtes allé(e)(s)*
il est allé	*ils sont allés*
elle est allée	*elles sont allées*

5 Où sont-ils allés?

Trouve les paires.
Exemple: 1 *h*

1	Moi, je	**a**	sommes allés au Canada.
2	Tu	**b**	sont allés en Irlande.
3	Il	**c**	est allé en Écosse.
4	Elle	**d**	es allé au pays de Galles?
5	Nous	**e**	êtes allés en Espagne?
6	Vous	**f**	sont allées en Grèce.
7	Ils	**g**	est allée en Suisse.
8	Elles	**h**	suis allé en Italie.

1 Un voyage en Angleterre

Lis l'itinéraire d'un voyage en Angleterre.

Voyage en Angleterre: élèves de 5ème et 4ème
Départ du collège: 22 avril à 7h00
Rendez-vous devant le collège: à 6h30
Départ du car: à 7h00 précises
Route: vers Calais
Départ du bateau: à 12h15 (pique-nique pris à bord)
Arrivée à Douvres: vers 12h45 (heure locale)
Visite du Château de Douvres: 13h30–15h00
Arrivée à Canterbury vers 16h30 – rencontre avec les familles anglaises
Retour au collège: 29 avril vers 23h30
À emporter: un sac de voyage ou une valise + un sac à dos contenant un pique-nique pour le déjeuner du 22 avril, de l'eau, le cahier de voyage et les documents distribués, un stylo et ses papiers d'identité

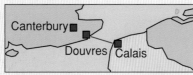

Canterbury ■
Douvres / Calais ■

3 🎧 Une journée en famille

Les élèves français ont passé le deuxième jour en famille. Écris 1–8. Écoute les conversations et note la lettre qui correspond.
Exemple: 1 f

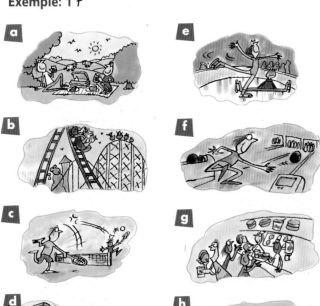

2 Notre voyage

André écrit un journal de son voyage en Angleterre. Complète sa description du premier jour.

Le 22 avril

Je suis ... (1 arriver) au collège avec Claire à 6h30. J'ai mis mon sac de voyage dans le coffre et je suis ... (2 monter) dans le car avec les autres élèves. L car est ... (3 partir) à 7h00.

On a pris l'autoroute à Calais, mais nous sommes ... (4 arriver) à Calais avec une heure de retard. À Calais, nous sommes ... (5 descendre) du car et nous sommes ... (6 monter) sur le bateau.

Nous avons pris notre pique-nique à bord. Après une heure environ, nous sommes ... (7 arriver) à Douvres. À Douvres, nous sommes ... (8 aller) au château. C'était assez intéressant. Nous sommes ... (9 rester) une heure au château. Puis nous sommes ... (10 aller) à Canterbury. À Canterbury, nous avons rencontré des familles anglaises. Je suis ... (11 rentrer) avec Daniel et sa famille. Le soir, j'étais fatigué, alors, je suis ... (12 monter) assez tôt dans ma chambre.

4 Un e-mail

*Claire écrit à ses parents. Complète le message avec la forme correcte du verbe **être**.*

Canterbury, le 24 avril
Nous (**1**) ... partis à l'heure et nous (**2**) ... arrivés à Canterbury à cinq heures du soir.
André (**3**) ... parti chez Daniel, et moi, je (**4**) ... rentrée ici avec Katy. Tout va bien!
L'autre soir, nous (**5**) ... sortis ensemble et hier soir, les garçons (**6**) ... venus ici pour une petite boum.
Bises,
Claire

5 🎧 Un coup de téléphone

André téléphone à un copain. Écoute la conversation et complète les phrases.

1 L'autre soir, ils sont allés au ...
2 La ... de Daniel est venue à la boum.
3 La boum a fini à ...
4 Après la boum, ils sont rentrés en ...

6 Une journée à Londres

Un jour, André et les autres élèves sont allés à Londres.
Complète les phrases.

1 Un jour, nous sommes … très tôt. (sortir)
2 Nous sommes … à Londres en car. (aller)
3 Nous sommes … près de Buckingham Palace. (descendre)
4 Ensuite, nous sommes … à Westminster à pied. (aller)
5 Nous avons … le Parlement et Big Ben. (voir)
6 À midi, nous avons … un pique-nique dans un parc. (faire)
7 Puis nous sommes … à la Tour de Londres en bateau. (aller)
8 Nous sommes … là-bas tout l'après-midi. (rester)
9 Enfin, nous sommes … dans le car. (remonter)
10 Et nous sommes … à Canterbury. (rentrer)

7  Une sortie

Écoute la conversation et choisis la bonne réponse.
Exemple: 1 *b (Claire est allée dans un parc d'attractions.)*

1 Claire, où est-elle allée?
   a au château
   b dans un parc d'attractions
   c à la cathédrale

2 Quand est-elle partie?
   a 8h30
   b 9h30
   c 10h00

3 Qui est venu aussi?
   a le prof de Claire
   b le cousin de Claire
   c le frère de Claire

4 Ils sont restés là-bas longtemps?
   a deux heures
   b toute la journée
   c tout l'après-midi

5 Ils sont rentrés à quelle heure?
   a 5h00
   b 6h30
   c 7h30

8 Inventez des conversations

Travaillez à deux. Lisez la conversation, puis changez les mots en couleur.

– Qu'est-ce que tu as fait pendant ton séjour **en Angleterre**?
– Un jour, je suis sorti(e) avec **ma famille**. Nous sommes allés à **Oxford**.
– Vous êtes partis très tôt?
– Oui, nous sommes partis **à sept heures**.
– Et qu'est-ce que vous avez fait le matin?
– Le matin, nous avons visité la ville. Puis nous avons fait un pique-nique dans un parc.
– Et l'après-midi?
– L'après-midi, nous sommes allés **dans un musée**.
– Vous êtes rentrés à quelle heure?
– Nous sommes rentrés **assez tard, à huit heures**.

> en Angleterre
> en France
> en Écosse
> au pays de Galles
> en Irlande

> ma famille
> le club
> le collège
> mes amis
> mon correspondant
> ma correspondante

> à sept heures
> à sept heures et demie
> etc.

> dans un musée
> au jardin botanique
> au musée des sciences
> au château
> à la cathédrale

> à Oxford
> à Paris
> à Édimbourg
> à Cardiff
> à Dublin

> assez tard, à huit heures
> à sept heures et demie
> très tard, à dix heures et demie
> etc.

1 Des cartes postales

Lis les cartes postales et réponds aux questions.

a Bonjour de Montréal. Mercredi, nous sommes allés au stade Olympique pour le concours de natation, mais nous n'avons pas gagné. Tant pis! Hier, nous avons fait du ski sur une piste artificielle. C'était amusant, mais je suis tombée au moins dix fois.
À bientôt,
Lucie

c *Samedi dernier, nous sommes allés à Dieppe en train, mais quel désastre! D'abord, nous avons quitté la maison en retard. Puis maman a oublié les billets; alors, nous avons fait demi-tour pour les chercher. Donc, tu as deviné – nous avons manqué le train. À Dieppe, il a fait mauvais toute la journée – alors, impossible de faire un pique-nique sur la plage. En plus, ma petite sœur a perdu sa peluche dans le train. Enfin, nous sommes rentrés tôt à Paris. Quelle journée!*

Mélanie

b Vendredi dernier, je suis allé dans un parc d'attractions avec Claire et les Smith. Emma est venue aussi. On a essayé le grand huit et beaucoup d'autres attractions. Nous sommes restés là-bas toute la journée. J'ai fait beaucoup de photos. C'était super.
André

d Bonjour de Paris. Hier, nous sommes montés à la Tour Eiffel par l'escalier. Ce matin, nous sommes montés à la Grande Arche par l'ascenseur. Demain, nous allons monter au dixième étage de La Samaritaine (un grand magasin). J'adore les panoramas sur Paris!
À bientôt,
Martin

Pour t'aider

faire demi-tour – *to go back*
manquer – *to miss (train, bus etc.)*
tant pis! – *too bad*

1 Qui est monté au sommet de deux monuments?
2 Qui est tombé beaucoup en faisant du ski?
3 Qui a fait demi-tour pour chercher les billets de train?
4 Qui a visité un parc d'attractions?
5 Qui a participé à un concours de natation?
6 Qui a manqué le train?
7 Qui a fait beaucoup de photos?
8 Qui est rentré tôt à Paris?

2 À toi!

À écrire
Écris une carte postale.

Pour t'aider

Bonjour de …
Vendredi/Samedi/Dimanche dernier, …
C'était …
Aujourd'hui, …

chantez

Paris–Genève

1
Moi, j'y vais en TGV,
J'ai mon billet, faut le composter.
Départ pour Genève à dix heures trente,
Encore cinq minutes dans la salle d'attente.
   (Paris–Genève,
   Paris–Genève)
J'ai juste le temps d'aller aux toilettes,
On arrive bientôt à Bourg-en-Bresse.

2
Moi, j'y vais en TGV,
J'ai mon billet, faut le composter.
Départ pour Genève à douze heures vingt,
Pardon Monsieur, de quel quai part le train?
   (Paris–Genève,
   Paris–Genève)
Je prends du pain, bois une limonade,
Le train est rapide, voilà Bellegarde!

3
Moi, j'y vais en TGV,
Rendre visite à mon cher Pépé,
À treize heures trente, départ pour la Suisse,
Oh ben, dis donc! Où est ma valise?
   (Paris–Genève,
   Paris–Genève)
J'ai presque fini mon magazine,
La fille en face – c'est une copine!

4
Nous y allons en TGV,
Nos billets, ils sont compostés.
Nous arrivons à Genève en Suisse.
Quelle heure est-il? Quatorze heures six.

SOMMAIRE

Now you can ...

● **ask for information about train journeys**

Pardon, Monsieur/Madame, ... — Excuse me, ...
Le train pour Paris part à quelle heure? — What time does the train leave for Paris?
Le train pour Rouen part de quel quai? — From which platform does the Rouen train leave?

● **ask where places are**
Où est ..., s'il vous plaît? — Where is ... please?

● **recognise station signs and other words + connected with journeys**

un billet — ticket
la salle d'attente — waiting room
la consigne — left luggage
le quai — platform
le buffet — buffet
le bureau de renseignements — information office
composter votre billet — to validate ('date stamp') your ticket
le guichet — ticket office
fumeurs/non-fumeurs — smoking/non-smoking
le kiosque — kiosk
une réservation — reservation, reserved seat
les toilettes (f pl) — toilets
la voie — track, platform
trains au départ — departure board
arrivées (f pl) — arrivals
tableau des horaires (m) — timetable

● **buy a ticket**
un aller simple pour Bordeaux — a single ticket for Bordeaux
un aller-retour pour La Rochelle — a return ticket for La Rochelle

● **ask if the seat is free**
Cette place est occupée? — Is this place taken?
Non, c'est libre. — No, it's free.
Oui, elle est occupée. — Yes, it's taken

● **understand other travel vocabulary**
à l'heure — on time
de bonne heure — early
en retard — delayed

l'aéroport — airport
un avion — plane
le vol — flight
l'autoroute — motorway
à bord — on board
la gare — station

● **use the present tense of partir (to leave)**
je pars — nous partons
tu pars — vous partez
il/elle/on part — ils/elles partent

● **understand il faut (and il ne faut pas) + infinitive**
Il faut composter son billet avant de monter dans le train. — You have to validate your ticket before getting in the train.
Il ne faut pas mettre les pieds sur les bancs. — You shouldn't put your feet on the seats.

● **use the perfect tense of verbs (with être)**
The 13 most common verbs are:
monter — to go up
descendre — to go down
tomber — to fall
rester — to stay
venir — to come
aller — to go
sortir — to leave, go out
entrer — to enter, go in
mourir — to die
naître — to be born
arriver — to arrive
partir — to leave, depart
retourner — to return

● **make the past participle agree when necessary** (see also pages 88 and 89)

Add -e if the subject is feminine.
Add -s if the subject is plural (masculine or mixed groups).
Add -es if the subject is plural and feminine, e.g.
je suis allé(e) — nous sommes allé(e)s
tu es allé(e) — vous êtes allé(e)(s)
il est allé — ils sont allés
elle est allée — elles sont allées

Louis Laloupe arrête le voleur

1

Un soir, Louis Laloupe était très fatigué, alors il s'est couché de bonne heure.

2

« M. Laloupe. Venez vite. On m'a cambriolé. »

Soudain, le téléphone a sonné. C'était M. Dugrand.

3

« Les voleurs ont pris beaucoup de choses? »

« Ah, oui. Hélas, ils ont pris mon nouveau stock de montres. »

Louis Laloupe est allé vite au magasin de M. Dugrand.

4

« Il y a une clé par terre. »

Ça alors! Louis et son chien ont inspecté le magasin.

5

« C'est à vous la clé, M. Dugrand? »

« Ah, non, elle n'est pas à moi. »

« Eh bien, voilà! Avec ça, nous allons trouver le voleur. »

6

« Maintenant, cherche le voleur. »

Le chien est sorti très vite du magasin. Louis Laloupe est sorti aussi.

7

Ils sont partis à la recherche du voleur. Ils ont tourné à gauche, ils ont tourné à droite.

8

Ils sont arrivés en pleine campagne.

9

« Ça y est! Le voleur est dans cette maison. »

Soudain, le chien s'est arrêté devant une petite maison.

10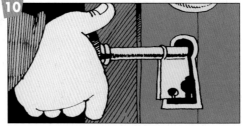

Louis Laloupe s'est approché très doucement de la maison. Il a ouvert très doucement la porte avec la clé.

11

« Elles sont fantastiques, ces montres. »

Et voici le voleur. Il regardait les montres.

12

Le voleur s'est retourné. Il a vu Louis Laloupe. Il a cherché son revolver.

13

Mais voici le chien de Louis Laloupe. Il a sauté sur le voleur. Le revolver est tombé par terre.

14

« Je vous arrête. »

Louis Laloupe a ramassé le revolver. Il a mis son pied sur le voleur. C'était son moment de triomphe.

15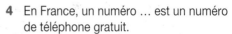

Mais soudain, le chien a poussé un cri … et Louis Laloupe s'est réveillé.

Le jeu des couleurs

Chaque réponse est une couleur.

1 Le drapeau tricolore de la France est …, blanc et rouge.

2 Les touches d'un piano sont noires et …

3 Si vous êtes très fâché, on dit que vous voyez …

4 En France, un numéro … est un numéro de téléphone gratuit.

5 Si on mélange du noir et du blanc, on obtient du …

6 Dans les cinq anneaux des Jeux Olympiques, il y a une couleur de tous les drapeaux du monde. Quelles sont les cinq couleurs?

Le Stade de France

Le Stade de France est un monument énorme situé au nord de Paris.

Qu'est-ce que c'est exactement?
C'est un immense stade, construit en 1998, pour des événements sportifs et pour les grands spectacles. Tous les grands matchs de football, comme par exemple la Coupe du Monde, ont lieu ici. Il y a aussi des matchs de rugby et des championnats d'athlétisme. C'est aussi un lieu de spectacles pour les grands concerts de musique et pour les événements spéciaux.

C'est un stade Olympique?
Il y a une tribune mobile qui peut reculer de 15 mètres. Ça permet de convertir le Stade de France en stade Olympique avec de la place pour la piste d'athlétisme et les sautoirs.

> **les sautoirs** – *jumping area*

Où est-il?
Il est situé à Saint-Denis, à 1,5km de Paris (à 7km de Notre-Dame). On peut y aller en métro, en RER et en bus.

C'est couvert ou en plein air?
Il y a un toit spécial qui abrite les spectateurs, mais qui n'abrite pas l'aire de jeu. Le toit est très grand (6 hectares ou l'équivalent de la Place de la Concorde) et il pèse 13.000 tonnes (une Tour Eiffel et demie).

> **abriter** – *to cover*

Est-ce qu'on peut visiter le Stade de France, hors des matchs et des spectacles?
Oui, le stade est ouvert tous les jours. On peut faire une courte visite pour voir la pelouse et l'arène, ou une visite plus longue pour voir les vestiaires, le couloir des joueurs, les bords de la pelouse, la tribune mobile, la tribune officielle etc.

Le Stade de France en chiffres
3 restaurants
17 boutiques
36 ascenseurs
43 bars-buvettes
670 cabines de WC
1100 places pour handicapés
75.000 places (en stade Olympique)
80.000 places pour des matchs de football ou de rugby
100.000 places pour des spectacles et des concerts

Les billes
Voilà plus de 4.500 ans que ce jeu existe. Les petits Romains jouent aux billes avec des noix. Plus tard, on a des billes en marbre (en anglais on dit 'marble'). Aujourd'hui, en France, on vend chaque année plus de 300 millions de billes!

une noix

Les jeux traditionnels

Les jeux électroniques, c'est cool – mais n'oubliez pas les jeux traditionnels.

La toupie
Elle date des Romains, ou même avant! En latin, c'est 'turbo'; au Moyen Âge, son nom est 'toton'. Voici le jeu traditionnel:
1 Dessine un cercle.
2 Divise le cercle en 10 et écris des chiffres, comme ça:

3 Fais tourner la toupie au centre. Quand elle s'arrête, note les points que tu gagnes.

Ça va?

In this unit you will learn how to ...

- discuss clothes and what to wear
- describe people's appearance
- talk about parts of the body
- say how you feel and describe what hurts

You will also ...

- use the verb *mettre* with clothing
- use some more adjectives
- use the direct object pronouns (*le, la, l', les*)
- use *avoir* expressions
- use the imperative (commands)

1 🎧 💻 Je n'ai rien à me mettre!

a Regarde les images et complète le texte avec les mots dans la case.
b Écoute pour vérifier.

Les mots masculins		Les mots féminins		
pull	jean	jupe	ceinture	sandales
T-shirt	pantalon	veste	chemise	chaussures

2 🎧 Mes vêtements favoris

Caroline

Moi, je m'intéresse beaucoup à la mode. Voici ma tenue préférée – c'est une jupe blanche avec une chemise noire. Pour sortir, le week-end, je mets ça avec mes chaussures blanches. S'il fait un peu froid, je mets ma veste rouge – c'est très chic!

Marc

La mode, c'est bien, mais c'est le confort qui est important. Mes amis et moi, nous mettons surtout des vêtements décontractés, des baskets, par exemple, et un sweat. Quand il fait chaud, je mets un short et une casquette. Mais je n'aime pas les imperméables, alors, quand il pleut, je reste à la maison!

Moi, j'aime surtout les vêtements sportifs. Quand on fait du skate, on met un casque et des gants, comme ça, et puis je mets mon pantalon noir parce que c'est très pratique. Voici mon T-shirt vert avec le logo de mon club de skate.

La mode, ça va, mais moi, je préfère un look un peu différent. Si vous mettez seulement des vêtements à la mode, vous êtes comme tous les autres. J'adore cette robe noire et avec ça, je mets ma chemise pourpre, mon collier orange et mes bottes. Voilà ma tenue favorite.

Alain

Sandrine

a *Voici quatre membres du club des jeunes. Ils sont tous très différents. Lis les descriptions et écris une liste de vêtements pour chaque personne.*
Exemple: Alain: *1 des gants, 2 un pantalon noir, …*

b *Écris 1–10. Regarde les images et tes listes et écoute. C'est qui?*
Exemple: 1 *Alain*

3 Qu'est-ce qu'on met?

*Écris **vrai** ou **faux**.* **Exemple: 1** *vrai*
1 Pour faire du skate, Alain met un casque.
2 Alain met son short et sa casquette pour faire du skate.
3 Sandrine pense que c'est bien si tu mets des vêtements un peu différents.

4 Les amis de Marc mettent souvent des vêtements décontractés.
5 Quand il pleut, Marc met son imperméable.
6 Si possible, Caroline met des vêtements très à la mode.

DOSSIER-LANGUE

mettre (to put, put on, wear)

When *mettre* is used with clothing, it means 'to put on' or 'to wear'.
Here is the verb in full.

je mets	nous mettons
tu mets	vous mettez
il/elle/on met	ils/elles mettent

What do you notice about the singular parts of the verb? (There's only one *t*, and all parts sound the same.)
Mettre has other uses too, e.g.
Elle met un CD. (She puts on a CD.)
It can also mean simply 'to put', e.g.
Il met le livre dans le sac. (He puts the book in the bag.)
… and 'to set' the table, e.g.
Je mets la table? (Shall I set the table?)
Here's a reminder about the perfect tense of *mettre*:
*j'ai **mis**, tu as **mis*** etc. 💻

4 🗣   À toi!

À discuter

Travaillez à deux. Posez des questions à tour de rôle.
Exemple: – *Qu'est-ce que tu mets pour aller au collège?*
– *Pour aller au collège, je mets mon uniforme.*
– *Qu'est-ce que tu as mis hier matin? Hier matin, j'ai mis…*

Qu'est-ce que tu mets	pour aller au collège? pour aller à la piscine? quand il fait chaud/froid? quand il pleut?
Qu'est-ce que tu as mis	hier matin/soir? samedi dernier? pour la boum?

À écrire

Écris tes réponses à quatre questions.

1 Des jeunes

Voici six membres du club des jeunes.
*Regarde les phrases **a–n**. Il y a au moins deux phrases pour décrire chaque*
personne. Choisis quatre personnes et écris leur description.
Exemple: Claire *Elle a les cheveux courts et blonds.*
Elle a les yeux …

les cheveux frisés

les cheveux raides

les cheveux en
queue de cheval

Claire

Thomas

Mathieu

Roxane

Patrick

Lucie

Les yeux
a Elle a les yeux verts.
b Il a les yeux bleus.
c Elle a les yeux bleus.
d Elle a les yeux marron.
e Il a les yeux bruns.
f Il a les yeux gris.

Les cheveux
g Elle a les cheveux courts et blonds.
h Elle a les cheveux longs, bruns et raides.
i Elle a les cheveux roux et frisés.
j Il a les cheveux courts, frisés et blonds.
k Il a les cheveux roux, courts et frisés.
l Il a les cheveux châtain clair, en queue de
    cheval.

Les lunettes?
m Elle porte des lunettes.
n Il n'a pas de lunettes.

2 🎧 Qui parle?

Écoute ces personnes. Qui parle?
Exemple: 1 *C'est Lucie.*

3 👤💻 Un jeu d'identité

Travaillez à deux.
Personne A *choisit un membre du*
club.
Personne B *pose des questions pour*
identifier la personne.
Personne A *répond seulement par*
oui *ou* **non**.
Puis changez de rôle.
Exemple: B C'est un garçon?

A Non.

B Ah, c'est une fille! Est-ce
qu'elle a les cheveux blonds?

etc.

Pour t'aider				
Est-ce qu'il	a	les cheveux	courts longs frisés *(curly)* raides *(straight)* en queue de cheval noirs roux blonds bruns *(dark brown)* châtain clair *(light brown)*	?
Est-ce qu'elle	a	les yeux	verts bleus gris marron *(brown)*	
	porte	des lunettes		
	est	grand(e) petit(e) de taille moyenne		

Les adjectifs (adjectives)

In the descriptions of the youth club members, there are a lot of adjectives (describing words).

In French, adjectives must agree with the nouns they describe (they must be masculine, feminine, singular or plural to match the noun).

Many adjectives follow this pattern:

singular		plural	
masculine	**feminine**	**masculine**	**feminine**
grand	*grande*	*grands*	*grandes*

Some exceptions:

1 adjectives which end in -e (these stay the same for masculine and feminine)
   Claire est jeune et Thomas est jeune aussi.

2 adjectives which end in -s
   (these stay the same for masculine singular and plural)
   Mon grand-père a les cheveux gris et il porte un imperméable gris.

3 a few adjectives are 'invariable', which means they do not change to agree with the noun, e.g. *marron, châtain clair*
   Elle a les yeux marron et les cheveux châtain clair.

From pages 96–98 find …

- 2 masculine singular adjectives
- 2 masculine plural adjectives
- 2 feminine singular adjectives
- 2 feminine plural adjectives

To find out more about adjectives, look at *Grammaire*, page 155.

4 Les mots en images

a *Tu comprends ces adjectifs? Non? Devine (ou cherche les mots dans le dictionnaire)!*

1
2
3
4
5

b *À toi d'inventer des dessins comme ça pour ces mots.*

1 grand   4 long
2 jeune   5 vieux
3 fort

5 Au voleur!

Un homme et une femme entrent dans une banque sur les Champs-Elysées à Paris. L'homme est grand et mince. Il a un visage carré, les cheveux courts et blonds et les yeux bleus. Il porte un imperméable blanc.

La femme n'est pas grande, mais elle n'est pas petite, elle est de taille moyenne. Elle a un visage rond avec les yeux gris et les cheveux noirs et frisés. Elle porte une tenue noire et des chaussures rouges.

Ils s'approchent de la caisse et l'homme sort un revolver et crie au caissier: «Donnez-moi l'argent! Et vite!»

Il prend l'argent et les deux voleurs sortent à toute vitesse de la banque.

Mais, dans la rue, voici le célèbre détective, Louis Laloupe. Il téléphone à la police. Quand la police arrive, il fait une description des deux voleurs.

Choisis le mot correct.
Exemple: 1 *Il est grand.*

Le voleur
1 Il est grand/petit/de taille moyenne.
2 Il a les yeux verts/gris/bleus.
3 Il a les cheveux courts/frisés/longs.
4 Il a un visage rond/long/carré.
5 Il porte un imper brun/blanc/noir.

La voleuse
6 Elle est grosse/mince/de taille moyenne.
7 Elle a les yeux marron/gris/verts.
8 Elle porte une tenue blanche/noire/rouge.
9 Elle a les cheveux blonds/noirs/bruns.
10 Elle porte des chaussures brunes/blanches/rouges.

6 À toi!

À écrire

Écris une description d'un(e) ami(e) ou d'un membre de ta famille.

Exemple: *Mon amie s'appelle Christine.*
Elle a les cheveux courts, bruns et raides et les yeux …

Pour t'aider

Mon	ami(e)	est	assez	grand(e).
	frère	n'est pas	très	petit(e).
	père			mince.
Ma	mère			de taille moyenne.
	sœur			
Il	a	les cheveux	courts etc.	
Elle		les yeux	bleus etc. (regarde la page 98)	
Il	porte des		lunettes.	
Elle	ne porte pas de			

1 C'est dans le sac

Trouve les réponses dans le sac.
Exemple: 1 *un maillot de bain,*

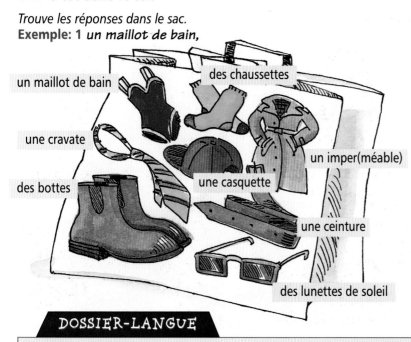

un maillot de bain

des chaussettes

une cravate

un imper(méable)

des bottes

une casquette

une ceinture

des lunettes de soleil

1 On le met quand on va à la piscine.
2 Beaucoup de personnes le mettent quand il pleut.
3 On les achète en paires – mais ce ne sont pas des chaussures.
4 On l'achète souvent comme cadeau d'anniversaire pour son père ou son oncle. Ça existe dans toutes les couleurs.
5 C'est une sorte de chapeau. Mon frère la met souvent.
6 On les met aux pieds, surtout quand il fait froid – ce ne sont pas des chaussettes.
7 On la met avec un jean et quelquefois avec une jupe ou un pantalon.
8 On les met quand il y a du soleil, même si on ne porte pas de lunettes normalement.

DOSSIER-LANGUE

le, la, l', les

In the definitions in task 1, *le, la, l'* and *les* are used on their own. Can you work out their meaning?
Here are some more definitions to help you.

1 *C'est **un vêtement**. On **le** met sur la tête.*
2 *C'est **une boisson** froide. On **la** boit très souvent en France.*
3 *C'est **une chose** qu'on mange quand il fait chaud. On **l'**achète souvent en été.*
4 *Ce sont **des légumes** verts et ronds. On **les** mange quelquefois pour le déjeuner ou le dîner.*

Le, la and *l'* mean 'it'.
Les means 'them'.
When used on their own in this way, *le, la, l'* and *les* are **pronouns**. They have replaced the nouns in bold type in the first of each pair of sentences.
Pronouns are used a lot in conversation and save you having to repeat the same words again.
Notice that they go in front of the verb, e.g.
Aimes-tu cette musique?
  *Oui, je **l'**aime beaucoup.*
Aimes-tu les nouvelles baskets américaines?
  *Non, je ne **les** aime pas beaucoup.*

2 Le jeu des définitions

a *Complète les définitions (**1–8**) avec **le, la, l'** ou **les**.*
Exemple: 1 *le*

1 C'est un vêtement. On … met avec un T-shirt, pour faire du sport, par exemple.
2 C'est un accessoire. On … met pour faire du skate ou du cyclisme. Ça protège la tête.
3 Ce sont des fruits jaunes. On … cultive en Afrique, par exemple.
4 C'est une boisson froide et gazeuse. On … fait avec des citrons.
5 C'est un vêtement. On … met pour dormir.
6 C'est un sport. On … pratique avec une raquette et une balle.
7 Ce n'est pas un journal et ce n'est pas un livre, mais on … achète à la librairie et on … lit.
8 Ce sont des jeux très populaires. Beaucoup de jeunes … achètent, mais ils sont quelquefois très chers.

b *Trouve la bonne réponse (**a–h**).*

a C'est un casque.
b Ce sont les bananes.
c C'est la limonade.
d C'est le tennis.
e C'est un short.
f Ce sont des jeux électroniques.
g C'est un magazine.
h C'est un pyjama.

3 🎧 C'est quelle valise?

Ces jeunes personnes partent en vacances, mais avec quelle valise?
Écris 1–5 et écoute les conversations.

Exemple: 1 d

 **1**

 **2**

 **3**

 **4**

 **5**

Patrick part demain à Nice, au bord de la mer.

Claire part à la montagne.

Roxane va chez sa tante et son oncle aux États-Unis.

Thomas part chez son correspondant anglais à Manchester.

Mathieu va à un stage d'informatique.

 **a**

 **b**

 **c**

 **d**

 **e**

4 Où sont mes affaires?

Travaillez à deux. Une personne est Dani. L'autre personne l'aide à trouver ses affaires. Changez de rôle toutes les deux questions.
Hier soir, Dani est allé à une boum. Ce matin, il ne trouve pas ses affaires. Peux-tu l'aider à les trouver?

Exemple: 1 – Où est mon jean?
– Le voilà, sous le lit.

1 Où est mon jean?
2 Où est mon T-shirt?
3 Où est ma montre?
4 Où est ma ceinture?
5 Où sont mes chaussettes?
6 Où est mon sweat?
7 Où sont mes baskets?
8 Où est ma casquette?
9 Où est mon téléphone portable?
10 Et où sont mes lunettes de soleil?

Pour t'aider

Le La Les	voilà,	sous sur devant dans derrière	le lit. la porte. la table. la chaise. l'ordinateur. la poche.

1 Les parties du corps

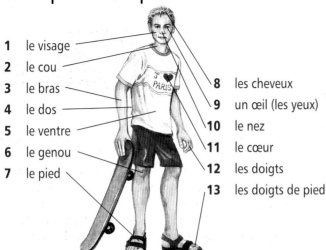

1 le visage
2 le cou
3 le bras
4 le dos
5 le ventre
6 le genou
7 le pied

8 les cheveux
9 un œil (les yeux)
10 le nez
11 le cœur
12 les doigts
13 les doigts de pied

14 la tête
15 la bouche
16 une épaule (les épaules)
17 la jambe

18 une oreille (les oreilles)
19 les dents
20 la gorge
21 la main

2 Qu'est-ce que c'est?

Trouve les mots qui manquent.
Exemple: 1 *les jambes*

1 On marche avec les ... et les pieds.
2 On mange avec les ...
3 On parle avec la ...

4 On regarde la télé avec ... ...
5 On écoute la musique avec ... ...
6 On joue du piano avec ... ...

7 La tête est sur ... ...
8 Le cou est sur ... ...

5 Tu aimes les animaux?

Lis les descriptions et fais les activités.
Voici deux habitants de la savane africaine: la girafe et le
zèbre. Ils sont jolis, tous les deux, mais un peu extraordinaires.

a À quoi sert le cou de la girafe?

La girafe a le cou le plus long de tous les animaux du
monde. Son cou peut mesurer deux mètres, donc avec
ses longues jambes, une girafe mesure environ cinq
mètres.
Son cou est très utile pour plusieurs raisons:

● La girafe peut toujours trouver des feuilles à manger
parce qu'elle est aussi grande que les arbres, mais
plus grande que les autres animaux.

● Son cou aide la girafe à se balancer. Quand elle
marche, elle baisse et relève la tête et comme ça, elle
ne tombe pas, même avec des jambes si longues.

● Comme les girafes sont si grandes, elles ne peuvent
pas se cacher dans la savane, mais avec un cou si
long, elles peuvent facilement voir les ennemis qui
s'approchent et avec des jambes si longues, ce n'est
pas difficile de s'échapper!

Complète les phrases avec les mots
corrects.
Exemple: 1 *long*

1 Le cou de la girafe est très ...
2 Les girafes mangent des ...
3 Une girafe est plus ... que les autres
animaux.
4 Quand la girafe marche, son ...
l'aide à se balancer.
5 Comme elle est très grande, c'est ...
pour la girafe de se cacher.
6 Avec son long cou, c'est ... de voir
ses ennemis.
7 Les longues ... d'une girafe l'aident
à s'échapper de ses ennemis.

3 Au zoo 'fantaisie'

Dans ce zoo, il y a des animaux vraiment extraordinaires.
Par exemple, voici …

1 un élé-chat

L'élé-chat a le nez d'un éléphant,
mais les oreilles d'un chat.
Il a la bouche d'un éléphant,
mais les yeux d'un chat.
Il a les pattes* d'un éléphant,
mais le dos d'un chat.
(*Une <u>personne</u> a des pieds,
mais un <u>animal</u> ou un <u>oiseau</u>
a des pattes.)

2 un lap-chien

Il a la … et les … d'un
lapin, et le corps, la queue
et les … d'un chien.

3 une pois-souris
Peux-tu décrire une pois-souris?

4 le monstre Tricolore

Et voici la description d'un animal plus étrange que tous
les autres. C'est le 'monstre Tricolore'.
Il a une grande tête hexagonale, et un visage blanc avec
un nez blanc. Il a un œil rouge et une oreille rouge, un œil
bleu et une oreille bleue. Il a un ventre énorme – c'est
parce qu'il mange beaucoup de repas français avec ses
grandes dents blanches. Il a beaucoup de pattes pour
marcher partout en France – c'est un grand pays!
Peux-tu le dessiner?

4 **À toi!** 👉

À écrire

Maintenant, peux-tu inventer un animal encore plus étrange?
Écris la description de ton animal, puis échange la description
avec un(e) ami(e).
Chaque personne doit dessiner l'animal inventé par l'autre.

b *Pourquoi les zèbres sont-ils rayés?*

On ne le sait pas exactement, mais il y a plusieurs
théories. Les spécialistes essaient de comprendre à quoi
servent les rayures. D'abord, les rayures servent de
camouflage dans la savane en Afrique. En plus, les
rayures noires et blanches brouillent* la vue des lions.
Cet effet optique aide à protéger les zèbres des lions,
surtout quand les zèbres sont en troupeau.
Selon une autre théorie, les rayures sur le cou et les
épaules permettent aux zèbres de se reconnaître. Les
zèbres, comme les chevaux, ne voient pas bien, mais ils
distinguent bien les contrastes. Des spécialistes pensent
qu'il n'y a pas deux zèbres rayés de la même façon.
Donc, un petit zèbre peut reconnaître sa mère selon ses
rayures.

***brouillent** – blur*

Réponds aux questions en anglais.

1 *Are scientists certain why zebras have stripes?*
2 *What effect do the stripes have on lions' vision?*
3 *When is this camouflage especially effective?*
4 *What do you know about zebras' eyesight?*
5 *What makes it possible for a baby zebra to*
recognise its mother?

■ Un match amical!

Lis la description du match amical et identifie les joueurs blessés. **Exemple: 1** *Maxime*

Un match AMICAL!

Le week-end dernier, l'équipe de rugby du village de Saint-Étienne-dans-les-Champs, près d'Avignon, ('les Papes') a joué un match amical contre 'les Rois', l'équipe de Saint-Louis-de-la-Vallée, un village voisin.

Malheureusement, après ce match amical, il y a douze blessés!

Dans l'équipe des Rois, six joueurs sont blessés: Alphonse a mal à l'oreille gauche, Clément a mal au bras, Auguste a mal au genou, Jean-Baptiste a mal à la main droite, Jean-Mathieu a mal à l'œil droit et Jean-François a mal au nez – il a un nez aussi gros que le ballon de rugby!

Dans l'équipe des Papes, quatre joueurs sont blessés: Didier a mal au pied, Maxime a mal à la jambe, Marius a très mal au dos et Léonard a mal aux dents (et il a mal au cœur aussi).

Même la petite chienne, Mêlée, la mascotte de l'équipe des Papes, a mal à la queue!

Mais … avez-vous vu l'arbitre? Ce pauvre homme a été tellement excité par le match qu'il a mal à la tête, à la gorge, aux bras, à la main et au ventre.

Si cela est un match amical, imaginez le résultat d'un match sérieux!

Et le résultat du match amical? Match nul!

② Ils sont blessés

Complète les phrases.
Exemple: 1 Auguste *a mal* au genou.

1 Auguste … … au genou.
2 Léonard … … aux dents.
3 Clément et l'arbitre … … au bras.
4 Jean-Baptiste et l'arbitre … … à la main.
5 Maxime dit: «Ouf, j'… … à la jambe.»
6 Mêlée, la chienne, … … à la queue.

DOSSIER-LANGUE

How to say what hurts

To say what hurts, use part of the verb *avoir* + *mal* + *à la/au* etc. + the part of the body which hurts.

j'ai tu as il a elle a on a nous avons vous avez ils ont elles ont	mal	au	genou nez	**masculine**
		à la	tête jambe	**feminine**
		à l'	oreille œil	**before a vowel**
		aux	dents yeux	**plural**

③ Après le match

Tous les joueurs blessés vont chez le médecin. Qu'est-ce qu'ils lui disent?
Exemple: 1 Jean-Mathieu dit: «J'ai mal *à l'œil droit.*»

1 Jean-Mathieu dit: «J'ai mal …»
2 Alphonse dit: «J'ai mal …»
3 Jean-François dit: «…»
Et Didier (**4**), et Marius (**5**), et l'arbitre (**6**)?

④ ■ Qui parle?

Travaillez à deux. Une personne dit une phrase et l'autre personne devine qui parle.
Exemple: **A** *J'ai mal au dos.*
      B *Tu es Marius?*
      A *Oui, c'est ça/Oui, je suis Marius.*

5 Quelle description?

Choisis la bonne description pour chaque image.
Exemple: 1 *b*

a Elles ont chaud.   **c** Il a soif.   **e** Il a froid.
b Il a faim.   **d** Ils ont soif.   **f** Il a de la fièvre.

6 Qu'est-ce qu'ils disent?

Exemple: 1 *J'ai faim!*

7 🎧 C'est quelle image?

Écris 1–8. Écoute et note l'image correcte.
Exemple: 1 *a*

a il/elle a faim	**b** il/elle a soif

c il/elle a chaud	**d** il/elle a froid

e il/elle a de la fièvre

8 Trouve la réponse!

Quelle est la bonne réponse?
Exemple: 1 *d*

1 Brr! J'ai froid, Maman!
2 J'ai soif!
3 J'ai vraiment trop chaud ici. Qu'est-ce que je peux faire?
4 J'ai faim, Jeannette.
5 J'ai mal à la tête et je crois que j'ai de la fièvre!
6 Est-ce qu'il y a des fruits, Maman? J'ai faim.

a Bois ce verre de limonade!
b Voilà, Martin, mange un de mes sandwichs!
c Prends de l'aspirine!
d Mets ton pull, alors!
e Voilà – choisis une pomme!
f Ne reste pas au soleil, va dans la maison!

1 🎧 Ça ne va pas!

Pendant les vacances, Charles, le correspondant suisse de Mathieu, passe une semaine chez lui. Un jour, Charles ne va pas très bien.

a *Écoute et lis la conversation entre Charles et la mère de Mathieu.*

– Bonjour, Charles, ça va?
– Bonjour, Madame. Non, ce matin, je ne vais pas très bien.
– Qu'est-ce qui ne va pas?
– J'ai mal à la tête et j'ai mal à la gorge aussi.
– Quand tu es chez toi, est-ce que tu prends de l'aspirine?
– Oui, Madame.
– Alors, bois ce verre d'eau et prends cette aspirine. Repose-toi un peu et si tu ne vas pas mieux*, je vais téléphoner au médecin.
– Merci, Madame.
(Plus tard)
– Ça va mieux, Charles?
– Ah, non. J'ai toujours mal à la tête et maintenant, j'ai mal aux oreilles aussi et je crois que j'ai de la fièvre.
– Alors, je vais demander un rendez-vous chez le médecin.

*__mieux__ – *better*

b *Complète le résumé avec des mots dans la case.*

Exemple: 1 *ne va pas (f)*

Ce matin, Charles (**1**) … très bien. Il a mal (**2**) … et il a mal (**3**) …
Alors, il boit (**4**) … et il prend (**5**) …
Plus tard, il a mal (**6**) … aussi et il croit qu'il a (**7**) …

a	un verre d'eau
b	à la gorge
c	de l'aspirine
d	de la fièvre
e	aux oreilles
f	ne va pas
g	à la tête

2 🎧 Tout le monde est malade

Écoute et complète les conversations avec les expressions dans la case.
Exemple: 1 *je ne vais pas très bien (a)*

a	je ne vais pas très bien *(I'm not very well)*
b	ça ne va pas très bien *(I'm not very well)*
c	ça ne va pas mieux *(I'm no better)*
d	j'ai mal au cœur *(I feel sick)*
e	bois ce verre d'eau
f	ne mange rien
g	prends ton inhalateur
h	prends ce médicament
i	repose-toi
j	reste au lit

1 Hélène
– Bonjour, Hélène, ça va?
– Non, Madame, (**1**) …
– Qu'est-ce qui ne va pas?
– Je suis asthmatique, vous savez. Je crois que c'est ça.
– Alors, (**2**) … et (**3**) … un peu et si tu ne vas pas mieux, je vais téléphoner au médecin.
– Oui, Madame. J'ai soif aussi et j'ai chaud.
– Alors, (**4**) …

2 Martin
– Alors, Martin. Ça va mieux?
– Non, Monsieur, (**5**) …
– Qu'est-ce qui ne va pas?
– J'ai mal au ventre et (**6**) …
– Alors, (**7**) … et (**8**) …

3 Alain
– Ça va, Alain?
– Non, Madame, (**9**) …
– Qu'est-ce qu'il y a?
– Je suis allergique au poisson et hier, j'ai mangé des crevettes.
– Alors, bois de l'eau, mais (**10**) …

DOSSIER-LANGUE

Commands (the imperative)

In the conversations above, there were a lot of commands, e.g.
Prends ce médicament. Bois ce verre d'eau.
To give someone a command in French, just use the 2nd person of the verb (but without the words *tu* or *vous*), e.g.

singular *(tu)*	**plural *(vous)***
Prends de l'aspirine.	***Ouvrez*** la fenêtre.
Mets ton pull.	***Retournez*** à la maison.

Note! With -*er* verbs (including *aller*), drop the -*s* from the 2nd person singular *(tu)*, e.g.
Tu parles vite. / ***Parle*** *plus lentement.*
Tu ne vas pas bien? / ***Va*** *chez le médecin.*

3 Il y a un problème?

Complète les phrases avec un verbe à l'impératif.
Exemple: 1 *mange*

1 – Maman, j'ai faim.
– Alors, (**manger**) ces sandwichs.
– Maintenant, j'ai soif.
– Alors, (**boire**) cette limonade.

2 – Ouf! J'ai chaud!
– Alors (**ouvrir**) la fenêtre
– Brr! Maintenant, j'ai froid.
– Si tu as froid, (**mettre**) ton sweat.

3 – Maman, je suis malade, j'ai de la fièvre.
– Alors ne (**aller**) pas à l'école, (**rester**) à la maison.
– Zut! Il y a une boum ce soir et je veux y aller!
– Alors, (**aller**) au collège ce matin!

4 🎧 😐 Chez le médecin

Travaillez à deux. Écoutez la conversation, puis inventez d'autres conversations chez le médecin.
Voici Mlle Lemont chez le médecin.

Médecin: Bonjour! Qu'est-ce qui ne va pas?
Mlle L: **J'ai mal aux oreilles et à la gorge**, Docteur, et je ne peux pas dormir.
Médecin: **Ouvrez la bouche**. Ah, oui. Je vois. Ça vous fait mal là?
Mlle L: Aïe! Oui, un peu!
Médecin: Voici une ordonnance. **Prenez ce médicament**. Et téléphonez, si ça ne va pas mieux.
Mlle L: Merci, Docteur.

le médecin

| Prenez ce médicament. |
| Prenez de l'aspirine. |
| Buvez beaucoup d'eau. |
| Restez au lit. |

Ouvrez la bouche.	
Montrez-moi	le bras.
	la jambe.
	les pieds.
Mettez-vous là.	

le/la client(e)

J'ai mal	à la tête	au cœur	aux yeux
	à l'œil	au cou	aux dents
	à l'oreille	au bras	aux oreilles
J'ai un peu mal	à la gorge	au ventre	
	à la bouche	au pied	
	à la main	au dos	
	à la jambe		

J'ai de la fièvre.	
Je ne peux pas dormir.	
J'ai très	chaud.
	froid.
Je n'ai pas faim.	
J'ai tout le temps soif.	

5 Bonne santé

Voici une affiche dans la salle d'attente du médecin.
Complète l'affiche avec des verbes à l'impératif.
Exemple: 1 *Mangez*

Bonne santé

1 *(Manger)* bien …
ne *(manger)* pas trop!

2 *(Boire)* beaucoup d'eau

… mais pas trop de boissons sucrées!

3 *(Dormir)* bien
… pour être en forme!

4 N'*(oublier)* pas de bien vous brosser les dents!
Voici une bonne idée …
(écouter) une chanson favorite et *(brosser)*-vous les dents le temps qu'elle dure.

5 Tous les jours, *(marcher)* un peu en plein air
… assez vite, mais pas trop!

6 Chaque week-end, *(faire)* un peu de 'vrai' exercice!
… la natation est bonne pour la santé
… ou les promenades
… même la danse!

7 Ne *(fumer)* pas!
Fumer, ce n'est pas bon pour la santé!
Arrêter de fumer est très difficile – alors, ne *(commencer)* pas!

8 Ne *(rester)* pas trop longtemps à la maison!
S'il fait beau,
ne *(regarder)* pas la télé,
ne *(jouer)* pas sur l'ordinateur,
(faire) une randonnée à la campagne.

SOMMAIRE

Now you can ...

● **talk about clothes and what to wear**
(You probably know most of these words already.)

anorak (m)	anorak
baskets (f pl)	trainers
casquette (f)	baseball hat, cap
chaussette (f)	sock
chaussure (f)	shoe
chemise (f)	shirt
cravate (f)	tie
jean (m)	jeans
jogging (m)	jogging trousers
jupe (f)	skirt
lunettes de soleil (f pl)	sunglasses
maillot de bain (m)	swimming costume
pantalon (m)	trousers
pull (m)	jumper
pyjama (m)	pyjamas
robe (f)	dress
sandales (f pl)	sandals
short (m)	shorts
T-shirt (m)	T-shirt
veste (f)	jacket

(Some new words for clothes, introduced in this unit.)

bottes (f pl)	boots
casque (m)	helmet (for cycling etc.)
imper(méable) (m)	mac(intosh)
logo (m)	logo
mode (f)	fashion
tenue (f)	outfit
Je n'ai rien à me mettre.	I have nothing to wear.

● **describe people and things**

carré(e)	square-shaped
content(e)	happy
court(e)	short
décontracté(e)	casual (clothes etc.)
fort(e)	strong
grand(e)	big, tall
gros(se)	big, fat
haut(e)	high
jeune	young
long(ue)	long
lourd(e)	heavy
mince	slim
pauvre	poor
petit(e)	small
riche	rich
triste	sad
vieux (vieille)	old
de taille moyenne	medium height

● **describe appearance**
(see pages 98 and 99)

● **say that you feel ill**

Je ne vais pas très bien.	I'm not very well.
Ça ne va pas très bien.	I'm not very well.
Ça ne va pas mieux.	I'm no better.
Je suis (un peu) malade.	I am ill (I am not very well)

● **explain what's wrong**

J'ai mal au cœur.	I feel sick.
Je suis asthmatique.	I have asthma.
Je suis allergique à …	I am allergic to …
Je ne peux pas dormir.	I can't sleep.
J'ai mal à la tête.*	I have a headache./ My head hurts.
Il a mal au dos.*	He has backache./ His back hurts.
Elle a mal aux oreilles.*	She has earache.

* use a similar pattern for other parts of the body
(see page 102)

J'ai chaud.	I'm hot.
J'ai froid.	I'm cold.
J'ai de la fièvre.	I have a temperature.
J'ai faim.	I'm hungry.
J'ai soif.	I'm thirsty.

● **understand what the doctor asks you ...**

Qu'est-ce qui ne va pas?	What's wrong?
Qu'est-ce qu'il y a?	What's the matter?
Ça vous fait mal là?	Does it hurt you there?

● **... and what you are told**

Ouvrez la bouche!	Open your mouth.
Montrez-moi la jambe.	Show me your leg.
Restez au lit!	Stay in bed.
Prenez ce médicament.	Take this medecine.
Prenez votre inhalateur.	Take your inhaler.
Voici une ordonnance.	Here's a prescription.

● **use direct object pronouns to avoid repetition**
(see page 100)

Où est mon sac?	Where's my bag?
Le voilà.	There it is.
Où est ma montre?	Where's my watch?
La voilà.	There it is.
Où sont mes baskets?	Where are my trainers?
Les voilà.	There they are.

● **use the imperative to give commands**
(see page 106)

Safari

Questions et réponses
Cette semaine – les animaux

Question 1

Les chiens, est-ce qu'ils voient bien?

Réponse

Oui et non! Pendant la journée, ils ne voient pas bien les couleurs, mais le soir, quand il commence à faire noir, les yeux des chiens sont plus forts que nos yeux humains.

Les chiens voient bien quelque chose qui bouge, même à une grande distance. Par exemple, si un berger fait signe à son chien, il peut voir son maître à une distance d'un kilomètre.

Une chose amusante – comme les yeux d'un chien sont sur les côtés de la tête, il peut voir devant, à côté et derrière lui!

> **bouger** – *to move*
> **un berger** – *shepherd*

Question 2

Quel animal est le plus dangereux, l'hippopotame ou le crocodile?

Réponse

C'est le crocodile.

L'hippopotame est un mammifère énorme (1,5 tonnes). Il a une bouche gigantesque et des dents d'un mètre de long, mais il ne mange pas de viande. Il est herbivore – il mange seulement des plantes fraîches.

Au contraire, le crocodile – un très grand reptile – est très dangereux. Il est carnivore et il mange de la viande, des antilopes, par exemple, et du poisson – et même les hommes, s'ils tombent dans l'eau!

Un grand crocodile peut mesurer cinq mètres, mais il se cache sous l'eau (à part ses petits yeux) et attend ses victimes avec patience.

Question 3

À votre avis, quel est l'animal le plus extraordinaire?

Réponse

Beaucoup d'animaux sont extraordinaires, mais la girafe est vraiment fantastique. Voici quelques détails au sujet de cet animal si intéressant:

- La girafe a une langue extensible qu'elle peut enrouler autour d'une branche pour la tirer dans sa bouche.
- La girafe peut vivre avec très peu d'eau qu'elle trouve sur les feuilles. Mais quand elle a soif, elle boit entre 40 et 50 litres d'eau.
- La girafe dort très rarement. Elle dort profondément pendant environ 20 minutes toutes les 24 heures.
- La girafe passe environ 12 heures chaque jour à manger.
- La girafe peut courir à 60 km/heure – comme ça, elle peut échapper à ses ennemis, les hyènes, par exemple.

> **la langue** – *tongue*

Rigolo!

un ver   un mille-pattes

Un ver attend avec impatience dans un bar où il a rendez-vous avec son ami, un mille-pattes. Enfin le mille-pattes arrive et dit: «Désolé d'être en retard, mais devant la porte, c'est marqué 'Essuyez vos pieds avant d'entrer'.»

unité 8

Rendez-vous!

In this unit you will learn how to ...

- find out about what's on
- discuss what to do
- ask someone to go out
- accept or refuse invitations
- arrange to meet and buy tickets etc.
- discuss leisure activities
- talk about some things you have done

You will also ...

- use the verb *sortir* (to go out)
- and some other irregular verbs, e.g. *faire* and *aller*
- use the conjunctions *si*, *quand* and *mais* to make longer sentences
- make comparisons
- revise and practise the perfect tense

1 🎧 Qu'est-ce qu'on va faire?

Écris 1–6. Regarde les affiches, puis écoute la publicité. On parle de quelle affiche?
Exemple: 1 D (Aqua-balade)

A

Planète-vacances
Parc d'attractions

Piscines et Bassins   Toboggan Aquatique
Mini-golf   Trampolines   Châteaux Gonflables
Jeux de Sable   Mur d'Escalade   Basket
Volley-Ball   Football   Jeux Électroniques

ouvert du 20/05 au 30/10 de 10h à 19h tous
les jours le 15 août – Gala et fête
Tarif réduit pour les moins de 16 ans

B

Dinosauria
le pays des derniers dinosaures

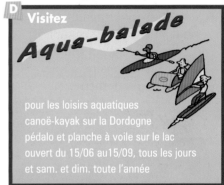

Imaginez ...
vous êtes ici, il y a 70 millions d'années, au temps
des derniers dinosaures.
Un voyage extraordinaire au pays de ces
'Terribles Lézards'.
Le musée des dinosaures – ouvert 365 jours par an
juillet-août 10h00–19h00
toute l'année 10h00–12h00 et 14h00–18h00
35 différentes espèces de dinosaures exposées

C

Bienvenue à la
RÉSERVE AFRICAINE
SIGEAN

3500 animaux

Ouvert tous les jours à 9h
toute l'année
Un circuit en voiture
ou
Une promenade à pied

D

Visitez
Aqua-balade

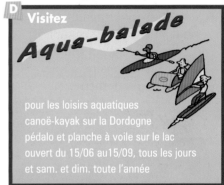

pour les loisirs aquatiques
canoë-kayak sur la Dordogne
pédalo et planche à voile sur le lac
ouvert du 15/06 au15/09, tous les jours
et sam. et dim. toute l'année

E

jeudi, 13 juillet
grand pique-nique de fête
aux berges de la Dordogne
vendredi 14 juillet
!! Fête nationale !!

sur la place de la Cathédrale
20h30 Musique
21h30 Démonstration de sauts en parachute
22h30 Feu d'artifice sur les berges du Tarn
23h00 Bal Populaire et disco gratuit

F

Le mystère de la cathédrale

un spectacle en 'son et lumière'
tous les dimanches, mardis et mercredis
des mois de juillet et d'aôut
21h dans la cathédrale
réservations à la cathédrale
ou par téléphone
05 63 74 69 93

2 Vrai ou faux?

*Lis les phrases et écris **vrai** ou **faux**.*
Exemple: 1 *vrai*

1 Le musée des dinosaures est ouvert tous les jours.
2 Le spectacle 'son et lumière' est sur la place de la Cathédrale.
3 Le 15 août, il y a une fête au parc d'attractions.
4 Le 14 juillet, c'est la fête nationale en France.
5 Le feu d'artifice commence à minuit.
6 On peut faire du canoë sur la Dordogne tous les week-ends de l'année.
7 Vous ne pouvez pas visiter la réserve africaine en voiture.
8 Au parc Planète-vacances, on peut faire de la planche à voile sur le lac.
9 Dinosauria ferme à sept heures du soir au mois de juillet.
10 Pour le bal populaire le 14 juillet, il faut acheter son billet en avance.

3 🎧 👥 Trois conversations

Ces jeunes sont en vacances. Ils regardent les affiches.
Qu'est-ce qu'ils vont faire pour s'amuser?

a la Dordogne	**b** au café	**c** à la cathédrale		
d le bal	**e** le musée	**f** Aqua-balade	**g** une pizza	
h les animaux	**i** parc d'attractions	**j** un mini-golf		

a Écoute et trouve les mots qui manquent (dans la case).
Exemple: 1 *le musée*

b *Lisez les conversations complètes en groupes.*

1 Céline et Sophie

C Qu'est-ce qu'on va faire aujourd'hui? On va visiter (**1**) …?
S Ah non, il fait trop chaud. Qu'est-ce qu'il y a d'autre à faire? Regardons les affiches!
C Alors, il y a la réserve africaine. Tu aimes (**2**) …, toi?
S Non, pas trop. Voyons, si on allait à (**3**) … . On peut faire du kayak sur (**4**) …
C Bonne idée!

2 Patrick et Charlotte

P Le quatorze juillet, on va danser sur la place, non?
C Bien sûr! Ça commence à quelle heure, (**5**) …?
P Voyons … ah oui, ça commence à vingt-trois heures. Alors, si on allait manger (**6**) … avant?
C D'accord. Rendez-vous (**7**)… vers neuf heures. Plus tard, on va regarder le feu d'artifice!

3 Rachid, Géraldine et Mathieu

R Planète-vacances, c'est quoi?
G C'est un grand (**8**) … .
M Qu'est-ce qu'il y a à faire?
G Il y a un toboggan aquatique, puis (**9**) … et beaucoup de sports et de jeux.
R On y va?
G Oui, oui, et ce soir, on va voir le spectacle son et lumière (**10**) …
R Ah oui. Ça commence à quelle heure?
G À neuf heures. Tu viens, Mathieu?
M Je vais venir à Planète-vacances, mais ce soir, je vais regarder la télé.

4 Des phrases utiles

Trouve les paires. **Exemple: 1** *c*

1	Qu'est-ce qu'il y a à faire?	**a**	*What time does it start?*
2	Si on allait à …	**b**	*How about going to …?*
3	On y va?	**c**	*What shall we do?*
4	Ça commence à quelle heure?	**d**	*What time does it close?*
5	Ça ouvre à quelle heure?	**e**	*Shall we go?*
6	Ça ferme à quelle heure?	**f**	*What time does it open?*

6 👥 Le jeu des questions

Travaillez à deux. Jetez un dé pour faire une conversation.

Exemple: A **B**

A Qu'est-ce que tu as fait?
B Je suis allé(e) **au bowling**. Et toi?
A Je suis allé(e) **au parc d'attractions**.

B Tu y es allé(e) avec qui?
A **Avec la famille de mon ami, Marc.** Et toi? Tu y es allé(e) avec qui?
B **Avec mes parents.**

A C'était bien?
B **Oui, c'était excellent.** Et toi? C'était bien?
A **Oui, très bien.**

5 Où sont-ils allés?

Regarde les conversations et les affiches et complète les phrases.

Exemple: 1 *Céline est allée à Aqua-balade.*

1 Céline est allée à …
2 Géraldine est allée au spectacle son et lumière à la …
3 … est allé au spectacle avec elle.
4 Sophie n'est pas allée à la réserve africaine, parce qu'elle … beaucoup les animaux.
5 À neuf heures du soir, Patrick et Charlotte sont allés …
6 Plus tard, ils … à la place de la Cathédrale, pour regarder le feu d'artifice.

Qu'est-ce que tu as fait?	**Tu y es allé(e) avec qui?**	**C'était bien?**	
Je suis allé(e) …	Avec	Oui, c'était …	Non, c'était …
1 à la fête foraine	**1** mes parents	**1** excellent	**5** ennuyeux
2 au spectacle son et lumière	**2** mes amis	**2** très bien	**6** nul!
3 au parc d'attractions	**3** le club des jeunes	**3** intéressant	
4 au feu d'artifice	**4** la famille d'un(e) ami(e)	**4** amusant	
5 au bowling	**5** ma classe au collège		
6 au musée des dinosaures	**6** mon (ma) meilleur(e) ami(e)		

1 Isabelle ne sort jamais!

a Lis l'histoire d'Isabelle.

1 Je vous présente une nouvelle élève, Isabelle Lenoir.

2 Tu es contente ici? Tu sors souvent en ville?

Ça va. Mais je n'ai pas d'amis ici, donc je ne sors jamais.

3 La pauvre Isabelle ne sort jamais. Il faut l'inviter.

5 mardi soir

4 Salut, Isabelle. Ici Jean-Claude. Tu es libre samedi soir? Nous sortons en groupe à la nouvelle discothèque. Tu viens avec nous?

C'est Guy à l'appareil. On va à la campagne mercredi après-midi. Tu viens?

7 jeudi soir

Salut! Ici Magali. Jeudi soir, on va jouer au tennis. Tu viens?

6 mercredi après-midi

Bonjour, Isabelle. C'est Sophie. Tu viens à la piscine demain soir?

C'est moi, Alexandre. Vendredi, j'organise une fête chez moi. Je t'invite!

vendredi soir

8

9 Mais vous êtes tous fatigués! Vous sortez trop dans cette classe.

samedi matin

10 samedi soir

Jean-Claude et ses amis sortent. Ils vont à la nouvelle discothèque.

11 dimanche

Bonjour, Madame. C'est David, un copain d'Isabelle. Est-ce qu'elle est libre ce soir? Nous allons sortir …

12 C'est très gentil, David, mais le dimanche, elle ne sort jamais!

b Cette semaine, Isabelle sort beaucoup.
Complète le résumé de la semaine d'Isabelle.
Exemple: 1 *Sophie*

1 Mardi soir, elle sort avec …
2 Mercredi après-midi, elle sort avec …
3 Jeudi soir, elle sort avec …
4 Vendredi soir, elle sort avec …
5 Samedi soir, elle sort avec …
6 Mais le …, elle ne sort pas. Elle reste à la maison!

2 🎧 Qui dit cela?

Regarde les images et le texte. Écris 1–6 et écoute. Qui parle?
Exemple: 1 *C'est la mère d'Isabelle.*

> Alexandre   Guy   Isabelle   Jean-Claude
> la mère d'Isabelle   le professeur

DOSSIER-LANGUE

sortir (to go out)

Here is the present tense of *sortir* in full.
Can you find an example of each part in the story above?

singular		plural	
je	sors	nous	sortons
tu	sors	vous	sortez
il/elle/on	sort	ils/elles	sortent

3 🎧 Vous sortez souvent?

On a posé des questions à ces jeunes sur leurs sorties.
Écoute et choisis les bonnes réponses.

1 Sophie
  a sort souvent
  b sort une ou deux fois par semaine
  c ne sort jamais.

2 Elle va
  a au cinéma ou au théâtre
  b au club des jeunes ou à la piscine
  c au cinéma ou à la piscine.

3 Jean-Claude
  a fait beaucoup de sport
  b n'aime pas le sport
  c va au club des jeunes.

4 a Il ne sort pas souvent.
   b Il sort assez souvent.
   c Il sort très souvent.

5 Magali et Chantal sortent
  a une fois par semaine et plus souvent pendant les vacances
  b seulement pendant les vacances
  c très souvent, surtout pendant les vacances.

6 Elles aiment
  a le sport **b** la musique
  c l'informatique.

7 Guy et Stéphanie
  a ne sortent pas souvent
  b sortent assez souvent
  c sortent très souvent.

8 Ils aiment
  a le sport **b** la musique
  c l'informatique.

4 📱 À toi!

À discuter

Travaillez à deux. Posez et répondez à trois questions à tour de rôle.

1 Est-ce que tu sors souvent en famille ou avec des amis?
2 Où vas-tu, normalement? (Normalement/Quelquefois, nous allons …)
3 Pour sortir le soir avec tes amis, qu'est-ce que tu mets?
4 Pendant la récréation, toi et tes amis, est-ce que vous sortez dans la cour? (toujours / quand il fait beau / pas souvent etc.)
5 Qu'est-ce que tu fais quand il fait mauvais/chaud/très froid?
6 Tu joues d'un instrument?
7 Est-ce que tu pratiques un sport?

Pour t'aider

			(assez) souvent
je	sors		quelquefois
			le week-end seulement
	ne	pas	trop
			très souvent
nous	sortons		pendant les vacances
			une/deux/trois/etc. fois par semaine

je fais	de la natation / du cyclisme / du roller
nous faisons	du judo / de l'informatique
je mets	un jean et un sweat / une jolie robe / un pantalon et un pull
je vais	au cinéma / au théâtre / à un concert
nous allons	au club des jeunes
je joue	du violon / de la guitare
nous jouons	au football / au basket / aux échecs / aux cartes

À écrire

Copie quatre questions et écris tes réponses.
Exemple: 1 *Je sors en famille le samedi.*

5 Isabelle écrit à sa cousine

*Lis la lettre, puis lis le **Dossier-langue** et réponds aux questions.*

Chère Hélène,
Tout va bien ici au nouveau collège. La semaine dernière, je suis sortie tous les soirs et j'ai beaucoup d'amis.
Le mercredi après-midi aussi, nous sommes sortis, des copains et moi. Nous sommes allés à la campagne. Puis le samedi soir, tous mes amis sont sortis ensemble – et moi aussi, bien sûr! Nous sommes allés à la nouvelle discothèque – c'était fantastique!
Dimanche, je ne suis pas sortie – j'ai dormi toute la journée!
À bientôt!   Isabelle

DOSSIER-LANGUE

Rappel: *sortir*

Look at the verb *sortir* in Isabelle's letter.
• Which tense is it in?
• Which auxiliary verb is used with *sortir*?
• What is the past participle?
• What is the rule about agreement of the past participle for the verb *sortir*?
• See how many examples of this you can find in Isabelle's letter.

1 🎧 💻 Es-tu libre ce soir?

Tu es libre ce soir?

Tout le monde va à la nouvelle discothèque. Tu viens?

Quand tu es en France, on va peut-être t'inviter à sortir.
Comment vas-tu répondre? Qu'est-ce qu'il faut dire?
*Voici des réponses possibles (**a–f**).*
Écris 1–8. Écoute les conversations et note la réponse.
Exemple: 1 a 😊

a Tu veux vraiment accepter.

> Oui, avec plaisir!
> Oui, je veux bien.
> OK, super!
> Bonne idée!
> Oh oui – génial!
> Chouette!

b Tu acceptes, mais sans trop d'enthousiasme.

> D'accord.
> Oui, si tu veux.
> Pourquoi pas?

c Tu acceptes (s'il n'y a rien d'autre à faire).

> Euh … oui, je crois.

d Tu n'es pas sûr(e).

> Je ne sais pas encore.
> Peut-être, je vais voir.
> Ça dépend.
> Je vais y réfléchir.

(?)

e Tu ne veux pas ou tu ne peux pas accepter.

Je regrette,	mais	je ne peux pas.
Désolé(e),		je ne suis pas libre.
C'est très gentil,		ce n'est pas possible.

f Tu ne veux absolument pas accepter.

> Ah non, pas question!
> Non merci, ça ne me dit rien.
> Non, je n'ai pas envie de sortir.

✗

1 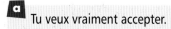 Charles

5 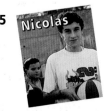 Nicolas

2 🗣 Qu'est-ce qu'on dit?

Sophie, et son frère, Bruno, rencontrent ces jeunes pendant leurs vacances en France et ils les invitent à sortir.

a *Voici quatre filles qui invitent Bruno et quatre garçons qui invitent Sophie.*
Travaillez à deux. Personne A pose la question.
Personne B répond pour Sophie et Bruno (selon les symboles).

Exemple: **A** (Charles) Tu es libre demain? Tu veux aller au cinéma avec moi?
        B (Sophie) Oui, oui. Bonne idée!

b *Imagine que c'est toi qu'on invite. Tu acceptes quelle(s) invitation(s)?*
Qu'est-ce que tu dis pour accepter?
Qu'est-ce que tu réponds aux autres invitations?

2  Julie

3  Luc

4  Élodie

6  Roxane

7  Félix

8  Charlotte

1 Tu es libre demain? Tu veux aller au cinéma avec moi? 😊

2 Qu'est-ce que tu fais samedi? On peut sortir ensemble? 😊

3 Tu veux aller à une boum demain soir? **?**

4 Tu veux aller à la discothèque ce soir? 😐

5 On va écouter des CD chez moi ce soir. Tu viens? ✗

6 Si on allait en ville demain matin? 🙁

7 Il y a un match de rugby demain – on y va? 😊

8 On pourrait se revoir ce week-end? 😊

3 Sophie et Bruno sont sortis

Sophie et Bruno ont accepté des invitations et ils sont sortis hier. Aujourd'hui, ils écrivent à des amis.

a La lettre de Sophie
Choisis les cinq phrases correctes pour faire la lettre.

1 Hier, je suis sortie avec un garçon qui s'appelle Charles.
2 Je vais sortir avec un garçon qui s'appelle Charles.
3 Nous sommes allés au cinéma.
4 Nous sommes restés à la maison.
5 Nous allons voir un film de science-fiction.
6 Nous avons vu un film de science-fiction.
7 J'ai aimé le film, mais Charles l'a trouvé un peu stupide.
8 Nous n'avons pas aimé le match.
9 Après le film, on va manger une pizza au restaurant.
10 Après le film, on a mangé une pizza au café.

4 À toi!

À écrire
Imagine que tu as accepté une des invitations à la page 114, activité 2. Écris à un(e) ami(e) pour raconter ta sortie.
Exemple: *Hier, je suis sorti(e) avec …*
On a décidé de (d') …
Le concert (etc.) a commencé à …
J'ai rencontré … (où?) (quand?) etc.

b La lettre de Bruno
Complète sa lettre avec les verbes corrects.
Exemple: 1 *je suis sorti*

Salut!
Hier, je (1 sortir) avec une fille qui s'appelle Roxane. Elle est gentille, mais nous (2 passer) une matinée très ennuyeuse, à mon avis!
D'abord, nous (3 aller) dans un petit café, pas très intéressant. Moi, j'(4 prendre) un chocolat chaud et j'(5 manger) un croissant, mais elle (6 lire) son magazine de mode.
Après ça, nous (7 entrer) dans un grand magasin à onze heures et nous (8 sortir) du magasin à midi et demi! Pendant tout ce temps, elle (9 acheter) seulement une paire de chaussettes et elle (10 répondre) à ses copines sur son téléphone portable. Le week-end prochain, je vais regarder la télé à la maison!
Bruno

5 Rendez-vous

a *Écoute la conversation et lis le texte.*
b *Lisez la conversation à deux. Puis inventez d'autres conversations.*

– Qu'est-ce qu'on va faire **cet après-midi? (1)**
– Si on allait **à la piscine? (2)**
– Ah non! **Je ne veux pas faire ça. (3)**
– Qu'est-ce qu'il y a d'autre à faire?
– **Il y a un concert de rock au stade. (4)** On y va?
– Bonne idée! Ça commence à quelle heure?
– **À deux heures et demie. (5)**
– Alors, rendez-vous **devant le stade (6)** **à deux heures (5).**
– D'accord. À tout à l'heure.
(On achète les tickets.)
– **Deux tickets (7),** s'il vous plaît – et est-ce qu'il y a un tarif réduit pour étudiants?
– Oui. Pour les étudiants, c'est **6 euros (8).** Vous avez vos cartes?
– Oui, voilà.
– Alors deux tickets, tarif réduit – **12 euros (8),** s'il vous plaît.

1 Quand?
aujourd'hui
ce matin cet après-midi
ce soir demain

2 Où?
au parc d'attractions à la patinoire
au cinéma à la piscine
au théâtre à la plage

3 Pourquoi pas?
je ne veux pas faire ça
on fait toujours ça
ce n'est pas amusant
il fait trop chaud/froid
ça ne me dit rien

4 Qu'est-ce qu'il y a d'autre à faire?

Il y a	un concert de rock/ de musique folklorique	au club
	un match de rugby/ de football	au stade
	un bal/une boum/ une discothèque	en ville
	un bon film	au cinéma

5 À quelle heure?
à une heure et demie
à six heures et quart etc.

6 Rendez-vous où?

devant	la patinoire/la piscine le cinéma/le stade etc.
en face	de la gare/ de l'hôtel de ville

7 Combien de places?

une/deux/etc.	entrée(s)/place(s)
un/deux/etc.	ticket(s)

8 Ça coûte combien?
€6
€7,50 etc.

1 Pour ou contre?

Lis les lettres, puis fais les activités en bas.

1 Le sport au collège

Au collège, les cours d'EPS sont obligatoires.
Êtes-vous **pour** ou **contre**?

Pour

Je suis absolument pour.
Toute la journée, on travaille dans une salle de classe, c'est très fatigant et, finalement, on risque de s'endormir. Mais si on sort un peu pour faire de l'exercice, ça fait du bien. Après les cours d'EPS, on a plus d'énergie, on peut se concentrer plus facilement.
En plus, c'est une bonne idée d'essayer des sports différents quand on est jeune et ça vous aide plus tard dans la vie à choisir un sport que vous pouvez pratiquer régulièrement.
Clément Marchadier (Bordeaux)

Contre

Moi, je suis contre.
Si on aime pratiquer un sport, on peut faire ça après les cours, le week-end ou pendant les vacances.
En été, d'accord, sortir un peu en plein air quand il fait beau, ça va!
Mais quand il fait froid en hiver, ou s'il y a un vent fort, alors moi, je ne veux pas sortir! J'ai horreur de ça!
À part ça, on choisit toujours les mêmes joueurs pour l'équipe, même pendant les cours d'EPS, et pour les autres, c'est ennuyeux.
Je ne suis pas contre le sport, mais je préfère regarder les matchs à la télé. C'est plus facile et c'est moins fatigant!
Vivienne Beauchamp (Grenoble)

2 Les loisirs en groupe ou individuels

Sortir en groupe ou avec un club, c'est essentiel pour les 13–15 ans. Êtes-vous pour ou contre?

Pour

Moi je suis pour.
Quand on est jeune, c'est bien de faire la connaissance de beaucoup de personnes différentes. Si on est toujours avec les mêmes copains, on n'apprend pas à comprendre les autres. Si on fait partie d'un club, on peut se faire de nouveaux amis plus facilement. Dans un Centre de Jeunes, on a un meilleur choix d'activités et on organise des excursions, des randonnées et des boums. Moi, je n'aime pas être seule!
Élise Murail (Lyons)

Contre

En général, moi, je suis contre.
Si on sort en groupe de temps en temps, c'est bien, mais c'est aussi agréable de sortir avec sa famille, ou avec un ou deux amis. Quand on s'entend vraiment bien avec un copain ou une copine, pourquoi toujours chercher d'autres amis?
En plus, si, comme moi, vous aimez regarder les films en vidéo, cliquer sur les CD-ROM ou lire des livres de science-fiction, c'est souvent préférable d'être tout seul quand vous avez un peu de temps libre.
Alain Bénodet (Quimper)

2 Ils ont dit ça

a **Trouve les paires.**   *b* **C'est l'avis de quelle personne?**   **Exemple:** *1 c – Clément*
Le sport au collège   **Les loisirs en groupe ou individuels**

1 Il faut essayer des sports différents
2 En hiver, quand il fait mauvais, moi,
3 Si on travaille tout le temps dans une salle de classe,
4 Si vous faites de l'exercice en plein air,

a on risque de s'endormir.
b je déteste faire du sport en plein air.
c quand on est jeune.
d ça vous aide à vous concentrer plus tard.

5 Sortir en groupe, c'est bien de temps en temps,
6 Si on sort toujours avec les mêmes personnes,
7 J'adore sortir en groupe ou aller dans un club, mais
8 Si on a un ordinateur, une télé et des livres,

e je n'aime pas sortir seule.
f on peut facilement s'amuser tout seul.
g on ne se fait pas de nouveaux amis.
h mais c'est aussi très bien de sortir en famille.

DOSSIER-LANGUE

si, quand, mais

These three words are all **conjunctions**. They join together several parts of a sentence, so they are very useful for making what you say a bit longer and more interesting.

Si (**if**) is shortened to *s'* before *il* or *ils*, but not before words beginning with other vowels, such as *elle* or *on*, e.g.
S'il *fait beau, on va sortir.* (If it's nice weather, we'll go out.)
Si on *ne veut pas faire ça, on va*
aller à la piscine. (If you don't want to do that, we'll go to the swimming pool.)
quand (when); **mais** (but), e.g.
Quand *il fait beau, j'aime faire du sport,* **mais** *je préfère les jeux électroniques!*

DOSSIER-LANGUE

Comparing things

Look at these expressions from the letters on page 116.

c'est **plus** facile (it's easier – **more** easy)	c'est **moins** fatigant (it's **less** tiring)	c'est **aussi** agréable (it's **as** pleasant)

They are all examples of how to compare things in French. You just put the words for 'more' (*plus*) or 'less' (*moins*) or 'as' (*aussi*) before the adjective.

Note: the adjectives still have to be masculine or feminine, singular or plural to agree with the person or thing being described. (Remember that adjectives which end in -e with no accent don't have a different feminine form, e.g. *rapide, populaire, riche*.)

Here are some more examples of the comparative.

*Mon grand-père est **plus âgé** que mon père.*	(m sing)
*Ma mère est **moins âgée** que ma grand-mère.*	(f sing)
*Mes frères sont **plus âgés** que moi.*	(m pl)
*Mes sœurs sont **moins âgées** que moi.*	(f pl)
*Ma sœur jumelle est **aussi âgée** que moi.*	(f sing)

And here is an important exception …
*un **meilleur** choix* (a **better** choice)
This is the irregular comparative form of the adjective *bon(s) / (bonne(s)* (good):
meilleur(e)(s) (better)

À mon avis, son dernier CD est **meilleur**!

Chic, voici le nouveau CD de Frédie! Il est **bon**!

70 43 16 42 68 15 13 13 11 9

3 On présente … nos lecteurs

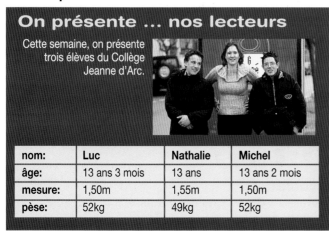

On présente … nos lecteurs

Cette semaine, on présente trois élèves du Collège Jeanne d'Arc.

nom:	Luc	Nathalie	Michel
âge:	13 ans 3 mois	13 ans	13 ans 2 mois
mesure:	1,50m	1,55m	1,50m
pèse:	52kg	49kg	52kg

4 À toi!

*Complète ces phrases avec **plus**, **moins** ou **aussi**. Puis invente deux autres phrases.*

Les loisirs

Pour moi …
1 le sport est … important que les autres activités.
2 le football est … fatigant que la gymnastique.
3 les randonnées sont … agréables que les sports d'équipe.
4 les films de science-fiction sont … passionnants que les films historiques.
5 les sorties en famille sont … amusantes que les sorties avec des copains.

*Lis les phrases. Écris **vrai** ou **faux**.*
Corrige les phrases qui sont fausses.
Exemple: 1 faux – *Luc est plus âgé que Nathalie.*

1 Luc est plus jeune que Nathalie.
2 Luc et Michel sont plus âgés que Nathalie.
3 Michel est plus jeune que Luc.
4 Nathalie est plus grande que les deux garçons.
5 Luc est aussi grand que Michel.
6 Nathalie est plus lourde que Luc.
7 Michel est aussi grand que Luc.
8 Les deux garçons sont moins lourds que Nathalie.
9 Luc est aussi lourd que Michel.
10 Nathalie et Michel sont plus jeunes que Luc.

Rappel	
âgé(e)(s) – *old*	grand(e)(s) – *tall, big*
jeune(s) – *young*	lourd(e)(s) – *heavy*

Au collège

Pour moi …
6 l'informatique est … difficile que la technologie.
7 l'histoire est … intéressante que la géographie.
8 l'allemand est … utile que le français.
9 les repas à la cantine sont … délicieux que les repas à la maison.
10 les devoirs sont … ennuyeux, si on écoute de la musique en même temps.

1 Samedi dernier: un jeu de logique

Voici Charlotte, Géraldine, Patrick et Mathieu.

Charlotte

Patrick

Géraldine

Mathieu

Lis la description et complète les phrases avec les noms corrects.

Le matin

… et … sont allés en ville.

… a acheté un jeu vidéo.

… et … sont allés à la piscine.

L'après-midi

… n'est pas sorti, il a dormi.

… est allée en ville.

… a fait la cuisine.

… a joué sur l'ordinateur.

Le soir

… et … ont mangé un repas de fête.

… est allé au cinéma.

… est resté à la maison.

Le matin

Deux personnes sont allées en ville. Une de ces personnes a acheté un jeu électronique.

Un garçon et une fille sont allés à la piscine.

Mathieu n'aime pas beaucoup le sport, surtout la natation, et il n'a pas fait de sport ce week-end.

Géraldine va en ville tous les samedis, mais ce week-end, elle n'a rien* acheté.

L'après–midi

Un des garçons était** très fatigué, alors il a passé l'après-midi à dormir.

Une des filles est allée en ville et a acheté un cadeau pour Géraldine – samedi, c'était** son anniversaire.

L'autre garçon a passé l'après-midi à jouer sur son ordinateur – il était très content de son nouveau jeu-vidéo.

L'autre fille a aidé sa mère à préparer un repas spécial pour ce soir. Ses grands-parents et sa meilleure copine sont invités à dîner pour fêter son anniversaire.

Le soir

Les deux filles ont beaucoup apprécié le dîner chez Géraldine. Le gâteau d'anniversaire était délicieux!

Un des garçons est allé au cinéma avec sa famille.

L'autre garçon n'aime pas faire du sport, mais il aime le regarder, donc il est resté à la maison et il a regardé le grand match international à la télé.

* **ne … rien** – *nothing*; ** **était** – *was*; **c'était** – *it was*

DOSSIER-LANGUE

Rappel: the perfect tense

The perfect tense is always formed with two verbs:

an auxiliary verb + a past participle

e.g. *j'ai*   + *vu*   (I have seen / I saw)

  je suis   + *arrivé*   (I have arrived / I arrived)

Most verbs use *avoir* for their perfect tense, e.g.

il a mangé, tu as lu, nous avons fini, ils ont téléphoné

About a dozen verbs use *être* for their auxiliary verb. With *être* the past participle has to agree with the subject, e.g.

il est parti   **ils** *sont partis*

elle *est partie*   **elles** *sont parties*

Look back to page 86 for a list of the main verbs which take *être*. If you come across a verb you didn't know before, it will almost certainly be one that takes *avoir*.

2 À toi!

À discuter

Travaillez à deux. Posez des questions à tour de rôle.

Samedi dernier

1 Samedi matin, qu'est-ce que tu as fait?

2 Qu'est-ce que tu as fait samedi après-midi?

3 Et samedi soir, qu'est-ce que tu as fait?

4 Es-tu allé(e) au cinéma le week-end dernier?

5 Ce week-end, qu'est-ce que tu as regardé à la télé ou écouté à la radio?

6 As-tu aidé un peu à la maison le week-end dernier?

7 Es-tu allé(e) en ville? (Avec qui? Qu'est-ce que tu as acheté? As-tu rencontré des amis? etc.)

À écrire

Écris trois ou quatre phrases au sujet de samedi dernier.

Exemple: *Samedi matin, je suis allé(e) en ville.*

*N'oublie pas d'ajouter -***e** *pour le féminin, si c'est un verbe avec* **être***!*

SOMMAIRE

Now you can ...

● **discuss what's on**

Qu'est-ce qu'il y a à faire ce week-end? — What is there to do this week-end?

Qu'est-ce qu'il y a au cinéma? — What's on at the cinema?

C'est à quelle heure, le match? — What time is the match?

● **discuss what to do**

Qu'est-ce qu'on fait aujourd'hui? — What shall we do today?

Il y a un match au stade. On y va? — There's a match at the stadium. Shall we go?

Si on allait au cinéma ce soir? — How about going to the cinema tonight?

Tu veux faire ça? — Do you want to do that?

● **ask someone to go out**

On pourrait peut-être se revoir. — Perhaps we can see each other again?

Es-tu libre ce soir? — Are you free this evening?

● **accept or decline invitations**

Oui, je veux bien. — Yes, I'd like to.

Non, je ne peux pas. — No, I can't.
   (see also page 114)

● **arrange to meet**

Rendez-vous devant la gare à 10 heures. — Meet at the station at 10 o'clock.

Je viens te chercher à 2h30. — I'll come and fetch you/ I'll call for you at 2.30.

● **buy tickets**

Deux tickets, s'il vous plaît. — Two tickets, please.

Deux entrées/places, s'il vous plaît. — Two places, please.

Il y a un tarif réduit pour étudiants? — Is there a reduction for students?

● **make comparisons**

Il est plus grand que moi. — He's taller than me. (more tall)

Il est moins grand que moi. — He's not as tall as me. (less tall)

Il est aussi grand que moi. — He's as tall as me.

● **use the verb *sortir* (to go out)**
(see page 112)

● **use the conjunctions *si*, *quand* and *mais* to make longer sentences**
(see page 116)

chantez

Sabine, ce n'est pas grave ...

1

Allô, Fabien? C'est Séverine.
Est-ce que tu veux sortir avec moi?
Viens à la discothèque à huit heures et quart!
Il y a de la bonne musique là-bas ce soir.
Tu ne viens pas?   Je ne peux pas venir ...
Pourquoi pas?   C'est que je suis malade ...
Qu'est-ce qui ne va pas?   J'ai mal à la gorge.
Pourquoi est-ce que tu ne téléphones pas?
Je préfère sortir avec toi, Sabine.

2

Allô, Fabien? Ici Hélène.
Est-ce que tu veux sortir avec moi?
Viens au cinéma à sept heures moins le quart!
Il y a un bon film qui passe ce soir.
Tu ne viens pas?   Je ne peux pas venir ...
Pourquoi pas?   C'est que je suis malade ...
Qu'est-ce qui ne va pas?   J'ai mal au ventre.
Pourquoi est-ce que tu ne téléphones pas?
Je préfère sortir avec toi, Sabine.

3

Allô, Fabien? Ici Delphine.
Est-ce que tu veux sortir avec moi?
Viens au théâtre à huit heures moins le quart!
Il y a une bonne pièce qui se joue ce soir.
Tu ne viens pas?   Je ne peux pas venir ...
Pourquoi pas?   C'est que je suis malade ...
Qu'est-ce qui ne va pas?   J'ai mal aux oreilles.
Pourquoi est-ce que tu ne téléphones pas?
Je préfère sortir avec toi, Sabine.

4

Salut, Delphine, Hélène, ça va Séverine?
Tiens, bonjour, comment vas-tu Sabine?
Bonjour, Fabien.   Salut, Sabine.
Est-ce que tu veux sortir avec moi?
Viens au club des jeunes à sept heures et quart!
Il y a une surprise-partie là-bas ce soir.
Tu ne viens pas?   Il ne peut pas venir ...
Pourquoi pas?   C'est qu'il est malade ...
Qu'est-ce qui ne va pas?   Il a mal à la gorge!
   Il a mal au ventre!
   Il a mal aux oreilles!
Comment ça?   Oh, ce n'est pas grave ...

1 C'est quel magasin?

Où est-ce qu'on vend tout ça?
Exemple: 1 *à la boulangerie*

un croissant

une quiche aux champignons

du poulet

des livres et des magazines

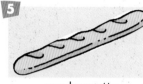

une baguette

de l'eau minérale

une glace à la vanille et au chocolat

des chocolats et des pâtisseries

2 Les magasins

Complète les mots avec des voyelles.
Exemple: 1 *le tabac*

1 l _ t _ b _ c
2 l _ _ l _ b r _ _ r _ _
3 l _ b _ _ ch _ r _ _
4 l _ p _ t _ ss _ r _ _
5 l' _ p _ c _ r _ _
6 l _ b _ _ l _ ng _ r _ _
7 l _ ch _ r c _ t _ r _ _
8 l _ m _ r c h _

3 Des listes à faire

a Complète les listes.
Exemple: 250 grammes ***de*** fromage

b Après chaque liste, écris le nom du magasin où on peut acheter ces choses. Attention! Le supermarché est fermé aujourd'hui.

1

250 grammes ...... fromage
une b...... de thon
un k...... de pêches
un d......-k...... de haricots verts
100 g...... de bonbons
un pot ...... confiture
un paquet ...... chips
un l...... de lait
une bouteille ...... vin rouge

Le magasin = ...(?)...

2

200 g...... de pâté
6 tranches ...... jambon
une p...... de salade de tomates
deux portions ...... quiche
un grand morceau ...... camembert

Le magasin = ...(?)...

Au marché

Travaillez à deux. Une personne regarde cette page, l'autre regarde la page 14, activité 3.

1 Chez le marchand de légumes

Tu vas chez le marchand de légumes, mais il est déjà 16 heures. Voici ta liste, mais tu trouves seulement deux des choses qui sont sur la liste.
Demande ces choses au marchand, puis écris dans ton cahier ce que tu as acheté.
Exemple: – Avez-vous ...?
       – Désolé(e), je n'ai pas de ...
         Voilà un/une/des ...

2 Chez la marchande de fruits

Maintenant, changez de rôle. Tu es le/la marchand(e) de fruits. Il est 16 heures et il ne reste pas beaucoup de fruits, mais il y a encore des clients. Réponds au client/à la cliente.
Exemple: – Je voudrais ...
       – Désolé(e), il n'y a pas de ...
         Voilà un/une/des ...

1kg carottes
1 concombre
1kg haricots verts
2kg pommes de terre
500g champignons
un chou-fleur

1 Tu fais des courses

Tu fais du camping en France et chaque jour, tu fais des courses.
Voici tes listes.
*Complète les listes avec **du, de la, de l'** ou **des** et dis où tu vas.*
Exemple: *Mardi, je vais à l'épicerie et à la*
boulangerie. J'achète du beurre et des baguettes.

mardi	d...... beurre, d...... baguettes
mercredi	...... jambon, ... limonade, ... carottes
jeudi	...... viande, ... timbres
vendredi	...... salade de tomates, ... magazines
samedi	...... poulet, ... fraises, ... eau minérale gazeuse
dimanche	...... croissants, ... glace à la vanille
lundi	**Les magasins sont fermés!**

2 Invente des listes

Maintenant, à toi d'écrire des listes.
a Tu vas acheter ...
  • *une chose à la boulangerie*
  • *une portion de quelque chose à la charcuterie*
  • *une chose à la librairie*
  • *une boîte, un paquet ou une bouteille de quelque chose à l'épicerie.*

b Tu prépares un repas pour deux invités. Le garçon ne mange pas de viande et la fille n'aime pas les haricots verts et les petits pois.
Écris une liste des magasins que tu vas visiter et tout ce que tu vas acheter, par exemple:
  • *quelque chose pour commencer*
  • *un plat principal et des légumes*
  • *quelque chose pour le dessert*
  • *des boissons et du pain.*

4 Chasse à l'intrus

Trouve la phrase qui ne va pas avec les autres.
Exemple: 1 *c*
1 **a** vous arrivez   **b** vous attendez   **c** tu chantes   **d** vous finissez
2 **a** j'entre   **b** je vends   **c** j'attends   **d** je descends
3 **a** ils finissent   **b** ils mangent   **c** ils choisissent   **d** il mange
4 **a** vous descendez   **b** vous achetez   **c** tu préfères   **d** vous finissez
5 **a** Mon père travaille dans le jardin.   **b** Ma sœur range sa chambre.   **c** Mon frère lave la voiture.   **d** Moi, je ne travaille pas – je joue sur l'ordinateur.

3 Je n'ai pas de lait

a Mets les bulles dans l'ordre.
Exemple: 1 *c*

  a Ils n'ont pas de pêches, mais je prends des pommes.
  b Voilà, c'est tout. C'est combien?
  c Je n'ai pas de lait.
  d Je ne trouve pas de magazines informatique, alors je prends ce magazine sur le sport.
  e Zut alors, je n'ai pas de lait!
  f Voilà le supermarché.
  g Ils n'ont pas de pains au chocolat, mais je prends une baguette.
  h Ici, on vend de tout.

b Complète le résumé.
Exemple: 1 **_pas_** **_de_** **_lait_**

Dani regarde dans le frigo, mais il n'y a (**1**) ....
Alors, il va au (**2**) ......
Dani aime les fruits, mais il n'y a (**3**) .... p......
Il achète un magazine, mais il n'y a (**4**) .... m...... informatique.
Il ne trouve (**5**) .... p...... ...., mais il achète une baguette.
Quand il rentre à la maison, il n'a toujours (**6**) .... l......

1 C'est quel pays?

Complète les phrases avec les noms des pays.
Pour t'aider, regarde la carte à la page 20.
Exemple: 1 J'habite à Cardiff, au pays de Galles.

1 J'habite à Cardiff, au … (*Wales*)
2 Mes grands-parents vont à Glasgow, en … (*Scotland*)
3 Mon frère travaille à Dublin, en … (*Ireland*)
4 Nous passons le week-end à Birmingham, en … (*England*)
5 Mon correspondant habite à Berlin, en … (*Germany*)
6 Le collège organise un voyage à Paris, en … (*France*)
7 Mon père va à Genève, en … (*Switzerland*)
8 Notre prof d'espagnol vient de Barcelone, en … (*Spain*)

2 On va où?

Trouve les paires.
Exemple: 1 c

1	Je	a	allons à Manchester en train.
2	Comment vas-	b	vont au village à vélo.
3	Mon frère	c	vais en ville en bus.
4	Nous	d	tu au collège?
5	Est-ce que vous	e	va au parc à pied.
6	Mes amis	f	allez à Londres aujourd'hui?

3 Des questions et des réponses

Trouve la bonne réponse. **Exemple: 1 g**

1	Comment vas-tu en ville?	a	J'aime assez bien voyager en train.
2	Comment vas-tu au collège?	b	Pour aller au collège, je prends le train.
3	Comment rentres-tu à la maison après l'école?	c	J'ai un vélo et je vais souvent au parc à vélo.
4	Est-ce que tu aimes voyager en train?	d	Je préfère voyager en avion.
5	Quel moyen de transport préfères-tu?	e	Après l'école, je rentre à pied.
6	Est-ce qu'il y a un moyen de transport que tu détestes?	f	Je n'aime pas du tout voyager en car.
7	Est-ce que tu as un vélo?	g	Je vais en ville en bus.

4 Demain

Trouve les phrases qui parlent de demain.
Exemple: Demain: 2, …

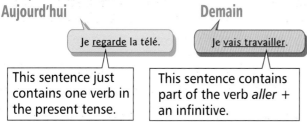

Aujourd'hui Je regarde la télé.

This sentence just contains one verb in the present tense.

Demain Je vais travailler.

This sentence contains part of the verb *aller* + an infinitive.

1 Je regarde la télé.
2 Je vais travailler.
3 Nous restons à la maison.
4 Je vais faire des courses.
5 Luc regarde le journal.
6 Sophie écoute de la musique.
7 Les enfants vont travailler dans le jardin.
8 Sophie va laver la voiture.
9 Luc va ranger sa chambre.
10 Tu joues sur l'ordinateur.
11 Vous allez préparer le dîner.
12 Ils regardent une vidéo.

5 Qu'est-ce qu'on peut faire?

Travaillez à deux. Une personne jette un dé et dit le temps qu'il fait. L'autre jette le dé et propose une activité. Après quatre conversations, changez de rôle.
Exemple:

Il pleut. Qu'est-ce qu'on peut faire?

On peut aller au musée.

Le temps
1 il fait mauvais
2 il pleut
3 il neige
4 il fait beau
5 il fait chaud
6 il y a du soleil

Les activités
1 | 4
2 | 5
3 | 6

Les activités
1 | 4
2 | 5
3 | 6

Pour t'aider

jouer au golf/au tennis/sur l'ordinateur
faire du vélo/une promenade
aller au cinéma/au musée/à la pêche/à la piscine
écouter de la musique
regarder la télé/une cassette-vidéo

1 Quelle est la destination?

Écris une phrase pour chaque groupe.
Exemple: 1 *Notre collège va à Rome, en Italie.*

1

Notre collège – Rome – Italie

2

Notre famille – Athènes – Grèce

3

Mes amis – Paris – France

4

Mon frère – Berlin – Allemagne

5

Nous – Cardiff – pays de Galles

6

Ma correspondante – Londres – Angleterre

7 Et toi, où vas-tu? À toi de décider.

2 C'est permis?

Tu fais du baby-sitting pour le petit Jacques. Malheureusement, ce matin, il a cassé une fenêtre avec un ballon. Son père dit qu'il ne peut pas sortir cet après-midi. Réponds à ses questions.

Exemple: 1 *Non, tu ne peux pas jouer dans le jardin.*

1 Est-ce que je peux jouer dans le jardin?
2 Est-ce que je peux regarder la télévision?
3 Est-ce que je peux jouer au football?
4 Est-ce que je peux faire une promenade?
5 Est-ce que je peux écouter un CD?
6 Est-ce que je peux faire du vélo?
7 Est-ce que je peux jouer sur l'ordinateur?

Pour t'aider	
Non, tu ne peux pas	jouer au football. faire une promenade.
Oui, tu peux	écouter un CD.

3 Qu'est-ce que nous pouvons faire ce week-end?

Voici une liste des activités possibles pour ce week-end:

visiter un musée
aller à la piscine
jouer sur l'ordinateur
aller au cinéma
faire du vélo

faire une promenade à la campagne
faire un pique-nique
jouer au tennis
aller au parc
aller en ville

Travaillez à deux. Chaque personne écrit trois activités dans son cahier. Posez des questions à tour de rôle pour découvrir les trois activités de l'autre.
Exemple:

Tu peux jouer au tennis?

Oui, je peux jouer au tennis.

(ou si l'activité n'est pas sur la liste:)

Désolé(e), je ne peux pas jouer au tennis.

4 Ce n'est pas possible

Écris 1–6. Écoute les conversations et choisis la bonne excuse.
Exemple: 1 *b*

a Il va jouer un match.
b Elle va rendre visite à sa tante.
c Ils travaillent tard à l'hôpital.
d Ils vont au théâtre.
e Ils vont rentrer à la maison.
f Elle va faire de l'équitation.

5 Désolé

Invente des excuses.
Exemple: 1 Je ne peux pas aller au cinéma avec toi, parce que …
je vais jouer au tennis.

1 Je ne peux pas aller au cinéma avec toi, parce que je …
2 Je ne peux pas aller au concert, parce que je …
3 Mon frère ne peut pas sortir, parce qu'il …
4 Ma mère ne peut pas aller en ville parce qu'elle …
5 Nous ne pouvons pas venir au collège, parce que nous …
6 Mes amis ne peuvent pas jouer le match, parce qu'ils …

Voilà des idées:
jouer au golf/au football
travailler dans le jardin
rendre visite à mes grands-parents
faire de l'équitation
aller à la piscine
préparer le dîner
faire du vélo

1 On va à l'étranger

Écris cinq phrases sur les vacances à l'étranger.

(If the country ends in -e, it's feminine and you use en.)

Je		vais	à	Paris	en	France	en avion.
Mon/Ma correspondant(e)		va		Bruxelles		Belgique	en bateau.
Notre collège				Rome		Italie	en car.
Nous		allons		Édimbourg		Écosse	en train.
Mes amis		vont		Cardiff	au	pays de Galles	en voiture.

2 Des phrases

Trouve le bon mot. **Exemple: 1** *vois*

1 Tu (vois / voit / voient) le bateau?
2 Quel bateau? Je ne (voyons / voyez / vois) pas bien avec ce télescope.
3 Vous (voyons / voyez / voient) les autres?
4 Oui, je (voit / voient / vois) Luc et Marc devant le café.
5 Est-ce que les enfants (voyons / voyez / voient) bien d'ici?
6 Non, ils ne (vois / voit / voient) pas bien. Allons plus près.
7 On (vois / voit / voyez) bien avec ces jumelles. (*binoculars*)
8 Mon grand-père ne (voit / voyons / voient) pas bien sans ses lunettes.

DOSSIER-LANGUE

The infinitive

To find the infinitive (*l'infinitif*) of a regular verb, you need to first find the stem.
Take off the verb ending to find the stem.

habite → *habit-* → *habiter*
  Add -er for a regular -er verb
  (most verbs are regular -er verbs).
vendons → *vend-* → *vendre*
  Add -re for a regular -re verb.
finissez → *fin-* → *finir*
  Add -ir for a regular -ir verb.

With irregular verbs, you need to know the different parts of the verb well, or you can check the infinitive in *Les verbes* (page 160). Often the *vous* form can help you to recognise the verb, e.g. *vous **all**ez (aller), vous **av**ez (avoir)*.

3 Trouve l'infinitif

a *regular* **-er** *verbs*
Exemple: 1 *jouer*

1 je joue
2 tu écoutes
3 il chante
4 nous regardons
5 vous demandez
6 elles visitent

b *regular* **-ir** *verbs*
Exemple: 1 *choisir*

1 je choisis
2 tu finis
3 elle réussit
4 nous remplissons
5 vous choisissez
6 ils rougissent

c *regular* **-re** *verbs*
Exemple: 1 *vendre*

1 je vends
2 tu réponds
3 elle rend
4 nous attendons
5 vous entendez
6 ils vendent

d *irregular verbs*
Exemple: 1 *voir*

1 je vois
2 tu es
3 on va
4 nous avons
5 vous venez
6 ils font

D'où viennent-ils?

Travaillez à deux. Une personne regarde cette page, l'autre regarde la page 23, activité 8. Ton/Ta partenaire demande d'où ces personnes viennent. Consulte la liste et réponds. Après quatre questions, changez de rôle.

Exemple:

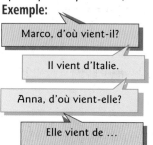

Marco, d'où vient-il?
Il vient d'Italie.
Anna, d'où vient-elle?
Elle vient de …

Marco (Italie)
Nicole (Belgique)
Klaus (Allemagne)
Maria et Carlos (Espagne)

| André | Daniel et Eileen |
| Anna | Christine |

4 Hélène Renard

Hélène Renard habite à Paris. Quand elle va en ville, elle prend le bus. Elle voyage souvent pour son travail. Comme elle aime voyager en voiture, elle prend sa voiture quand il fait beau et même quand il pleut! Mais quand elle doit faire un voyage de plus de 500 kilomètres, elle prend …
a *l'avion s'il fait beau;*
b *le train s'il y a du vent, de la neige ou du brouillard.*
Comment va-t-elle voyager?
Exemple: 1 *Elle va aller à Lille en voiture.*

1	Lille	222 km	il pleut
2	Toulouse	696 km	il y a du brouillard
3	Genève	541 km	il y a du soleil
4	Amsterdam	509 km	il neige
5	Paris (centre-ville)	5 km	il fait beau
6	Lyon	465 km	il fait beau
7	Bruxelles	307 km	il pleut
8	Bordeaux	584 km	il y a du vent

5 La boîte aux lettres

La boîte aux lettres

Que penses-tu des différents moyens de transport?
Quel moyen de transport préfères-tu?
Voici une sélection des lettres.

Nous prenons toujours la voiture. C'est plus pratique et c'est moins cher quand il y a plusieurs voyageurs. On peut partir et rentrer quand on veut — il n'y a pas d'horaire. Et on peut prendre beaucoup de bagages.
Sophie, Lille

Moi, je suis pour les transports publics. En ville, il est beaucoup plus facile de prendre le métro ou l'autobus. C'est rapide et ça ne coûte pas cher — et on n'a pas le problème de garer sa voiture.
Jean-Luc, Lyon

Pour un long voyage, j'aime prendre le train. On peut se déplacer, on peut aller au bar. On peut lire, on peut regarder par la fenêtre et on peut dormir, bien sûr!
Magali, Toulouse

Le train, c'est bien, mais ça coûte cher. Moi, je préfère prendre le car quand je fais un long voyage. Par exemple, prendre le car et le bateau pour aller à Londres, il est beaucoup moins cher que de prendre le train.
Jean-Paul, Paris

Quand il fait beau, le moyen de transport que je préfère, c'est le vélo. En France, on l'appelle «la petite reine». C'est propre, ça ne fait pas de bruit, ça ne prend pas beaucoup de place et, en plus, c'est bon pour la forme. Moi, je prends toujours mon vélo, même quand il pleut!
Anne-Marie, La Rochelle

a *Quel moyen de transport est-ce que ces jeunes préfèrent?*
Jean-Luc   Jean-Paul   Anne-Marie
Magali   Sophie

b *Et toi, quel moyen de transport préfères-tu?*
Trouve un avantage et un inconvénient pour ce moyen de transport.

Voilà des idées:

Avantages		Inconvénients		
c'est	propre bon pour la forme rapide	ce n'est pas direct		
		c'est	moins agréable par mauvais temps assez cher fatigant	
ça	ne coûte pas cher ne fait pas de bruit	on ne peut pas	prendre beaucoup de bagages dormir pendant le voyage	
on peut	lire ou dormir pendant le voyage prendre beaucoup de bagages			

■ Des photos

Écris le bon texte pour chaque photo.
Exemple: 1 *la piscine*

Pour t'aider

bibliothèque (f)
cantine (f)
laboratoire (m)
piscine (f)
salle d'informatique (f)
terrain de sports (m)

■ Au collège

Trouve les paires.

1	Moi, je	a	comprend le français.
2	Mon prof	b	apprenons la biologie et la chimie comme sciences.
3	Nous	c	apprennent le judo.
4	J'	d	apprenez comme sports?
5	Mes amis	e	comprends l'anglais.
6	Qu'est-ce que vous	f	apprends le piano.

■ Le matin

a *Trouve les paires.*
b *Change les phrases 1, 4, 5 et 6 pour toi.*

1	Je me lève	a	je prends des céréales et des toasts.
2	Je me lave	b	vite dans la salle de bains.
3	Je porte	c	en bus.
4	Pour le petit déjeuner,	d	à huit heures moins dix.
5	Je quitte la maison	e	à sept heures et demie.
6	Je vais au collège	f	mon uniforme scolaire.

■ Le soir

Complète la description.
1 Je rentre vers …
2 Normalement, je prends quelque chose à manger, par exemple …
3 Ensuite, je …
4 Le soir, j'ai du travail pour …
5 Je me couche vers …

■ Comment veulent-ils voyager?

La famille Dupont va au restaurant pour un déjeuner de famille, mais comment?
Trouve les paires pour compléter les phrases.
Exemple: 1 *c*

1	Ma mère	a	veux prendre un taxi?
2	Mon père ne	b	veux pas prendre mon vélo.
3	Moi, je ne	c	veut prendre le train.
4	Toi, tu	d	veut pas prendre la voiture.
5	Les garçons	e	veut tous y aller en métro.
6	Les filles ne	f	voulons arriver à l'heure.
7	Vous ne	g	voulez pas prendre le bus?
8	Nous	h	veulent pas y aller à pied.
9	C'est décidé, on	i	veulent y aller en moto.

1 🎧 On va à quelle école?

L'enseignement en France				
âge (moyenne)	6–10 ans	11 12 13 14	15 16 17	
classe	–	6e 5e 4e 3e	2e 1e Terminale	
école	école primaire (EP)	collège (C)	lycée (L)	

Écoute les six élèves (Luc, Sophie, Marc, Marie, Jean, Anne) et complète le tableau dans ton cahier.
Quel âge ont-ils? Où vont-ils? Ils sont en quelle classe?

	nom	âge	école (EP/C/L)	classe
Exemple:	1 Luc	11 ans	C	6e

2 🎧 On parle de la journée scolaire

Écoute la description et trouve les mots qui manquent.
Exemple: 1 *cinq*

Nous commençons les cours vers huit heures (**1**)...... , le matin. Nous avons deux heures de cours et vers dix heures cinq, nous avons une pause-récréation de (**2**)...... minutes où il y a des – où des élèves vendent (**3**)...... au chocolat. De dix heures jusqu'à midi, nous avons encore (**4**)...... heures de cours. Après, nous avons – nous pouvons aller manger à (**5**)...... ou rentrer chez nous pour manger avec nos parents. Moi, je mange à la cantine. Nous avons plusieurs entrées où nous pouvons des fois en choisir deux. Nous avons un seul plat de résistance. Nous avons des – du (**6**)......, de la salade des fois et plusieurs desserts. Hélas, nous n'avons pas de, de sel, de poivre ni de ketchup. Quand nous avons fini, nous sortons dans (**7**)...... où nous révisons nos (**8**)...... ou nous les faisons ou nous jouons aux (**9**)......, cela dépend des personnes. Après, nous retravaillons vers deux heures moins (**10**)...... jusqu'à quatre heures moins le quart. Et nous avons une (**11**)...... de dix minutes. Et enfin, les cours se terminent à cinq heures (**12**)...... dix.

3 Aujourd'hui, c'est différent

Écris ces phrases à la forme négative.
Exemple: 1 *Je ne me réveille pas avant sept heures.*

1 Je me réveille avant sept heures.
2 Je me lève tout de suite.
3 Je m'habille très vite.
4 Mon frère se lave dans la salle de bains.
5 Nous nous dépêchons.
6 Le bus s'arrête au coin de la rue.
7 Mes parents s'occupent de leur travail.
8 On se couche tôt. Pourquoi? C'est les vacances!

4 À propos des matières

Voici un e-mail d'une classe française. Écris une réponse.
*Pour t'aider, relis **Mes matières** à la page 42.*

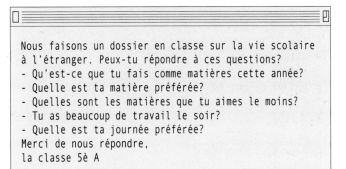

Nous faisons un dossier en classe sur la vie scolaire à l'étranger. Peux-tu répondre à ces questions?
- Qu'est-ce que tu fais comme matières cette année?
- Quelle est ta matière préférée?
- Quelles sont les matières que tu aimes le moins?
- Tu as beaucoup de travail le soir?
- Quelle est ta journée préférée?
Merci de nous répondre,
la classe 5è A

5 Inventez des conversations

Travaillez à deux pour faire des conversations.
Exemple: 1 – Est-ce que tu veux <u>visiter le château</u> cet après-midi?
– Non, je ne peux pas, parce que je vais <u>aller à la piscine</u>.

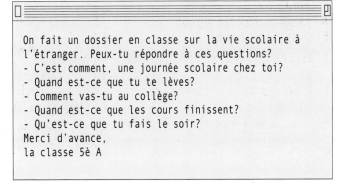

1 – Est-ce que tu veux 🏰 cet après-midi?
 – Non, je ne peux pas, parce que je vais 🏊 .
2 – Vous voulez 🎥 ce soir?
 – Non, nous ne pouvons pas, parce que nous allons 🍴 .
3 – Est-ce que vos amis veulent 🎾 .
 – Non, ils ne peuvent pas, parce qu'ils vont ⚽ .
4 – Tu veux ♟ après les cours?
 – Non, je ne peux pas, parce que je vais 🛍 .

Pour t'aider

aller à la piscine/au cinéma	manger au restaurant
faire des courses	visiter le château
jouer au tennis/au football/aux échecs	

6 La journée scolaire

Voici encore un e-mail d'une classe française. Écris une réponse.
*Pour t'aider, relis **Une lettre** à la page 46.*

On fait un dossier en classe sur la vie scolaire à l'étranger. Peux-tu répondre à ces questions?
- C'est comment, une journée scolaire chez toi?
- Quand est-ce que tu te lèves?
- Comment vas-tu au collège?
- Quand est-ce que les cours finissent?
- Qu'est-ce que tu fais le soir?
Merci d'avance,
la classe 5è A

1 Des phrases

Fais des phrases complètes.

1 On
2 Qu'est-ce que vous
3 Dis
4 Écrivez
5 Lisez
6 Qu'est-ce que tu
7 Est-ce que tes amis
8 À Noël, nous
9 Je
10 Mon correspondant

lis en ce moment?
lisent le journal?
décrit son collège dans sa lettre.
dites?
dit qu'il va faire beau demain.
ces mots au tableau.
relis les instructions quand j'ai un problème avec l'ordinateur.
la conversation à haute voix.
écrivons beaucoup de cartes.
bonjour à Pierre de ma part.

2 À toi!

À discuter

Travaillez à deux. Une personne choisit deux questions et pose ces questions à l'autre. Puis changez de rôle.

- **Est-ce que tu écris des e-mails de temps en temps?**
  Oui, j'écris des e-mails assez souvent.
  Non, pas souvent.

- **Est-ce que tu écris des lettres ou des cartes postales?**

J'écris des	cartes postales lettres	quand je suis en vacances. pour dire merci. quelquefois. à mon (ma) correspondant(e).
Non, très rarement. Je préfère écrire des e-mails.		

- **Qu'est-ce que tu lis comme livres?**
  Je lis les livres de Roald Dahl/de Harry Potter/de Tintin/d'Astérix …
  Je ne lis pas beaucoup.

- **Est-ce que tu lis un journal ou un magazine quelquefois?**
  Oui, quelquefois, je lis … / Non, très rarement.

4 Des questions et des réponses

a *Complète les questions avec la forme correcte du verbe* **apprendre** *ou* **comprendre**.

Exemple: 1 Est-ce que tous les élèves comprennent le français?

1 Est-ce que tous les élèves c… le français?
2 Est-ce que ta grand-mère a… à jouer du piano?
3 Est-ce que ton grand-père c… l'italien?
4 Tu a… à jouer de quel instrument de musique?
5 Qu'est-ce que vous a… comme langues au collège?

b *Complète les réponses.*
Exemple: a Moi, j'**apprends** à jouer du violon.

a Moi, j'a… à jouer du violon.
b Non, mon grand-père ne c… pas l'italien.
c Nous a… le français, l'allemand et l'espagnol.
d Oui, tous les élèves dans notre classe c… le français.
e Oui, elle a… à jouer du piano.

c *Trouve les paires.*
Exemple: 1 d

3 Quelles sont ces matières?

C'est quelle matière? Écris les mots correctement.

1 nissed
2 egilobio
3 soiriteh
4 gaislan
5 quiesum
6 samth
7 iphogragée
8 mandella

5 Les langues vivantes

En France, tout le monde apprend une langue vivante (d'habitude, c'est l'anglais). En quatrième, on peut apprendre une deuxième langue vivante, et en seconde, on peut apprendre une troisième langue, si on veut.
Pour faire ce jeu de logique, il faut être fort en français et aussi en logique!

André et Sophie apprennent l'espagnol et l'anglais.
Sophie et Marc apprennent l'anglais et l'italien.
Karine apprend l'allemand et l'espagnol.
André apprend l'allemand aussi.

1 Qui apprend l'espagnol, mais pas l'anglais?
2 Quelle langue est-ce que Sophie n'apprend pas?
3 Qui apprend l'espagnol, l'anglais et l'italien?
4 Qui apprend l'anglais et l'italien, mais n'apprend pas l'allemand?
5 Qui apprend l'allemand, l'espagnol et l'anglais?

6 Ça commence mal

Complète les phrases.
Exemple: 1 *Claude se lève*

1 Claude ... ... souvent tard et il arrive tard au bureau. Son chef n'est pas content.
(se lever)

2 Alors, aujourd'hui, Claude ... ... à six heures. *(se réveiller)*

3 Il ... ... tout de suite. *(se lever)*

4 Il ... ... très vite. *(s'habiller)*

5 Il prend sa moto – mais le moteur ... ... *(s'arrêter)*

6 Il voit un autobus qui arrive. Il ... ... *(se dépêcher)*

7 Hélas, le bus ne ... ... pas. *(s'arrêter)*

8 Enfin, il arrive – mais c'est un jour de congé!

7 Qu'est-ce qu'on fait?

Trouve le bon texte.

a Il ne s'arrête pas.
b Il ne se lève pas très tôt.
c Elles ne se dépêchent pas.
d Elle ne se baigne pas.

8 Conversations au collège

Travaillez à deux. Lisez les conversations, puis changez les matières (en rouge) pour faire des conversations différentes.

1 – Qu'est-ce que tu aimes comme matières?
– J'aime le français et l'allemand. Et toi?
– Moi, je préfère l'histoire.
– Pourquoi?
– L'histoire, c'est très intéressant.

2 – Est-ce que tu aimes les maths?
– Non, pas beaucoup. Les maths, c'est difficile. Je préfère la biologie. Et toi?
– Moi, j'aime beaucoup les maths.

3 – Est-ce que tu aimes le dessin?
– Ah non, je déteste ça. Mais j'aime la musique. Et toi?
– Moi, non, je n'aime pas la musique. Ce n'est pas intéressant.

l'anglais	le français	la musique
la biologie	la géographie	la physique
la chimie	l'histoire	les sciences
le dessin	les maths	la technologie

9 Des questions et des réponses

a *Complète les questions avec une partie du verbe* **vouloir**.
Exemple: 1 *vous voulez*

1 Qu'est-ce que vous ... faire aujourd'hui?
2 Est-ce que tu ... du fromage?
3 Tu ... venir ici ce matin?
4 Qu'est-ce que les autres ... faire cet après-midi?
5 Qu'est-ce que ta sœur ... surtout faire à Paris?
6 Où est-ce que ton frère ... aller?

b *Complète les réponses.*
Exemple: a *je veux*

a Oui, je ... bien aller chez toi.
b Elle ... surtout monter à la Tour Eiffel.
c Nous ... aller à la piscine ce matin et visiter la ville cet après-midi.
d Il ... aller en Allemagne.
e Les adultes ... visiter le jardin botanique et les enfants ... aller à l'aquarium.
f Oui, je ... bien. J'aime beaucoup le camembert.

c *Trouve les paires.*
Exemple: 1 *c*

unité 4 Au choix

1 As-tu bonne mémoire?

Regarde bien les photos à la page 50, puis tourne à cette page. Choisis les mots corrects.
Exemple: 1 b

1 Hélène porte une veste ...
   a jaune **b** rose **c** verte.
2 Daniel porte un T-shirt ...
   a bleu **b** noir **c** gris.
3 Émilie porte une chemise ...
   a marron **b** rouge **c** noire.
4 André porte un sweat ...
   a violet **b** vert **c** rouge.
5 Julie porte un jean ...
   a blanc **b** bleu **c** gris.
6 Christophe porte une casquette ...
   a noire **b** blanche **c** bleue.

2 Présent ou passé?

Trouve les phrases qui sont au passé composé.
Exemple: 1 b

1 **a** Normalement, je travaille le jeudi.
   b Est-ce que tu as travaillé hier?
2 **a** Vendredi dernier, j'ai joué au tennis.
   b Tu joues souvent au tennis?
3 **a** Ma sœur achète un magazine chaque mois.
   b Mon frère a acheté un CD hier.
4 **a** Normalement, on mange du poisson le vendredi.
   b Tu as mangé à la cantine à midi?
5 **a** Tu as regardé le film, hier soir?
   b Tu regardes souvent la télé?

3 Un après-midi en ville

Copie les phrases correctement.
Exemple: 1 c

1 Hier après-midi, j'
2 D'abord, nous
3 Puis on
4 André et Hélène
5 Nous
6 Vous
7 Non, ensuite, nous
8 Moi, j'
9 Tu
10 Oui, j'

a a regardé les souvenirs et les cartes postales.
b avons regardé les magasins en ville.
c ai rencontré André et Hélène en ville.
d ont acheté des cartes postales.
e avons visité le château.
f avons tous acheté une glace.
g ai trouvé ce petit chien en porcelaine.
h avez passé tout l'après-midi au château?
i ai cherché un cadeau pour ma petite sœur.
j as trouvé quelque chose?

4 En classe

Trouve les paires.

1 Qui a fini?
2 J'ai oublié mes devoirs.
3 Je n'ai pas fait mes devoirs.
4 Vous avez fini?
5 Qui a gagné le jeu?
6 Vous avez compris?
7 Je n'ai pas encore fini.
8 Tu as oublié ton livre?

a *Who won the game?*
b *I haven't done my homework.*
c *Who's finished?*
d *I've forgotten my homework.*
e *Did you understand?*
f *I haven't finished yet.*
g *Have you forgotten your book?*
h *Have you finished?*

5 Un chat perdu

Choisis le bon mot.
Exemple: 1b *nous avons perdu*

Vendredi soir, nous avons (**1a** descendu **b** perdu **c** aboli) notre chat, Hercule.
On (**2a** ont **b** as **c** a) cherché partout. J'ai (**3a** crié **b** choisi **c** acheté) son nom.
Ma mère a (**4a** attendu **b** entendu **c** vendu) quelque chose, mais ce n'était pas Hercule.

Mon frère et ma sœur (**5a** ont **b** avons **c** avez) aidé aussi.
Mon frère a (**6a** préparé **b** mangé **c** imaginé) le chat dans l'arbre, mais c'était un oiseau.
Ma sœur a (**7a** oublié **b** trouvé **c** lavé) une souris dans le jardin.
Enfin, mes parents (**8a** ai **b** a **c** ont) pensé à ouvrir la porte du garage.
Et voilà – nous avons (**9a** commandé **b** dessiné **c** trouvé) notre chat.

▌ Une description

*Choisis une personne à la page 50 et
fais une petite description.*

Pour t'aider

Il/Elle est (assez) grand(e)/petit(e)/de taille
moyenne.
Il/Elle a les cheveux …Il/Elle porte …

2 En français

*Trouve le français pour ces phrases en anglais.
Utilise les phrases dans la case. Tu peux utiliser chaque phrase
plusieurs fois.*
Exemple: 1 f ***Tu as acheté quelque chose?***

1 *Did you buy something?*
2 *Have you bought something?*
3 *I bought something this morning.*
4 *Did you find the key?*
5 *Yes, I have found the key.*
6 *I found the key on the ground.*
7 *Have you found the key?*
8 *Have you eaten?*
9 *Did you eat in a café?*
10 *He ate a sandwich.*

a Oui, j'ai trouvé la clef.
b J'ai trouvé la clef par terre.
c J'ai acheté quelque chose ce matin.
d Tu as mangé?
e Tu as mangé dans un café?
f Tu as acheté quelque chose?
g Tu as trouvé la clef?
h Il a mangé un sandwich.

3 Hier

*Écris les phrases au passé composé (**avoir** + participe passé).*
Exemple: 1 *j'ai aidé*

1 Le matin, moi, j'… dans la cuisine. (aider)
2 Et toi, tu … de la musique. (écouter)
3 Puis moi, j'… ma chambre. (ranger)
4 Et toi, tu … sur l'ordinateur. (jouer)
5 L'après-midi, moi, j'… l'aspirateur. (passer)
6 Et toi, tu … la télé. (regarder)
7 Puis moi, j'… la voiture. (laver)
8 Et toi, tu … à des amis. (téléphoner)
9 Enfin, moi, j'… beaucoup. (travailler)
10 Et toi, tu … une bonne journée! (passer)

DOSSIER-LANGUE

Three translations in English

There are several different ways of expressing a past tense
in English, but one way is used for all of these in French, e.g.
Il a aidé dans la cuisine.
He helped in the kitchen. He did help in the kitchen.
He has helped in the kitchen.
Tu as acheté quelque chose?
Did you buy something? Have you bought something?
You bought something?

4 Une bonne soirée

Complète le texte avec le participe passé.
Exemple: 1 *nous avons décidé*

Dimanche dernier, nous avons (**1** décider) d'aller au cinéma.
Nous avons (**2** réussir) à réserver des places pour le film *Douze
souris rouges.* J'ai (**3** trouver) le film très amusant, même un
peu ridicule. Le film a (**4** finir) à sept heures. Puis nous avons
(**5** dîner) dans une pizzeria. J'ai (**6** choisir) une pizza au jambon,
mais Émilie, qui n'aime pas les pizzas, a (**7** commander) des
spaghettis. À la pizzeria, nous avons (**8** rencontrer) Christophe
et André. On a (**9** passer) une très bonne soirée.

5 🎧 À Giverny

Écoute la conversation et complète le résumé.
Hier, Hélène a visité Giverny avec sa famille. Au village, on
peut voir (**1**)… et le jardin du peintre, Claude Monet. Hélène a
trouvé (**2**)… très joli. Au (**3**)… de souvenirs, elle a (**4**)… un
livre pour ses (**5**)… et un T-shirt pour elle. Ensuite, ils ont
trouvé un petit (**6**)… pour déjeuner. Hélène a choisi une
omelette et les autres ont choisi des (**7**)…
L'après-midi, ils ont fait une promenade à la (**8**)…, mais Marc
a perdu son (**9**)… . Ils ont (**10**)… partout et finalement, ils
l'ont trouvé au café.

6 📋 Lundi dernier

a *Travaillez à deux. Une personne choisit deux questions et
pose ces questions à l'autre. Puis changez de rôle.*
• Lundi dernier, quand as-tu quitté la maison?
• Pendant la récréation, qu'est-ce que tu as fait?
  (J'ai retrouvé mes copains. J'ai discuté avec mes amis.
  J'ai joué au football/aux cartes/dans la cour.
  J'ai travaillé dans la bibliothèque. J'ai fini mes devoirs.)
• Les cours ont fini à quelle heure?
• Qu'est-ce que tu as fait le soir?
  (J'ai travaillé dans ma chambre/dans la cuisine/
  sur l'ordinateur.
  J'ai téléphoné à un(e) ami(e).
  J'ai regardé la télé. J'ai écouté de la musique.)
b *Raconte ta journée d'hier.*

1 Une grande famille

Écris les mots en trois listes avec l'anglais.
Trouve …

	cinq mots masculins	cinq mots féminins	cinq mots pluriels
Exemple:	bébé – baby		

beau-père   belle-mère   cousins
fils   bébé   demi-sœur
enfants   frères   grand-mère   grand-père
fille   grand-mère
jumeaux   oncle   parents   tante

2 Un jeu des définitions

Lis les phrases et identifie les mots.
Exemple: 1 *la cuisine*

a Les pièces
1 On prépare les repas ici.
2 On dort dans cette pièce.
3 Normalement, on mange ici, mais pas toujours.
4 Il y a souvent des chaises et une télévision dans cette pièce. (Deux réponses possibles.)
5 On se lave ici.

b Les meubles
1 On y met des vêtements.
2 On s'assied là-dessus.
3 On dort là-dessus.
4 On trouve ça dans la salle à manger et quelquefois, dans d'autres pièces.
5 On y met toutes sortes de choses. Quelquefois, c'est attaché au mur.

Pour t'aider

armoire (f)	salle à manger (f)
chaise (f)	salle de bains (f)
chambre (f)	salle de séjour (f)
cuisine (f)	salon (m)
lit (m)	table (f)
placard (m)	

3 Un écrivain anglais

Trouve les phrases qui sont au passé composé.
Exemple: 3, …

1 Mon petit frère adore les livres de Dick King-Smith.
2 Dick King Smith est un écrivain anglais qui habite dans une ferme.
3 Il a travaillé comme instituteur dans une école primaire pendant sept ans.
4 Il a commencé à écrire des livres à l'âge de 54 ans.
5 En 1984, il a gagné un prix pour le livre 'Le cochon devenu berger' (*Sheep Pig*).
6 C'est l'histoire d'un cochon très intelligent qui apprend à garder les moutons.
7 On a tourné un film de cette histoire.
8 Le film s'appelle 'Babe'.
9 Mon petit frère et moi, nous avons bien aimé ce film.
10 Dick King Smith aime beaucoup les animaux, surtout les cochons.

4 Aux magasins

Travaillez à deux. Lisez la conversation, puis changez les mots en couleur.
– As-tu rencontré quelqu'un en ville?
– Oui, j'ai rencontré Marc.
– Est-ce que tu as acheté beaucoup de choses?
– Oui, j'ai acheté un livre et une boîte de chocolats.
– Tu as acheté des timbres pour moi?
– Zut! Désolé(e), j'ai complètement oublié.

Marc
Sophie
un ami anglais/canadien
une amie anglaise/canadienne

un livre	une boîte de chocolats
un CD	une peluche
un T-shirt	une BD
un magazine	une affiche

des timbres
des cartes postales
des biscuits
des crayons

5 Des questions et des réponses

a *Complète les questions avec le participe passé.*
Exemple: 1 Tu as fini

1 Tu as ... tes devoirs de français? (finir)
2 Elles ont ... de manger? (finir)
3 Il a ... une carte pour Thomas? (choisir)
4 Vous avez ... le jeu? (finir)
5 Qu'est-ce que tu as ... comme vidéo? (choisir)
6 Le match a ... à quelle heure? (finir)

b *Complète les réponses avec la forme correcte d'**avoir**.*
Exemple: 1 Il a fini

a Il ... fini à quatre heures.
b Oui, il ... choisi une carte amusante.
c Non, je n'... pas encore fini.
d Oui, elles ... fini de manger.
e Oui, nous ... fini.
f J'... choisi un film d'Astérix.

c *Trouve les paires.*
Exemple: 1 c

6 Un e-mail

Voici le début d'un message. Écris au moins trois phrases en plus.

> Salut!
> Samedi dernier, j'ai décidé d'aller en ville.
> Au grand magasin, j'ai acheté …

Voici des idées:
acheter – un CD/des cartes postales/un magazine
midi – déjeuner au café/dans un fast-food
choisir – une pizza/un sandwich au fromage
rencontrer – le prof/un ami/ma grand-mère

7 Une journée récente

a **Le matin**
Complète le texte avec le participe passé du verbe.
Exemple: 1 j'ai quitté

Lundi dernier, j'ai (**1** quitter) la maison à sept heures et demie.
J'ai (**2** attendre) l'autobus pendant dix minutes.
Au collège, les cours ont (**3** commencer) à huit heures dix.
Nous avons bien (**4** travailler).
Pendant la récréation, on a (**5** vendre) des pains au chocolat.
J'ai (**6** retrouver) mes copains dans la cour.

b **L'après-midi et le soir**
*Complète le texte avec la forme correcte d'**avoir** + le participe passé.*
Exemple: 1 j'ai mangé

À midi, j'(**1** manger) à la cantine.
J'(**2** choisir) du poulet et des frites.
L'après-midi, les cours (**3** finir) à cinq heures.
Le soir, j'(**4** travailler) pendant une heure.
Puis, j'(**5** regarder) la télé.
Et à sept heures et demie, nous (**6** dîner).

8 Une lettre

a *Complète la lettre avec des mots dans la case. Attention! Il y a des mots supplémentaires.*
b *Avec les mots supplémentaires, fais une phrase complète.*

attendu	beaucoup	bons	cher	dormi	super
la montagne		les légumes		merci	musique
passé	pour	la santé		sœur	sont	voyage

(1)... Luc,

Merci pour tout. J'ai (2)... une semaine (3)... en France. J'ai (4)... aimé l'excursion à (5)....

Ma (6)... a bien aimé le CD. Elle adore la (7)....

J'ai fait très bon (8).... Je n'ai pas (9)... longtemps à la gare. J'ai (10)... dans le train, alors le voyage a passé vite.

(11)... encore,

Alex

1 Des boissons par catégories

Regarde les pages 66 et 67 et trouve au moins deux boissons pour chaque catégorie.
Exemple: 1 *le café*

1 des boissons chaudes
2 des boissons froides et non-alcoolisées
3 des boissons alcoolisées
4 des boissons gazeuses

2 Qu'est-ce qu'on boit?

Trouve les paires.
Exemple: 1 *b*

1	Pour son goûter, Jean	a	boivent de l'Orangina.
2	Les enfants	b	boit du chocolat chaud.
3	Est-ce que vous	c	buvons du vin avec le déjeuner.
4	Le dimanche, nous	d	bois un bol de café au lait.
5	Qu'est-ce que tu	e	buvez du vin avec les repas?
6	Pour mon petit déjeuner, je	f	boit toujours une menthe à l'eau.
7	Ma sœur adore la menthe. Au café, elle	g	bois pour ton petit déjeuner?

3 Qu'est-ce qu'ils ont commandé?

Plus tard, les six jeunes personnes ont commandé quelque chose à manger. Qu'est-ce qu'elles ont commandé?
Exemple: 1 *Marc a commandé une glace au chocolat.*

1 Marc a commandé
2 Claire a commandé
3 Jean-Pierre a mangé
4 Tiffaine a choisi
5 Paul a mangé
6 Élise a choisi

une crêpe

un sandwich au jambon

une glace à la fraise

une glace au chocolat

un hot-dog

une portion de frites

4 Hier au café

Suis les lignes pour faire des phrases.

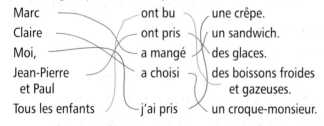

Marc
Claire
Moi,
Jean-Pierre et Paul
Tous les enfants

ont bu
ont pris
a mangé
a choisi
j'ai pris

une crêpe.
un sandwich.
des glaces.
des boissons froides et gazeuses.
un croque-monsieur.

5 M. Corot – un résumé

Mets les phrases dans l'ordre pour faire un résumé de l'histoire à la page 72.
Exemple: 1 *b*

a Elle a téléphoné à M. Corot.
b Lundi soir, les Corot ont préparé des sandwichs.
c Le chat a mangé des sardines.
d Comme il a mangé ses sandwichs aux sardines, M. Corot a décidé de téléphoner à son médecin.
e Plus tard, Mme Corot a découvert que le chat était malade.
f Le médecin a envoyé M. Corot à l'hôpital.
g Finalement, l'épicier a tout expliqué.

6 En classe

Trouve les paires. **Exemple:** 1 *d*

1	Je	a	n'as pas entendu?
2	Tu	b	n'avons pas fini.
3	Il	c	n'ont pas fait leurs devoirs.
4	Nous	d	n'ai pas compris la question.
5	Vous	e	n'a pas trouvé son stylo.
6	Ils	f	n'a pas marché.
7	Ça	g	n'avez pas vérifié ça?

7 Voici le menu

Complète le menu avec des voyelles. **Exemple:** 1 *du pâté*
Comme hors-d'œuvre, il y a …
1 d_ p_t_
2 d_ m_l_n
Comme plats, il y a …
3 d_ p__l_t
4 d_ p__ss_n
Comme légumes, il y a …
5 d_s p_t_ts p__s
6 d_s fr_t_s
Comme desserts, il y a …
7 d_s gl_c_s
8 d_s y___rts
Comme boissons, il y a …
9 d_ l'_r_ng_n_
10 d_ l'___ m_n_r_l_

1 Chasse à l'intrus

a *Trouve le mot qui ne va pas avec les autres.*
b *Explique pourquoi.*
Exemple: 1 *un thé – les autres sont des choses à manger*

1 un sandwich, un croque-monsieur, un hot-dog, un thé
2 un café, un thé, un coca, un chocolat chaud
3 une bière, un jus de fruit, du vin, du cidre
4 du vin blanc, de l'Orangina, de la limonade, de l'eau minérale
5 un jus d'orange, un citron pressé, une menthe à l'eau, une limonade

Pour t'aider

des boissons	chaudes/froides alcoolisées/non-alcoolisées gazeuses/non-gazeuses

2 On a mangé cela

Regarde la liste des spécialités.
Qu'est-ce qu'on a commandé?
Exemple: 1
Marc a commandé une omelette aux champignons.

Nos spécialités
Sandwichs (au jambon, au pâté)
Croque-monsieur
Omelette aux champignons
Hot-dogs
Frites
Crêpes

1 Marc est végétarien, mais il adore les œufs.
2 Claire adore les saucisses et elle aime aussi le pain.
3 Élise adore le fromage et le jambon.
4 Jean-Pierre préfère les choses sucrées.
5 Paul a choisi un sandwich, mais pas au jambon.
6 Toi. (Moi, j'ai …)

3 Huit phrases sur M. Corot

a *Complète les phrases avec le verbe au passé composé.*
b *Mets les huit phrases dans l'ordre pour faire un résumé de l'histoire à la page 72.*
Exemple: 3 *les Corot* **ont préparé**

1 M. Corot … … (faire) des sandwichs aux sardines et il … … (donner) des sardines au chat.
2 Mardi matin, M. et Mme Corot … … (quitter) la maison à 8h15.
3 Lundi soir, les Corot … … (préparer) des sandwichs.
4 À son retour, Mme Corot … … (trouver) le chat au garage – il était malade et Mme Corot … … (penser) qu'il avait été empoisonné par les sardines.
5 Mais mercredi matin, l'épicier … tout … (expliquer)
6 Pendant leur absence, l'épicier … … (apporter) des provisions à la maison.
7 M. Corot … … (manger) ses sandwichs aux sardines, alors le médecin, par précaution, … … (envoyer) M. Corot à l'hôpital.
8 M. Corot … très bien … (dormir) à l'hôpital.

4 Réponds sans dire oui ou non

*Travaillez à deux. Posez cinq questions à l'autre personne. On peut répondre par des phrases vraies ou fausses, mais il ne faut pas dire **oui** ou **non**. Puis changez de rôle.*

Voici des idées:
• As-tu passé tes vacances en France?
Exemple: *J'ai passé mes vacances à Skegness.*
ou *Je n'ai pas passé mes vacances en France.*

• As-tu passé des vacances à Paris?
• As-tu visité l'Espagne ou l'Italie?
• As-tu regardé la télévision hier?
• Qu'est-ce que tu as mangé à midi? As-tu aimé ça?
• Est-ce que tu as joué au tennis samedi?
• As-tu acheté quelque chose aux magasins?
• Est-ce que tu as joué sur l'ordinateur?

5 Présent ou passé?

a *Est-ce que ces questions sont au présent ou au passé composé (perfect tense)?*
Écris PR (présent) ou P (passé).
Exemple: 1 *PR*

1 Est-ce que tu fais des courses le samedi, normalement?
2 Est-ce que tu as fait des courses samedi dernier?
3 Est-ce que tu joues au football?
4 Est-ce que tu as joué au football le week-end dernier?
5 Tu prends des sandwichs à midi?
6 Tu as pris des sandwichs hier?
7 As-tu fait tes devoirs sur l'ordinateur récemment?
8 Fais-tu quelquefois tes devoirs sur l'ordinateur?
9 Est-ce que tu lis des magazines sur l'informatique?
10 As-tu lu un magazine sur l'informatique cette semaine?

b *Choisis quatre questions et réponds.*
Attention!
Si la question est au présent, réponds au présent.
Exemple: 1 *Je fais (Je ne fais pas) …*

Si la question est au passé composé, réponds au passé composé.
Exemple: 2 *J'ai fait (Je n'ai pas fait) …*

1 Conversations au choix

Travaillez à deux. Jetez un dé à tour de rôle (ou choisissez des numéros entre 1 et 6) pour faire des conversations.
Exemple:

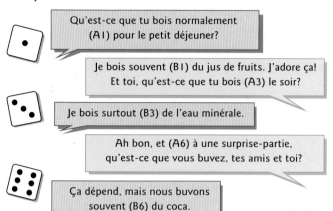

Qu'est-ce que tu bois normalement (A1) pour le petit déjeuner?

Je bois souvent (B1) du jus de fruits. J'adore ça! Et toi, qu'est-ce que tu bois (A3) le soir?

Je bois surtout (B3) de l'eau minérale.

Ah bon, et (A6) à une surprise-partie, qu'est-ce que vous buvez, tes amis et toi?

Ça dépend, mais nous buvons souvent (B6) du coca.

A	Quand?	B	Quelle boisson?
1	pour le petit déjeuner	1	du jus de fruits
2	au café	2	de l'Orangina ou de la limonade
3	le soir	3	de l'eau minérale
4	quand il fait froid	4	du café, du thé ou du chocolat chaud
5	quand il fait chaud	5	du champagne
6	à une surprise-partie	6	du coca

2 Jeu de mémoire

Regarde tes réponses à l'activité 1 à la page 68 pendant deux minutes, puis décide qui a dit ça.
Exemple: 1 *Marc*

1 J'ai commandé un Orangina.
2 J'ai choisi un café crème.
3 J'ai demandé un jus d'orange.
4 J'ai commandé une limonade.
5 J'ai commandé un chocolat chaud.
6 Et moi, j'ai choisi un coca.

Paul	Jean-Pierre	Marc	Élise
	Tiffaine	Claire	

3 Fais des phrases

Combien de phrases peux-tu faire?

Hier,	j'ai	écrit	un livre de cuisine.
Hier matin/soir,	il a	découvert	une nouvelle page Web.
Lundi dernier,	elle a	vu	un nouveau jeu électronique.
Vendredi matin,	on a	reçu	une nouvelle recette.*
Samedi soir,	ils ont	lu	un magazine intéressant.
Samedi dernier,	elles ont	fait	une BD fantastique.

* une recette – *a recipe*

4 Invente une définition

Invente une définition. Ton/Ta partenaire devine la réponse, puis il/elle invente une définition pour toi.
Exemple: 1 *un fruit*
Il est rond et rouge ou vert. On mange ça souvent.
(une pomme)

1 un fruit
2 un légume
3 un plat
4 des légumes
5 un dessert
6 une boisson froide
7 une boisson chaude

5 J'aime ça!

Réponds avec une des expressions dans la case.

Oui, j'aime ça.	Non, je n'aime pas (beaucoup) ça.
Oui, j'adore ça.	Non, je déteste ça.

Est-ce que tu aimes …
1 le melon?
2 le chocolat?
3 les hot-dogs?
4 le déjeuner de dimanche?
5 les glaces?
6 le gâteau au chocolat?
7 la limonade?
8 le chou?
9 l'omelette aux champignons?
10 les repas au collège?

6 On a mangé à la cantine

Ces cinq élèves ont mangé à la cantine aujourd'hui. Ils ont mangé des choses différentes et ils ont pris des boissons différentes.

1 Marc n'aime pas beaucoup la viande et il préfère un repas froid, mais avec une boisson chaude.

2 Claire et Tiffaine aiment le steak haché, mais Tiffaine préfère le poulet.

3 Jean-Pierre est végétarien. Il n'aime pas le poisson et il n'aime pas la viande, mais il adore boire du lait.

4 Élise adore le poulet, comme Tiffaine, mais aujourd'hui, elle a décidé de manger du poisson.

5 Tiffaine et Claire aiment les boissons sucrées. Tiffaine adore surtout la limonade.

Copie et complète la grille dans ton cahier pour faire ce jeu de logique. Pour chaque personne, décide ce qu'on a choisi comme plat principal et comme boisson.

Exemple:

	de l'omelette	du poisson	du steak haché	du poulet	de la salade	de l'orangeade	de la limonade	du café	du coca	du lait
Marc	✗	✗	✗	✗	✔	✗	✗	✔	✗	✗
Claire										
Élise										
Pierre										
Tiffaine										

7 Les repas à conséquences

Travaillez à deux.

Les repas à conséquences.

Écris le nom d'**un hors-d'œuvre** sur une feuille; plie la feuille et donne la feuille à ton/ta camarade.

Écris le nom d'**un plat principal**; plie la feuille etc.

Écris le nom de **deux légumes**; plie la feuille etc.

Écris le nom d'**une boisson**; plie la feuille etc.

Écris le nom d'**un dessert**; plie la feuille etc.

Ouvre la feuille, puis commande un repas comme ça.

8 Essayez cette recette!

Trouve le bon texte pour chaque image.

La pêche Melba

a Dans un verre, mettez du sirop de framboises ou de fraises.

b Prenez une pêche jaune pour chaque personne.

c Invitez des copains et mangez votre pêche melba ensemble.

d Coupez les pêches en tranches.

e Ajoutez quelques tranches de pêches.

f Ajoutez de la glace à la vanille avec la dernière tranche de pêche et peut-être des amandes.

g Mettez des framboises et de la crème dans le verre.

unité 6 Au choix

1 Tu pars?

Complète chaque bulle avec une partie du verbe **partir**.
Exemple: 1 *tu pars*

- – Pierre, quand est-ce que tu (**1**)… pour la gare?
- – Je (**2**)… dans deux minutes.
- – Il (**3**)… dans deux minutes!

- – Vous (**4**)… quand pour le match de tennis?
- – Nous (**5**)… à deux heures.
- – Ils (**6**)… à deux heures!

2 Une liste de vocabulaire

Écris ces mots avec des voyelles et avec l'anglais.
Exemple: 1 *la gare – station*

1 la g _ r _
2 le q _ _ _
3 le g _ _ ch _ t
4 le b _ ll _ t
5 l'h _ r _ _ r
6 la c _ n s _ g n _
7 le d _ p _ r t
8 le k _ _ s q _ _

3 En ville

Écris la forme correcte du verbe **être**, *puis suis les lignes pour compléter les phrases.*
Exemple: 1 Je *suis* allé à la piscine.

1 Je … allé   au musée.
2 Toi, Sylvie, tu … allée   au supermarché.
3 Ton ami, Robert, … allé   aux magasins.
4 Suzanne … allée   au parc?
5 Nous … allés   à la piscine.
6 Vous … allés   au match de football.
7 Mes amis … allés   à la plage.
8 Les filles … allées   au cinéma.

4 Un long voyage

Jacques et Suzanne sont allés au Québec. Complète la description de leur voyage.
Exemple: 1 *sortis*

1 Ils sont … de la maison à huit heures. (sortir)
2 Ils sont … à la gare routière en taxi. (aller)
3 Ils sont … en car à huit heures et demie. (partir)
4 Ils sont … à l'aéroport à dix heures. (arriver)
5 Ils sont … dans l'avion à midi. (monter)
6 Ils sont … de l'avion six heures plus tard. (descendre)
7 Ils sont … au centre-ville en bus. (aller)
8 Ils sont … à leur hôtel à Montréal à quatorze heures, heure locale. (arriver)

5 Une carte postale de Londres

Choisis le mot correct pour compléter la carte postale.
Exemple: 1 nous avons **passé**

Salut de l'Angleterre!
Hier, nous avons (**1** passé / passez / passer) la journée à Londres. Le matin, nous avons (**2** vois / voir / vu) les principaux monuments. À midi, nous avons (**3** fais / fait / faire) un pique-nique dans un parc. L'après-midi, nous sommes (**4** aller / allés / allez) à la Tour de Londres en (**5** baguette / bateau / beurre). Puis nous sommes (**6** rentrés / rentrez / rentrer) à Canterbury en (**7** café / carte / car). Le soir, j'ai (**8** jouent / jouons / joué) sur l'ordinateur.
À bientôt,
Alex

1 Des questions et des réponses

*Complète les phrases avec la forme correcte du verbe **partir**,*
puis trouve les paires.
Exemple: 1 tu pars; *b* Je pars

Des questions
1 Quand est-ce que tu … pour le Canada?
2 Est-ce que vous … en vacances cet été?
3 Quand est-ce que les garçons … pour le match de
   football?
4 L'autobus pour la gare … à quelle heure?
5 Quand est-ce que Nicole et Sophie … pour Paris?

Des réponses
a Elles … jeudi à midi.
b Je … le 18 mai.
c Oui, nous … le 7 juillet pour la Belgique.
d Le prochain autobus … à 14 heures.
e Ils … après le déjeuner.

2 Suivez le panneau!

Trouve les paires.
Exemple: 1 *b*

1 Il veut acheter un billet.
2 Elle veut vérifier l'heure de départ de
   son train.
3 Il cherche quelque part où attendre.
   Son train a du retard.
4 Ils veulent composter leur billet.
5 Elles veulent monter dans le train.
6 Il veut quitter la gare.

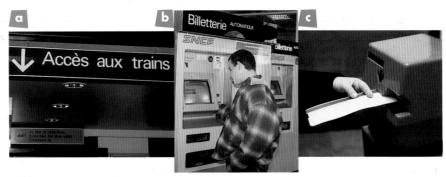

3 On est allé en ville

*Écris la forme correcte du verbe **aller** au **passé composé**,*
puis suis les lignes pour compléter les phrases. C'est Nathalie
qui parle.
Exemple: 1 Moi, je *suis allée* au marché.

1 Moi, je … …   à la patinoire.
2 Toi, Pierre, tu … …   au magasin de sports.
3 Thomas … …   à la campagne.
4 Cécile, elle … …   au marché.
5 Hélène et moi, nous … …   au bowling, non?
6 Paul et Luc, vous … …   au café.
7 Les garçons … …   au match de tennis.
8 Anne et Sophie … …   au théâtre?

4 Une carte postale

Tu as visité une ville récemment, par exemple Paris, Londres,
Cardiff. Écris une carte postale à un(e) ami(e) français(e).
*Pour t'aider, relis **Deux cartes postales** (activité 2 à la*
page 88).

5 🎧 Une interview avec Jean-Luc

Écoute l'interview et réponds aux questions en anglais.
1 Where does Jean-Luc work?
2 How many people are in the team?
3 How old is he?
4 Give two reasons why he is there.
5 He mentions two ways in which he can be recognised by
   passengers. What are they?
6 Give one example of something he finds more difficult to
   do.
7 What does he feel about his work generally?

un gilet – *waistcoat*

1 Qu'est-ce qu'il faut faire?

Complète les phrases avec il faut ou il ne faut pas. Pour t'aider, regarde la page 85.
Exemple: 1 ..., il faut aller à la gare.

1 Pour prendre le train, ... aller à la gare.
2 Pour laisser sa valise, ... chercher la consigne.
3 Pour savoir l'heure du départ, ... consulter l'horaire.
4 Dans un compartiment non-fumeurs, ... fumer.
5 Avant de monter dans le train, ... composter son billet.
6 Pour être sûr d'avoir une place, ... prendre une réservation.
7 Pour acheter un billet, (a) ... aller au restaurant, (b) ... aller au guichet.
8 Pour prendre le train qu'on veut, (a) ... arriver à l'heure, (b) ... arriver en retard.

2 Au grand magasin

Mets les phrases dans l'ordre (1–10).
Exemple: 1c 10f

a Au sixième étage, il est allé au café.
b Il est sorti du magasin à neuf heures et demie.
c Luc est parti à neuf heures.
d À neuf heures dix, il est entré dans le magasin.
e Il est resté dix minutes au café.
f À dix heures moins vingt, Luc est rentré à la maison.
g Il est arrivé au magasin à neuf heures cinq.
h Il est tombé dans la rue à dix heures moins vingt-cinq.
i À neuf heures et quart, Luc est monté au sixième étage.
j À neuf heures vingt-cinq, il est descendu du café.

Complète l'horaire

Travaillez à deux. Une personne regarde cette page. L'autre personne regarde la page 84, activité 2. Posez des questions pour compléter l'horaire. Notez les détails dans votre cahier.
Exemples:

> Le train pour Paris part de quel quai?

> Il part du quai numéro ...

> Le train pour Le Havre part à quelle heure?

> Il part à ...

Trains au départ		
Départ	**Destination**	**Quai**
......	Paris	2
18h00	Le Havre	......
18h15	Dieppe	......
......	Lille	4
......	Rouen	3

3 Hier après-midi

Écris ce résumé pour toi.
a *Complète les phrases avec le participe passé.*
Exemples:
> Si tu es un garçon: **1** Je suis **sorti** de la maison à midi.
> Si tu es une fille: **1** Je suis **sortie** de la maison à midi.

1 Je suis (sortir) de la maison à midi.
2 Je suis (aller) à l'arrêt d'autobus.
3 Après trente minutes, le bus est (arriver).
4 Je suis (monter) dans le bus.
5 Vingt minutes après, le bus est (tomber) en panne.

b *Complète les phrases avec le verbe au passé composé.*
6 Je ... ... (rester) dans le bus pendant dix minutes.
7 Puis le bus ... ... (repartir).
8 Après vingt minutes, il ... ... (arriver) au terminus.
9 Je ... ... (descendre) du bus.
10 Je ... ... (entrer) dans la patinoire.

4 À la campagne

André raconte une journée à la campagne. Complète les phrases.
Exemple: 1 nous sommes partis

Un jour, nous ... ... à la campagne. (partir)

Après une heure, nous ... ... à une forêt. (arriver)

Daniel et moi, nous ... ... dans les arbres. (monter)

Nous ... ... à la campagne jusqu'au soir. (rester)

Nous ... ... à la maison très tard. (rentrer)

Le lendemain matin, nous ... ... tard pour le petit déjeuner. (descendre)

5 Au bord de la mer

Complète la conversation.
Exemple: 1 *je suis allé*

– Tu as passé un bon week-end?
– Oui, je (**1** aller) au bord de la mer avec ma famille.
– Ah bon. Vous (**2** partir) très tôt?
– Oui, nous (**3** partir) à sept heures.
– Et vous (**4** aller) où exactement?
– Nous (**5** aller) à Saint-Pierre.
– Qu'est-ce que vous avez fait?
– Mon frère et moi, nous (**6** aller) à la plage. Mes parents (**7** aller) en ville.
– Et ta sœur?
– Elle (**8** rester) à la maison.
– Vous (**9** sortir) le soir?
– Oui, nous (**10** aller) au restaurant.
– Et vous (**11** rentrer) à quelle heure?
– Nous (**12** rentrer) tard, vers dix heures du soir.

6 Le TGV Duplex

Trouve le mot qui manque.
Exemple: 1 *train*

| fait | train | avion | voyage |
| introduit | longs | passagers | |

7 Chasse à l'intrus

Trouve le mot qui ne va pas avec les autres.
1 la voiture, le bateau, le vélo, la boum
2 la consigne, la salle d'attente, le mois, le quai
3 rester, hier, tomber, monter
4 le jour, l'avion, le vol, l'aéroport
5 une valise, un sac de voyage, une gare, un sac à dos

8 Voyager sans problème

Choisis la bonne réponse.
1 Pour aller de la France au Canada, il faut traverser
   a la rue **b** l'Atlantique **c** la Seine.
2 Pour aller de Paris à Montréal, il faut prendre
   a l'avion **b** le vélo **c** la voiture.
3 Pour prendre l'avion, il faut aller
   a à la gare **b** à la piscine **c** à l'aéroport.
4 Pour connaître l'heure de départ, il faut consulter
   a un médecin **b** l'horaire **c** l'hôpital.
5 Pour aller de la France en Angleterre, il faut traverser
   a les Alpes **b** le pont **c** la Manche.

Le TGV (train à grande vitesse) est un (**1**)… très rapide qui fait de (**2**)… voyages, par exemple de Paris à Lyon. Récemment, on a (**3**)… le TGV Duplex. Ce train à étage transporte un plus grand nombre de (**4**)… dans des conditions plus confortables. Le TGV (**5**)… le voyage Paris-Lyon-Marseille à 320 kilomètres à l'heure – deux fois plus vite qu'un (**6**)… de tourisme! Il y a 545 places assises et on (**7**)… dans des voitures en aluminium à très haute résistance.

source SNCF 2001

1 Le week-end

Ce week-end, tout le monde fait quelque chose de différent.
Qu'est-ce qu'ils mettent? Trouve les paires.
Exemple: 1 b

 **1**
Luc et Yannick jouent au football. Ils …

 **2**
Mireille et Sika jouent au tennis. Elles …

 **3**
Roseline va à la montagne. Elle …

 **4**
Hasan va à la piscine. Il …

 **5**
Samedi, c'est le mariage de ma nièce. Alors, je …

 6
Et toi, Albert, tu …

a met un jogging, un chapeau et des gants.
b mettent un short, un T-shirt et des chaussures de football.
c mets ma robe très chic et un chapeau énorme.
d met son maillot de bain.
e mettent une jupe blanche, un T-shirt, des chaussettes blanches et des tennis blanches.
f mets de nouveaux vêtements – et une fleur, bien sûr!

2 Tu vas me reconnaître?

Regarde les images et les descriptions. Il y a des erreurs! Écris la description correcte pour chaque personne.

bruns

J'ai les cheveux ~~blonds~~, courts et raides. J'ai les yeux bruns et je porte des lunettes. Je porte un pull vert.

Simon

J'ai les cheveux blonds et frisés. J'ai les yeux bleus. Je porte des lunettes et j'ai un T-shirt jaune.

Magali

J'ai les cheveux courts et frisés et j'ai les yeux verts. Je porte un sweat blanc avec le logo de mon club de VTT.

Pierre

3 Mots et images

Écris le mot correct pour chaque image.
Exemple: 1 le bras

le bras	les dents	la bouche
les épaules	les doigts
une oreille	le cou	le pied

 **1**

 2

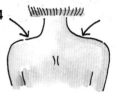 **4**

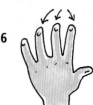 **6**

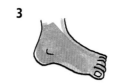 **7**

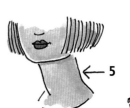 **3**

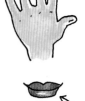 **5**

 8

▌ Choisis tes vêtements!

Complète les phrases avec la partie correcte du verbe et des vêtements.

Exemple: 1 Pour jouer au tennis, on **met** un **T-shirt** et un short.

1 Pour jouer au tennis, on m… un … et un short.
2 Pour faire du skate, mon frère m… …
3 Pour aller au mariage de ma sœur, mes parents et moi, nous m… nos vêtements de fête.
4 Quand il fait froid, nous … …
5 Pour aller à la plage, les enfants … …
6 Quand il pleut, on … …

▌2 🎧 Vous allez me reconnaître?

Écoute ces trois personnes au téléphone et complète les descriptions.

Exemple: a *blonds*

1 **Anne-Marie Lambert**
Elle a les cheveux (**a**)… et (**b**)… et les yeux (**c**)… Elle va mettre un pantalon (**d**)… …, un pull (**e**)… et un imper (**f**)… …
2 **Charlotte**
Elle porte une robe (**g**)… et un chapeau (**h**)…
3 **David**
Il a les cheveux (**i**)… et (**j**)… et il a les yeux (**k**)…

▌3 Que penses-tu de ça?

Travaillez à deux. Posez des questions à tour de rôle. Chaque personne répond par son avis personnel.

Exemple:

> Comment trouves-tu la musique classique?

> Je l'aime beaucoup. Je la trouve intéressante.

Est-ce que tu aimes	le skate?
	le cyclisme?
	le sport?
	les sciences?
	l'informatique?
	la musique classique?
	le rock?
	la musique pop?
Comment trouves-tu	les films de science-fiction?
	les dessins animés?
	les vêtements décontractés?
	l'uniforme du collège?

Pour t'aider

Je l'aime / Je les aime (beaucoup).	
Je ne l'aime pas / Je ne les aime pas (beaucoup/du tout).	
Je le/la/les trouve Je ne le/la/ les trouve pas	intéressant(e)(s)/amusant(e)(s). fantastique(s)/ennuyeux(-euse)(s).

▌4 C'est utile, le dictionnaire

a *Voici des mots et des phrases utiles. Est-ce que tu les comprends? Devine un peu!*
Puis, si tu ne les comprends toujours pas, cherche dans le dictionnaire.
b *Est-ce que tu peux trouver d'autres expressions qui utilisent le nom d'une partie du corps?*

la main

> Haut les mains!

une lettre écrite à la main

les bagages à main

le bras

bras dessus, bras dessous

en bras de chemise

la tête

de la tête aux pieds

un tête-à-tête

en tête de classe

faire un signe de la tête

le pied

un coup de pied

I   Qu'est-ce que tu vas mettre?

Imagine que tu vas à la boum, toi aussi.
Travaillez à deux. Une personne jette le dé et demande:
qu'est-ce que tu vas mettre?

 A B   C   D

L'autre personne décrit les vêtements.
Puis changez de rôle.

Exemple: Je vais mettre *un pantalon jaune* avec *des bottes noires.*

A
1 un pantalon
2 un pull
3 un T-shirt
4 un sweat
5 un jean
6 une chemise

B
1 bleu(e)
2 vert(e)
3 jaune
4 rouge
5 marron
6 noir(e)

C
1 des chaussures (f)
2 des chaussettes (f)
3 des baskets (f)
4 des tennis (f)
5 des bottes (f)
6 des sandales (f)

D
1 blanches
2 noires
3 bleues
4 roses
5 vertes
6 grises

2 Chasse à l'intrus

Quel mot ne va pas avec les autres?

Exemple: 1 *magnétoscope (ce*
n'est pas un adjectif)

1 mince, moderne, moyenne, magnétoscope
2 français, gris, choisis, anglais
3 thé, fatigué, frisé, carré
4 rond, vend, grand, blond
5 bleus, yeux, bruns, roux

3 Qui est le voleur?

Samedi, Mlle Maigreton voit un voleur quitter une boutique.
Voilà sa description de l'homme.

Il a environ quarante ans. Il est assez grand, mais pas très grand. Il a les cheveux noirs et frisés et les yeux gris. Il a une petite barbe, mais il n'a pas de moustache. Il porte des lunettes.

Voilà cinq hommes, mais qui est le voleur? Que dit Mlle Maigreton?

Exemple: *Ce n'est pas Michel Malheur. Il est trop petit et il n'a pas de barbe.*

Michel Malheur   Pierre Poison   Claude Cruel   Daniel Désastre   Victor Voleur

4 Ils sont malades!

Toutes ces personnes (et le petit chat aussi) sont malades, mais qu'est-ce qu'elles ont?
Trouve les paires.

Exemple: 1 *h*

a Elle a mal au dos.
b Elle a mal aux oreilles.
c Il a mal à l'œil.
d Il a mal à la jambe.
e Le bébé et sa maman ont mal à la main.
f Ils ont mal à la tête.
g Il a mal à la queue.
h Il a mal au ventre.
i Ils ont mal aux pieds.
j Elle a mal au cœur.

5 Mamie va voir le médecin

Choisis des mots dans la case pour compléter le texte.

allez	prenez	restez	ouvrez
	demandez	venez	

a — Vous avez mal à la tête?

— Oui, quelquefois, mais …

b — Ça vous fait mal là?

c — (1)…… la bouche. Ah, oui, ce n'est pas grave.

d — Voilà une ordonnance. (2)…… à la pharmacie. (3)…… de l'aspirine.

e — (4)…… au lit demain et (5)…… me voir vendredi. (6)…… un rendez-vous à la réception.

f — Merci beaucoup, Docteur, mais …

— … je voudrais mon chat, s'il vous plaît!

Trouvé chat noir et blanc

6 Tout le monde dort

a *Lis l'histoire.*

Il est deux heures de l'après-midi. Le docteur est en retard. Il fait très chaud.

Dans la salle d'attente du Docteur Lemont, presque tout le monde dort. Corinne parle à sa mère.

– Est-ce que tu dors?
– Non, je ne dors pas, mais je suis très fatiguée.
– Et ce monsieur-là, est-ce qu'il dort?
– Je ne sais pas. Vous dormez, Monsieur?
– Zzz.
– Oui, il dort.
– Ça alors! Tous les clients dorment.
– Oui, mais nous, comme nous ne dormons pas, entrons vite voir le docteur!

b *C'est vrai? Lis les phrases et écris vrai ou faux.*

Exemple: 1 *faux*

1 Il est onze heures du matin.
2 Le docteur dort.
3 Il fait chaud.
4 Dans la salle d'attente, presque tout le monde parle.
5 La fille et sa mère dorment.
6 Quand le docteur arrive, ses premiers clients sont un homme et son fils.

DOSSIER-LANGUE

dormir (to sleep, to be asleep)

The conversation in the doctor's waiting room (task 6) contains all the parts of the verb *dormir* (to sleep or to be asleep). This verb is similar to *sortir* and *partir*.

je	dors	nous	dormons
tu	dors	vous	dormez
il/elle/on	dort	ils/elles	dorment

Can you make up three sentences, each containing a different part of the verb *dormir*?

1 Les mois et les jours

*Trouve les mots. Pour t'aider, regarde **Vocabulaire par thèmes**, pages 150–152.*

1 En France, la fête nationale est pendant ce mois.
2 Ce mois commence l'année.
3 C'est le dernier mois de l'année.
4 C'est le huitième mois – le mois des vacances.
5 C'est le week-end – demain, c'est dimanche. C'est quel jour?

6 Hier, c'était mardi. Demain, c'est jeudi. Aujourd'hui, c'est quel jour?
7 Hier, c'était jeudi. Demain, c'est samedi. Aujourd'hui, c'est quel jour?
8 La Saint-Valentin est pendant ce mois.
9 C'est un mois en automne, qui commence avec n.
10 C'est un mois au printemps qui commence avec a.

2 Questions et réponses

Trouve les paires.
Exemple: 1 h

1 Quelle est la date aujourd'hui?
2 Quelle heure est-il?
3 Quelle est la date de la fête nationale en France?
4 Le musée ouvre à quelle heure?
5 Le dimanche de Pâques, c'est quand, cette année?
6 Qu'est-ce qu'on va faire pour la Saint-Sylvestre (la veille du nouvel an)?
7 Qu'est-ce qu'on fait à Noël?
8 La fête nationale, c'est quel jour de la semaine, cette année?

a Ça ouvre à dix heures du matin.
b Il est onze heures et demie.
c On mange un repas traditionnel avec de la dinde et on offre des cadeaux à tout le monde.
d C'est vendredi, cette année.
e C'est le 14 juillet.
f C'est tôt cette année, c'est le trente mars.
g On va manger un repas spécial et à minuit, toutes les voitures à Paris vont klaxonner.
h C'est le 3 juin.

klaxonner –

3 On sort

Trouve les paires.
Exemple: 1 d

1 Le week-end, je
2 Est-ce que vous
3 Quelquefois, nous samedis.
4 Mon frère adore le sport; il
5 Ma grand-mère déteste le temps froid. En hiver, elle
6 Mes amis

a sortons en famille.
b ne sort jamais.
c sortent tous les
d sors, normalement.
e sortez souvent?
f sort souvent.

4 La semaine dernière

*Complète les questions avec le verbe **sortir** (au passé composé).*
Exemple: 1 Est-ce que tu *es sorti(e)* pendant la semaine?

1 Est-ce que tu … … pendant la semaine?
2 Tu … … le week-end dernier?
3 Le samedi, est-ce que vous … … ensemble, tes amis et toi?
4 Le dimanche, est-ce que tu … … avec ta famille?
5 Pendant la récréation, est-ce que tes amis … … dans la cour?

1  Quelle heure est-il?

Écoute et trouve la bonne image.
Exemple: 1 *d*

a `10.45`   e `11.40`

b `14.10`   f `2.10`

c `5.25`   g `4.15`

d `9.15`   h `6.50`

2 Isabelle et sa mère

*Complète les conversations entre Isabelle et sa mère avec la forme correcte de **sortir**.*
Exemple: 1 *je sors*

– Maman, ce soir je (**1**)…
– Tu (**2**)… encore ce soir? Mais non, Isabelle. Tu (**3**)… trop. Ça fait quatre fois que tu (**4**)… cette semaine.
– Mais maman, ce soir je (**5**)… avec Jean-Claude. Nous allons à la nouvelle discothèque.
– Eh bien, d'accord. Mais demain, tu restes à la maison!
(Une semaine plus tard)
– Isabelle, ce soir, papa et moi, nous (**6**)…
– Vous (**7**)…? Où allez-vous?
– Nous allons au nouveau restaurant italien en ville.
– Alors, comme vous (**8**)…, est-ce que je peux inviter Magali ou Sophie à la maison?
– Bon, d'accord.
(Au téléphone)
– Écoute, Magali, papa et maman (**9**)… ce soir. Alors, est-ce que tu veux venir à la maison?

3 À toi!

À écrire

Qu'est-ce que tu penses des sports et des loisirs?
Écris des phrases avec tes idées personnelles.
Exemple: 1   Quand il fait beau, j'aime *faire du sport avec des amis*, mais s'il pleut, je préfère *visiter un musée en famille*.

1   Quand il fait beau, j'aime …, mais s'il pleut, je préfère …
2   Si on a du temps libre, c'est bien de …, mais il est quelquefois préférable de (d') …

Pour t'aider

Note: use a verb in the infinitive in the spaces.
faire du sport / une randonnée etc.
faire du VTT / du roller etc.
visiter un musée
voir un film au cinéma
sortir/lire/surfer sur Internet
jouer sur l'ordinateur / au football etc.
écouter/faire de la musique
aller au club des jeunes

en plein air
en groupe
en équipe
avec des amis
tout seul(e)
avec un(e) ami(e)
en famille

4 On parle des loisirs

*Ces trois jeunes Français parlent de leurs loisirs. Écoute et complète chaque phrase avec **a**, **b** ou **c**.*
Exemple: 1 *b*

Thomas
1   Thomas préfère
   a   le sport
   b   dormir
   c   écouter la radio.
2   Pour lui, la lecture, c'est
   a   toujours ennuyeux
   b   une vraie passion
   c   quelquefois ennuyeux.
3   Il regarde la télévision
   a   quelquefois
   b   assez souvent
   c   très souvent.
4   Ses émissions favorites sont
   a   les variétés
   b   le sport
   c   la musique.

Vivienne
5   Pendant son temps libre, Vivienne préfère
   a   lire
   b   dormir
   c   faire du sport.
6   Elle fait du sport
   a   quand il pleut
   b   quand il ne pleut pas
   c   tout le temps, si elle est libre.

Max
7   Le sport favori de Max est
   a   le basket
   b   le football
   c   la natation.
8   Le soir, il
   a   a beaucoup de devoirs
   b   n'a pas beaucoup de devoirs
   c   a très peu de devoirs.
9   À part le sport, il
   a   joue sur l'ordinateur
   b   lit et regarde la télé
   c   joue de la guitare.

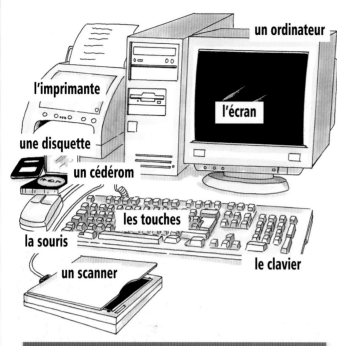

un ordinateur

l'imprimante

l'écran

une disquette

un cédérom

les touches

la souris

le clavier

un scanner

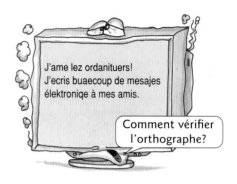

J'ame lez ordanituers!
J'ecris buaecoup de mesajes
élektroniqe à mes amis.

Comment vérifier l'orthographe?

Parts of the computer and accessories

un ordinateur	a computer
le clavier	the keyboard
un ordinateur portable	a laptop computer
les touches (f pl)	the keys
un cédérom	a CD-ROM
la souris	the mouse
une disquette	a floppy disk
un scanner	a scanner
l'écran (m)	the screen
le réseau	the network
l'imprimante (f)	the printer

When working on the computer

la barre d'espacement	the space bar
le clavier numérique	the number keypad
le curseur	the cursor
un fichier	a file
une image	a picture
le menu	the menu
le texteur	the word processor
la touche de retour	the return key
la touche bi-fonction	the alt key
la touche contrôle	the control key
la touche d'effacement	the delete key
la touche de majuscule	the shift key
le tabulateur	the tab key

Je regarde mes e-mails.

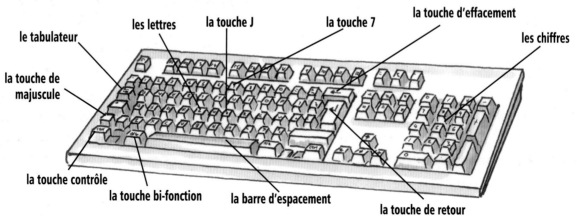

les lettres

la touche J

la touche 7

la touche d'effacement

le tabulateur

les chiffres

la touche de majuscule

la touche contrôle

la touche bi-fonction

la barre d'espacement

la touche de retour

Using the Internet

Tu as Internet?	Do you have the Internet?
visiter un site web	to look at a web site
surfer sur le Net	to surf the Net
une page web	a web page
autonome	off line
en ligne	on line
un navigateur	a browser
un moteur de recherche	search engine
recherche	search
faire une recherche pour …	do a search for …
haut de la page	top of the page
le lien	link

Sending and receiving e-mail

As-tu une adresse e-mail?	Have you got e-mail?
Quelle est ton adresse e-mail?	What's your e-mail address?
Je regarde mes messages électroniques/e-mails.	I look at/I'm looking at my e-mails.
J'écris des e-mails.	I write/I'm writing e-mails.
Je tape des messages.	I type/I'm typing messages.

Talking about ICT as a hobby

jouer sur une console	to play on a games console
On joue aux jeux électroniques/aux jeux vidéo.	We are playing computer games.
utiliser l'ordinateur	to use a computer
J'utilise l'ordinateur.	I am using the computer.
Je suis passionné(e) d'informatique!	I am an ICT fanatic!
Si tu aimes l'informatique, envoie-moi un e-mail.	If you like ICT, send me an e-mail.
Pourquoi ne pas surfer sur le Net et regarder un site végétarien/un site sportif (etc.)?	Why not surf the Net and look at a vegetarian/sport (etc.) site?

Useful verbs for using the computer

allumer l'ordinateur	to switch on the computer
appuyer sur la touche X	to press the X key
cliquer sur la souris	to click on the mouse
connecter	to log on
déconnecter	to log off
déplacer le curseur	to move the cursor
effacer (un mot)	to delete (a word)
fermer un fichier	to close a file
imprimer	to print
marquer le texte	to highlight the text
ouvrir un fichier	to open a file
ouvrir le texteur	to open the word processor
regarder le clavier	to look at the keyboard
regarder l'écran	to look at the screen
retourner au menu	to return to the menu
sauvegarder le fichier	to save the file
taper le texte	to type the text
vérifier l'orthographe	to spell check

Problems

Ça ne marche pas.	It isn't working.
(L'imprimante) ne marche pas.	(The printer) isn't working.
On est tombé en panne.	It's crashed.
Je ne trouve pas mon fichier.	I can't find my file.
Il n'y a pas de papier.	There's no paper.
Le papier est coincé.	The paper has jammed.
Ce n'est pas le bon cédérom.	It's not the right CD-ROM.
Comment déplacer le curseur?	How do you move the cursor?

Vocabulaire par thèmes

This section lists the main topic vocabulary taught in **Encore Tricolore 1**. Topic vocabulary taught in **Encore Tricolore 2** is listed in the *Sommaire* for each unit, as shown below:

Unité 1 (page 17)		**Unité 3 (page 47)**		**Unité 6 (page 93)**	
les magasins	shops	*les matières scolaires*	school subjects	*à la gare*	at the station
les quantités	quantities	*la vie au collège*	school life	*en voyage*	travel in general
la monnaie	money	**Unité 4 (page 63)**		**Unité 7 (page 108)**	
Unité 2 (page 31)		*la famille*	the family	*les vêtements*	clothes
les pays	countries	**Unité 5 (page 79)**		*les descriptions*	descriptions
les transports	means of transport	*les repas*	meals	*la santé*	health
les villes et les villages	towns and villages	*les boissons*	drinks	**Unité 8 (page 119)**	
				on sort	going out

When you look up a noun in a dictionary, you will notice some letters after the word:
'n.m.' tells you that it is a noun and it is masculine (*le* or *un*),
'n.f.' tells you that it is a noun and it is feminine (*la* or *une*).
The nouns on these pages have **m** (masculine) or **f** (feminine) after them and **pl** if they are plural.

en classe	**in school**
baladeur (m)	personal stereo
cahier (m)	exercise book
calculette (f)	calculator
cartable (m)	school bag
carte (f)	card
cassette (vidéo) (f)	(video) cassette
chaise (f)	chair
classeur (m)	file
craie (f)	chalk
feutre (m)	felt tip pen
gomme (f)	rubber
gymnase (m)	gym
laboratoire (m)	lab
lecteur de CD (m)	CD player
magnétophone à cassettes (m)	cassette recorder
magnétoscope (m)	video recorder
ordinateur (m)	computer
règle (f)	ruler
rétroprojecteur (m)	OHP
sac à dos (m)	backpack
sac de sports (m)	sports bag
stylo à bille (m)	ball point pen
table (f)	table
tableau (m)	board
taille-crayon (m)	pencil sharpener
télévision (f)	television
transparent (m)	OHT, acetate
trousse (f)	pencil case

à la maison	**at home**
chambre (f)	bedroom
cuisine (f)	kitchen
fenêtre (f)	window
garage (m)	garage
jardin (m)	garden
lit (m)	bed
porte (f)	door
réfrigérateur (m)	fridge
salle à manger (f)	dining room
salle de bains (f)	bathroom
salon (m)	lounge

la famille	**the family**
beau-frère (m)	brother-in-law
belle-sœur (f)	sister-in-law
cousin(e) (m/f)	cousin
demi-frère (m)	half/step brother
demi-sœur (f)	half/step sister
fille (unique) (f)	(only) daughter
fils (unique) (m)	(only) son
frère (m)	brother
grand-mère (f)	grandmother
grand-père (m)	grandfather
mère (f)	mother
oncle (m)	uncle
père (m)	father
sœur (f)	sister
tante (f)	aunt

les animaux	**animals, pets**
chat (m)	cat
cheval (m)	horse
chien (m)	dog
cochon d'Inde (m)	guinea pig
gerbille (f)	gerbil
hamster (m)	hamster
lapin (m)	rabbit
oiseau (m)	bird
perroquet (m)	parrot
perruche (f)	budgerigar
poisson rouge (m)	goldfish
souris (f)	mouse
tortue (f)	tortoise

le temps	**weather**
il fait beau	it's fine
il fait chaud	it's hot
il fait froid	it's cold
il fait mauvais	it's bad weather
il y a du brouillard	it's foggy
il y a du soleil	it's sunny
il y a du vent	it's windy
il neige	it's snowing
il pleut	it's raining

les saisons	**seasons**
en hiver (m)	in winter
au printemps (m)	in spring
en été (m)	in summer
en automne (m)	in autumn

en ville	**in town**
auberge de jeunesse (f)	youth hostel
banque (f)	bank
camping (m)	campsite
cathédrale (f)	cathedral
centre ville (m)	town centre
collège (m)	comprehensive school
école (f)	school (in general)
église (f)	church
gare (f)	station
hôpital (m)	hospital
hôtel (m)	hotel
hôtel de ville (m)	town hall
marché (m)	market
musée (m)	museum
office de tourisme (m)	tourist office
parc (m)	park
parking (m)	car park
patinoire (f)	skating rink
piscine (f)	swimming pool
place (f)	square
poste (f)	post office
restaurant (m)	restaurant
rue (principale) (f)	(high, main) street
stade (m)	stadium

les sports	**sport**
athlétisme (m)	athletics
badminton (m)	badminton
cricket (m)	cricket
cyclisme (m)	cycling
équitation (f)	horse riding
football (m)	football
golf (m)	golf
gymnastique (f)	gymnastics
planche à voile (f)	wind surfing

roller (m)	roller blading/ skating	**nul**	useless, rubbish	*des boissons*	**drinks**
rugby (m)	rugby	**super** (inv)	great	**café** (m)	coffee
skate (m)	skate boarding	**sympa** (inv)	nice, good	**thé** (m)	tea
ski (m)	skiing	**utile**	useful	**chocolat chaud** (m)	hot chocolate
tennis (m)	tennis	**très**	very	**boissons froides** (f pl)	cold drinks
voile (f)	sailing	**assez**	quite	**eau** (f)	water
VTT (vélo tout terrain) (m)	mountain biking	**un peu**	a bit	**eau minérale** (f)	mineral water
		je suis d'accord	I agree	**limonade** (f)	lemonade
la musique	**music**	**je ne suis pas d'accord**	I disagree	**jus de fruit** (m)	fruit juice
batterie (f)	drums	**je suis pour/contre**	I'm for/against	**lait** (m)	milk
flûte (f)	flute			**coca** (m)	coke
flûte à bec (f)	recorder	*les plats d'un repas*	**courses of a meal**	**vin** (m)	wine
guitare (f)	guitar				
piano (m)	piano	**hors-d'œuvre** (m)	starter	*le petit déjeuner*	**breakfast**
violon (m)	violin	**plat principal** (m)	main course	**pain** (m)	bread
		dessert (m)	sweet/dessert	**croissants** (m pl)	croissants
d'autres loisirs	**other leisure activities**	**fromage** (m)	cheese	**beurre** (m)	butter
		jambon (m)	ham	**confiture** (f)	jam
boum (f)	party	**omelette** (f)	omelette	**confiture d'oranges** (f)	marmalade
concert (m)	concert	**pâté** (m)	pâté	**toasts** (m pl)	toast
aller en discothèque (f)	to go to a disco	**pizza** (f)	pizza	**céréales** (f pl)	cereal
exposition (f)	exhibition	**poisson** (m)	fish	**sucre** (m)	sugar
fête (f)	party , festival	**potage** (m)	soup	**œuf** (m)	egg
fête foraine (f)	funfair	**poulet** (m)	chicken	**œufs au bacon** (m pl)	bacon and egg
feu d'artifice (m)	firework display	**viande** (f)	meat		
faire du dessin	to do drawing			*les couleurs*	**colours**
de la peinture	painting	*des légumes*	**vegetables**	**blanc (blanche)**	white
du théâtre	drama	**carottes** (f pl)	carrots	**bleu**	blue
des photos	to take photos	**champignon** (m)	mushroom	**blond**	blond
jouer à l'ordinateur	to play on the computer	**chou** (m)	cabbage	**brun**	brown
		chou-fleur (m)	cauliflower	**châtain**	(chestnut) brown
aux cartes	cards	**frites** (f pl)	chips	**gris**	grey
aux échecs	chess	**haricots verts** (m pl)	French beans	**jaune**	yellow
aux jeux vidéo	computer games	**petits pois** (m pl)	peas	**marron** (inv)	brown
		pommes de terre (f pl)	potatoes	**noir**	black
aider à la maison	**helping at home**	**salade** (f)	lettuce salad	**orange**	orange
faire les courses	to go shopping	**tomate** (f)	tomato	**rose**	pink
faire la cuisine	to do the cooking			**rouge**	red
faire la lessive	to do the washing	*des fruits*	**fruit**	**roux**	red (hair)
faire la vaisselle	to do the washing up	**banane** (f)	banana	**turquoise**	turquoise
		citron (m)	lemon	**vert**	green
laver la voiture	to wash the car	**fraise** (f)	strawberry	**(bleu) clair** (inv)	light (blue)
mettre la table/ le couvert	to lay the table	**kiwi** (m)	kiwi fruit	**(vert) foncé** (inv)	dark (green)
		melon (m)	melon		
passer l'aspirateur	to vacuum	**orange** (f)	orange	*les fêtes et les vœux*	**festivals and greetings**
travailler dans le jardin	to work in the garden	**pêche** (f)	peach		
		poire (f)	pear	**le jour de l'An**	New Year's Day
à mon avis	**in my opinion**	**pomme** (f)	apple	**la fête du 14 juillet/ la Fête Nationale**	Bastille Day (14th July)
C'est amusant	It's fun	**raisin** (m)	grapes		
difficile	difficult			**Pâques**	Easter
ennuyeux	boring	*des desserts*	**desserts**	**Noël**	Christmas
facile	easy	**gâteau** (m)	cake	**Mardi gras**	Shrove Tuesday
intéressant	interesting	**tarte aux pommes** (f)	apple tart	**Bonne année**	Happy New Year
		yaourt (m)	yoghurt	**Joyeuses Pâques**	Happy Easter
				Joyeux Noël	Happy Christmas

Bon anniversaire	Happy Birthday	**novembre**	November
Bonne fête	Best Wishes on your Saint's Day	**décembre**	December

l'heure	**time**

Il est une heure/deux heures/trois heures …

… moins cinq 11 12 1 *… cinq*
… moins dix 10   2 *… dix*
… moins le quart 9   Quelle heure est-il?   3 *… et quart*
… moins vingt 8   4 *… vingt*
… moins vingt-cinq 7 6 5 *… vingt-cinq*
… et demie

12:00 *Il est midi.*
Il est minuit.

12:30 *Il est midi et demi.*
Il est minuit et demi.

les jours de la semaine	**days of the week**
lundi	Monday
mardi	Tuesday
mercredi	Wednesday
jeudi	Thursday
vendredi	Friday
samedi	Saturday
dimanche	Sunday

les mois de l'année	**months of the year**
janvier	January
février	February
mars	March
avril	April
mai	May
juin	June
juillet	July
août	August
septembre	September
octobre	October

les chiffres	**numbers**
0 **zéro**	
1 **un**	
2 **deux**	
3 **trois**	
4 **quatre**	
5 **cinq**	
6 **six**	
7 **sept**	
8 **huit**	
9 **neuf**	
10 **dix**	
11 **onze**	
12 **douze**	
13 **treize**	
14 **quatorze**	
15 **quinze**	
16 **seize**	
17 **dix-sept**	
18 **dix-huit**	
19 **dix-neuf**	
20 **vingt**	

22	**vingt-deux**
23	**vingt-trois**
30	**trente**
31	**trente et un**
40	**quarante**
41	**quarante et un**
50	**cinquante**
51	**cinquante et un**
60	**soixante**
61	**soixante et un**
70	**soixante-dix**
71	**soixante et onze**
72	**soixante-douze**
80	**quatre-vingts**
81	**quatre-vingt-un**
82	**quatre-vingt-deux**
90	**quatre-vingt-dix**
91	**quatre-vingt-onze**
100	**cent**
200	**deux cents**
250	**deux cent cinquante**

21 **vingt et un** 1000 **mille**

premier (première)	first
deuxième	second
troisième	third
quatrième	fourth
cinquième	fifth
vingtième	twentieth
vingt et unième	twenty-first

le passé	**past**
hier	yesterday
hier matin/	yesterday morning/
après-midi	afternoon
hier soir	last night
dimanche dernier	last Sunday
samedi matin	(on) Saturday morning
la semaine dernière	last week
le week-end dernier	last weekend

le présent	**present**
aujourd'hui	today
ce matin	this morning
en ce moment	at the moment
maintenant	now

l'avenir	**future**
demain	tomorrow
cet après-midi	this afternoon
ce soir	this evening
lundi prochain	next Monday
la semaine prochaine	next week
plus tard	later
bientôt	soon

des conjonctions	**connecting words**
aussi	also
d'abord	first of all
donc	then, so
ensuite	next
et	and
mais	but
ou	or
puis	then
si	if

Tips for learning vocabulary and verbs

- Organise and list words in alphabetical order under topics. You could type these in different files and make an electronic phrase book on a computer.
- Use word shapes and spider diagrams to help you visualise words, e.g. write out weather words as though they are rays of the sun; write clothing words as though they are being worn by a stick figure.
- Write masculine words in one colour and feminine words in a different colour.
- Copy out a list of words in a different order, e.g. starting in the middle – often we learn words at the beginning and end of lists more easily but tend to forget the ones in the middle.
- Copy out words without the vowels. Then try to recognise them, e.g. shops: une *b_ _l_n g_r_ _*, une *l_br_ _r_ _*.
- Learn irregular adjectives and verbs in a phrase, e.g. *Je lis une longue histoire ennuyeuse.*
- Type irregular verbs in an electronic verb table, using the table function of a word processor. Blank out parts of the verb and then see if you can remember the missing parts later.
- Use memory aids, e.g. Mrs van de Tramp (page 86) for remembering which verbs take *être* in the perfect tense.

Tips for understanding French

As you read and hear more French, you will sometimes come across words which you haven't met before. Use these tips to help you understand.

- Look at the title and any pictures. These are often there to help with understanding.
- In a test, read any questions and instructions carefully. They can often give you a clue to the subject matter.
- Use your knowledge of English. Many French words are the same or similar and have the same meaning, e.g. *l'électricité, le gaz* – these are called cognates.
  But be aware that there are a few *faux amis* (false friends). These are words which look the same as an English word, but which have a different meaning, e.g. *le car* (coach), *le pain* (bread), *la veste* (jacket).
- Use the words that you already know to help you guess the meaning, e.g. if you know *vendre* (to sell), you could guess *un vendeur* or *une vendeuse* (sales assistant).
- Look out for **prefixes** (letters added to the beginning of words), e.g.
  re- (adds idea of 'again' or 'back'), e.g. *commencer* (to begin), *recommencer* (to begin again); *venir* (to come), *revenir* (to come back)
  in- (adds idea of 'not'), e.g. *connu* (well known), *inconnu* (unknown); *utile* (useful), *inutile* (useless)
- Look out also for **suffixes** (letters at the end of a word). Often there are similar patterns in English, e.g.

French	English
-ment (*lentement*)	**-ly** (slowly)
-té (*une spécialité*)	**-y** (speciality)
-ie (*la biologie*)	**-y** (biology)
-eur/-euse (*un chanteur*)	**-er** (singer)
-ant (*écoutant*)	**-ing** (listening)
-eux (*délicieux*)	**-ous** (delicious)
-que (*électronique*)	**-ic** (electronic)

- Use your knowledge of grammar.
  - Spot the nouns – look out for *un, une, des, le, la, l', les* in front of the word.
  - Is it singular or plural? Does the word end in *-s* or *-x*? Can you see *les, des, mes* etc.?
  - Try to pick out the verbs – look out for the endings. Are the verbs in the present or perfect tense?
  - Look out for negatives, e.g. *ne ... pas* – they make a vital difference to the meaning!
- If you can't work out the meaning of a word easily, consider whether you need to understand it in order to grasp the general meaning of the text. Often the same thing is said again in a different way. Only a few words are really key to understanding the text. As a last resort, look up the word in the glossary or a dictionary.

Skimming and scanning

It is often a good idea to skim through the whole text to get a general idea of the story or the main points. You might be asked to give an overall impression of something you hear or read. In this case you don't need to understand every word, but you do need to read or listen right to the end before deciding on your answer.

Reading for detail

Sometimes when you are reading, you need to find out certain key pieces of information but you do not need to read through the whole passage. In that case, look quickly through the text until you spot what you need. (You can go back through the rest in more detail later if you want to, but sometimes you don't need to read everything, such as when you are looking something up in an encyclopaedia or on a CD-ROM.)
Here are some tips on what to do:

- Find the important words in the question and try to spot them in the text, e.g.
  Question: *Qu'est-ce que **Marie a perdu**?*
  Extrait du texte:

  *Charlotte a décidé de préparer ses affaires pour les vacances. Soudain, sous son lit, elle a trouvé une montre. «Tiens, **Marie a perdu** sa montre. C'est peut-être ça!»*

  Réponse: *Elle (Marie) a perdu sa **montre**.*
- Sometimes the question gives you a pointer to what you have to look for, e.g.
  Combien? – look for a number
  Où? – look for a place
  Qui? – look for a person.
  Many of these suggestions also apply when you are **listening** to a text.

Using a dictionary or glossary

A dictionary or glossary is useful to check spellings and genders as well as meanings. Here are some points to bear in mind:

- A bilingual dictionary has two parts: French-English, English-French.
- Words are listed in alphabetical order in each part.
- The word at the top of the left hand page (or column) shows the first word on that page and the word at the top of the right hand page (or column) shows the last word listed on that page.
- Compound words or phrases are usually listed under the main word (known as the headword), so *tout le monde* could be listed under *tout* or *monde*.
- The letter **n** after the word shows that it is a **noun**. The letter **m** is used for **masculine** nouns (*un, le*); **f** for **feminine** (*une, la*). Plurals are only shown if they are irregular – often just the ending is shown, e.g. *-x*.
- The letter **v** (or **vtr** or **vi**) shows that the word is a **verb**. Verbs are usually listed under the infinitive. Sometimes the different parts of irregular verbs are shown.
- The letter **a** shows that the word is an **adjective**. Adjectives are listed under the masculine singular form, so to find out the meaning of *blanche*, you would look up *blanc*. If the feminine or plural form is irregular, this is usually shown, although sometimes in a shortened form, e.g. *actif,-ive*.

Understanding and pronouncing words in French

- There are many words which sound almost the same in English and in French and have the same meaning:
  la classe (class), *le film* (film), *le groupe* (group), *le week-end* (weekend).
  However, in French, each syllable of a word is normally stressed equally, whereas in English, there is often a stronger emphasis on one syllable:
  l'animal (animal), *une catastrophe* (catastrophe), *la direction* (direction), *la table* (table), *impossible* (impossible).
- Other words look the same, but they are pronounced differently. If you know something about French sounds, it will help you to understand spoken French and to speak French better.

General points

- You rarely hear a consonant if it is the last letter of a French word:
  l'art, un camp, le concert, content, le riz, le sport.
- If you do hear a consonant, then it is probably followed by the letter *-e*:
  une liste, une rose, la salade, la tente, un vase.
- You rarely hear the final *-s* in a plural word:
  des melons, des sandwichs, des tables, des trains
  But if the following word begins with a vowel, there may be a 'z' sound. This is called a liaison.
  mes‿amis; les‿enfants; des‿oiseaux; ses‿insectes
- The letters *-cial, -ciel, -tiel* (which often come at the end of a word) have a softer 'hissing' sound:
  spécial, officiel, essentiel.
- The endings *-sion* and *-tion* sound like 'see-on':
  la destination, l'excursion, la solution.

French sounds

As you read through these notes, say the sentences and words to practise the different sounds.
- The letter *c* is soft before *e* and *i* and if it has a cedilla (*ç*).
  Cent cinquante citrons descendent du ciel.
- When the letter *c* (without a cedilla) is followed by *a, o* or *u*, it is pronounced like a 'k'.
  Le curé compte les cartes dans un coin de la cathédrale.

> When is a cedilla like a diver?

> When it's under the c (sea).

- The letters *ch* have a softer sound in French, like *sh* as in 'shoe'.
  Charles cherche le chat dans la chambre du château.
- The letters *é, -et, -er* and *-ez* are all pronounced like an 'ay' sound, as in 'play'.

Pépé et son bébé ont préféré le papier et les jouets au café.
- The letter *g* is like *c* – it is soft (like the *j* in *jouer*) before *e, i* and *y*.
  Le gentil général fait de la gymnastique dans le gîte. C'est génial!
- When the letter *g* is followed by *a, o* and *u*, it is a hard sound like the 'g' in 'goggles'.
  Le garçon du guichet à la gare gagne un gâteau pour le goûter.
  Here's a rhyme to help you remember the rule:

> Soft is c
> before i and e,
> and so is g.

- The letter *h* is not normally pronounced in French.
  Henri, le héros heureux, arrive à l'hôpital à huit heures.
- The letter *i* is pronounced like an 'ee' sound, as in 'speed'.
  En visite ici, Fifi dit mille fois merci.
- The letter *j* is soft in French.
  Jonathan et Julie jouent au judo.
- The letters *qu* are pronounced like a 'k' sound, as in 'kind'.
  Quinze cuisiniers qualifiés quittent le quartier.
- The letters *th* are pronounced like 't', as in 'time'.
  Thierry prend du thé et parle à la télé de ses théories.
- The letter *r* is pronounced much more strongly in French. It is produced at the back of the throat by producing a vibrating sound.
  Roland, le rat, refuse de rendre la rose rouge.
- The letter *u* on its own or between consonants is a very special sound in French. Say it with rounded lips (as though you are going to whistle).
  Dans la rue, Hercule a vu la statue d'une tortue.
- It is different from the sound of the letters *ou*, which is like 'oo', as in 'boot'.
  En août, tout le groupe joue aux boules sur la pelouse à Toulouse.

Nasal vowels

When a vowel (*a, e, i, o, u*) is followed by *m* or *n*, the vowel is pronounced slightly differently. These are called 'nasal vowels' and there are four different sounds:
- *-am, -an, -em, -en*
  Cent enfants chantent en même temps.
- *-im, -in, -ain*
  Cinq trains américains apportent du vin au magasin.
- *-on*
  Le cochon de mon oncle Léon adore le melon.
- *-um, -un*
  J'adore le parfum brun de Verdun.

You can practise French sounds and pronunciation with the help of the recordings and copymasters called *Écoute et parle*.

1 Nouns and articles

A noun is the name of someone or something or the word for a thing, e.g. Melanie, Mr. James, a book, a pen, work.

The definite article is the word for 'the' (*le*, *la* , *l'*, *les*) used with a noun, when referring to a particular person or thing.

The indefinite article is the word for 'a', 'an', 'some' (*un*, *une*, *des*) used with a noun.

In French, the article indicates whether the noun is masculine (*le*, *un*), feminine (*la*, *une*) or plural (*les*, *des*). Articles are often missed out in English, but not in French.

1.1 Masculine and feminine

All nouns in French are either masculine or feminine.

masculine singular	feminine singular
le garçon *un* village	*la* fille *une* ville
before a vowel *l'*appartement	before a vowel *l'*épicerie

Nouns which refer to people often have a special feminine form, which usually ends in -e.

masculine	feminine
un ami un Français un client	une ami**e** une Français**e** une client**e**

But sometimes there is no special feminine form.

un touriste un élève un enfant	une touriste une élève une enfant

1.2 Is it masculine or feminine?

Sometimes the ending of a word can give you a clue as to whether it's masculine or feminine. Here are some guidelines:

endings normally masculine	exceptions	endings normally feminine	exceptions
-age -aire -é -eau -eur -ier -in -ing -isme -ment -o	une image l'eau (f) la fin la météo	-ade -ance -ation -ée -ère -erie -ette -que -rice -sse -ure	 un lycée un squelette le plastique un moustique un kiosque le dentifrice

1.3 Singular and plural

Nouns can be singular (referring to just one thing or person) or plural (referring to more than one thing or person):

un chien   *des chiens*

Most nouns form the plural by adding an -s. This is not usually sounded, so the word may sound the same when you hear or say it.

The words *le*, *la* and *l'* become *les* in the plural and this does sound different. The words *un* and *une* become *des*.

singular	plural
le chat la maison l'ami un livre une table	les chats les maisons les amis des livres des tables

A few words have a plural ending in -x. This is not sounded either.

un cadeau un oiseau un jeu un chou	des cadeau**x** des oiseau**x** des jeu**x** des chou**x**

Nouns which already end in -s, -x or -z don't change in the plural.

un repas le prix	des repas les prix

1.4 Some or any (the partitive article)

The word for 'some' or 'any' changes according to the noun it is used with.

singular			plural
masculine	feminine	before a vowel	(all forms)
du pain	de la viande	de l'eau	des poires

1.5 Ce, cet, cette, ces

The different forms of *ce* are used instead of *le*, *l'*, *la*, *les* when you want to point out a particular thing or person:

singular			plural
masculine	before a vowel (masculine only)	feminine	(all forms)
ce chapeau	cet appareil	cette jupe	ces chaussures

Ce, *cet* or *cette* before a singular noun can mean either 'this' or 'that'.
Ce livre n'est pas cher. This (That) book isn't expensive.
Cette carte postale est jolie. This (That) postcard is pretty.
Ces before a plural noun can mean either 'these' or 'those'.
Ces chaussures sont confortables. These (Those) shoes are comfortable.

2 Adjectives

An adjective is a word which tells you more about a noun.
In French, adjectives agree with the noun, which means that they are masculine, feminine, singular or plural to match the noun.
Look at the patterns in the tables below to see how adjectives agree.

2.1 Regular adjectives

singular		plural	
masculine	feminine	masculine	feminine

Many adjectives follow this pattern:

grand intelligent petit	grande intelligente petite	grands intelligents petits	grandes intelligentes petites

Adjectives which end in -u, -i or -é follow this pattern, but although the spelling changes, they don't sound any different when you say them:

bleu joli	bleue jolie	bleus jolis	bleues jolies

Adjectives which already end in -e (with no accent) have no different feminine form:

jaune	jaune	jaunes	jaunes
mince	mince	minces	minces

Adjectives which already end in -s have no different masculine plural form:

français	française	français	françaises

Adjectives which end in -er follow this pattern:

cher	chère	chers	chères

Adjectives which end in -eux follow this pattern:

délicieux	délicieuse	délicieux	délicieuses

Some adjectives double the last letter before adding an -e for the feminine form:

mignon	mignonne	mignons	mignonnes
gros	grosse	gros	grosses
bon	bonne	bons	bonnes

2.2 Irregular adjectives

Many common adjectives are irregular, and you need to learn each one separately. Here are two common ones:

blanc	blanche	blancs	blanches
long	longue	longs	longues

A few adjectives do not change at all:

marron	marron	marron	marron

Words like this are known as 'invariable'.

2.3 Position of adjectives

Adjectives normally follow the noun.

Je lis un livre très intéressant.	I'm reading a very interesting book.

All colours, and adjectives describing nationality, follow the noun.

Regarde ce pull noir.	Look at this black jumper.
C'est un film français ou américain?	Is it a French or American film?

However, some common adjectives go before the noun. The most common ones are:

grand, petit, bon, mauvais, beau, jeune, vieux, joli, gros, premier, court, long, haut.

C'est un petit chat noir.	It's a small black cat.
Il prend le premier train pour Paris.	He's taking the first train for Paris.

2.4 Comparisons

To compare one person or thing with another, you use plus (more), moins (less) or aussi (as) before the adjective.

Il est plus / moins / aussi grand que mon père. He is taller than / not as tall as / as tall as my father.

You need to make the adjective agree in the usual way.

Jean-Luc est plus âgé que Nicole.	Jean-Luc is older than Nicole.
Nicole est plus âgée que Robert.	Nicole is older than Robert.
Jean-Luc et Nicole sont plus âgés que Robert.	Jean-Luc and Nicole are older than Robert.

3 Possession

3.1 Possessive adjectives

Possessive adjectives are words like 'my', 'your', 'his', 'her', 'its', 'our', 'their'. They show who something belongs to. In French the possessive adjective agrees with the noun that follows (the possession) and not with the owner. Be careful when using son, sa and ses. Sa mère can mean his mother, her mother or its mother, depending on the context.

	singular			plural
	masculine	**feminine**	**before a vowel**	**(all forms)**
my	mon	ma	mon	mes
your	ton	ta	ton	tes
his/her/its	son	sa	son	ses
our	notre	notre	notre	nos
your	votre	votre	votre	vos
their	leur	leur	leur	leurs

Son, sa, ses can mean 'his', 'her' or 'its'. The meaning is usually clear from the context.

Paul mange son déjeuner.	Paul is eating his lunch.
Marie mange son déjeuner.	Marie is eating her lunch.
Le chien mange son déjeuner.	The dog is eating its lunch.

Before a feminine noun beginning with a vowel, you use mon, ton or son:

Mon amie s'appelle Nicole.	My (girl)friend is called Nicole.
Où habite ton amie Anne?	Where does your friend Anne live?
Son école est fermée aujourd'hui.	His/Her school is closed today.

3.2 de + noun

There is no use of apostrophe 's' in French, so to say Lucie's bag or Marc's book, you have to use de + the name of the owner.

C'est le sac de Lucie.	It's Lucie's bag.
C'est le cahier de Marc.	It's Marc's exercise book.

If you don't use a person's name, you have to use the correct form of de.

C'est le livre du professeur.	It's the teacher's book.
C'est la voiture de la famille française.	It's the French family's car.
Il est dans la salle des profs.	He is in the staffroom.

3.3 à + name

Another way of saying who something belongs to is to use à + the name of the owner or an emphatic pronoun (moi, toi etc.)

C'est à qui, ce livre?	Whose book is this?
C'est à toi?	Is it yours?
Non, c'est à Jean-Pierre.	No, it's Jean-Pierre's.
Ah oui, c'est à moi.	Oh yes, it's mine.

4 Pronouns

A pronoun (e.g. 'he', 'she', 'it') is used in place of a noun.

4.1 Subject pronouns

These are used to replace a noun which is the subject of the verb, (the person doing the action).

Claire n'est pas à la maison.	Claire isn't at home.
Elle est au cinéma.	She's at the cinema.
Son père est coiffeur.	His father is a hairdresser.
Il travaille en ville.	He works in town.

4.2 Object pronouns

These pronouns replace a noun, or a phrase containing a noun which is not the subject of the verb.

– Tu prends **ton vélo**?	Are you taking your bike?
– Oui, je **le** prends.	Yes, I'm taking it.
– Vous prenez **votre écharpe**?	Are you taking your scarf?
– Oui, je **la** prends.	Yes, I'm taking it.
– N'oubliez pas **vos gants**!	Don't forget your gloves!
– Ça va, je **les** porte.	It's OK, I'm wearing them.
– Tu as vu **Philippe** en ville?	Did you see Philippe in town?
– Oui, je **l'**ai vu au café.	Yes, I saw him in the café.

Le, la (or l') can mean 'it', 'him' or 'her'. Les means 'them'.
They are used a lot in conversation and save you having to repeat a noun or phrase. The pronoun goes immediately before the verb, even when the sentence is a question or in the negative.

– Tu **le** vois?	Can you see him?
– Non, je ne **le** vois pas.	No, I can't see him.

If a verb is used with an infinitive, the pronoun goes before the infinitive.
*Quand est-ce que vous allez **les** voir?* When are you going to see them?
*Elle veut **l'**acheter tout de suite.* She wants to buy it straightaway.
In the perfect tense, the object pronoun goes before the auxiliary verb (*avoir* or *être*).
*C'est un bon film. Tu **l'**as vu?* It's a good film. Have you seen it?
These pronouns can also be used with *voici* and *voilà*.
– *Tu as **ta carte**?* Have you got your ticket?
– ***La** voilà.* Here it is.
– *Vous avez **votre billet**?* Have you got your ticket?
– ***Le** voilà.* Here it is.
– *Où sont **Philippe et Monique**?* Where are Philippe and Monique?
– ***Les** voilà.* There they are.

4.3 Qui
When talking about people, *qui* means 'who'.
*Voici l'infirmière **qui** travaille à la clinique à La Rochelle.*
Here's the nurse who works in the clinic in La Rochelle.
When talking about things or places, *qui* means 'which' or 'that'.
*C'est une ville française **qui** est très célèbre.*
It's a French town which is very famous.
It links two parts of a sentence together, or joins two short sentences into a longer one. It can never be shortened before a vowel.

5 Prepositions

A preposition is a word like 'to', 'at' or 'from'. It often tells you where a person or thing is located.

5.1 à (to, at)

The word *à* can mean 'to' or 'at'. When it is used with *le, la, l'* and *les* to mean 'to the …' or 'at the …', it takes the following forms:

singular			plural
masculine	feminine	before a vowel	(all forms)
au parc	à la piscine	à l'épicerie à l'hôtel	aux magasins

On va au parc? Shall we go to the park?
Luc va à la piscine. Luc is going to the pool.
Ma mère va à l'hôtel. My mother's going to the hotel.
Moi, je vais aux magasins. I'm going to the shops.
The word *à* can be used on its own with nouns which do not have an article (*le, la, les*):
Il va à Paris. He is going to Paris.

5.2 de (of, from)

The word *de* can mean 'of' or 'from'. When it is used with *le, la, l'* and *les* to mean 'of the …' or 'from the …', it takes the same forms as when it means 'some' or 'any' (see section **1.4**):

singular			plural
masculine	feminine	before a vowel	(all forms)
du parc	de la piscine	de l'épicerie de l'hôtel	des magasins

The word *de* is often used together with other words, e.g. *en face de* (opposite), *à côté de* (next to), *près de* (near).
La poste est en face des magasins.
The post office is opposite the shops.
La banque est à côté de l'hôtel.
The bank is next to the hotel.
La piscine est près du camping.
The swimming pool is near the campsite.
The word *de* can be used on its own with nouns which do not have an article (*le, la, les*):
Il arrive de Paris aujourd'hui. He is arriving from Paris today.

5.3 en (by, in, to, made of)

En is used with most means of transport:
en autobus by bus
en voiture by car
You use *en* with dates, months and seasons (except *le printemps*)
en 1900 in 1900
en janvier in January
en hiver in Winter (but *au printemps* – in Spring)

5.4 Other prepositions
à côté de	beside	entre	between
dans	in	loin de	far from
derrière	behind	près de	near to
devant	in front of	sur	on
en face de	opposite	sous	underneath, below

La poste est à côté de la banque.
The post office is next to the bank.
La piscine est en face du parc.
The pool is opposite the park.
L'auberge de jeunesse est assez loin de la gare.
The youth hostel is quite a long way from the station.
Mon village est près de Dieppe.
My village is near Dieppe.

5.5 Prepositions with countries and towns
You use *à* (or *au*) with names of towns.
Je vais à Paris. I go to Paris.
Je passe mes vacances au Havre. I'm spending the holidays in Le Havre.
You use *en* (or *au* or *aux*) with names of countries.
*Elle va en France. (**la** France)* She goes to France.
*Il passe ses vacances au Canada. (**le** Canada)* He spends his holidays in Canada.
*Je vais aux États-Unis en avion. (**les** États-Unis)* I'm flying to the USA.
To say which country someone or something comes from, you use *de la* or *de l'* for feminine countries, *du* for masculine ones and *des* for plural ones.
*Je viens de la Belgique. (**la** Belgique)* I come from Belgium.
*Ils viennent du Canada. (**le** Canada)* They're from Canada.
*Nous venons de l'Angleterre. (**l'**Angleterre)* We're from England.
*Elle vient des États-Unis. (**les** États-Unis)* She's from the USA.

6 The negative

6.1 ne ... pas

To say what is **not** happening or **didn't** happen (in other words to make a sentence negative), you put *ne* (*n'* before a vowel) and *pas* round the verb.
*Je **ne** joue **pas** au badminton.* I don't play badminton.
*Il **n'**aime **pas** le football.* He doesn't like football.
*Elle **ne** mange **pas** de viande.* She doesn't eat meat.
In reflexive verbs, the *ne* goes before the reflexive pronoun.
*Il **ne** se lève **pas**.* He's not getting up.
To tell someone not to do something, put *ne* and *pas* round the command.
*N'oublie **pas** ton argent.* Don't forget your money.
*Ne regardez **pas**!* Don't look!
If two verbs are used together, *ne* and *pas* usually go round the first verb.
*Je **ne** veux **pas** faire ça.* I don't want to do that.
*Nous **ne** pouvons **pas** partir ce soir.* We can't leave this evening.
In the perfect tense, *ne* and *pas* go round the auxiliary verb.
*Elle **n'**a **pas** vu le film.* She didn't see the film.
Remember to use *de* after the negative instead of *du, de la, des, un* or *une* (except with the verb *être*):
– *Avez-vous du lait?* Have you any milk?
– *Non, je **ne** vends **pas** de lait.* No, I don't sell milk.

6.2 Other negative expressions

Ne ... plus means 'no more', 'no longer' or 'none left'. This works in the same way as *ne ... pas*.

Je **n**'ai **plus** d'argent.	I have no money left.
Il **n**'y a **plus** de lait.	There's no more milk.

7 Questions

7.1 Question words

Qui est-ce?	Who is it?
Quand arrivez-vous?	When are you arriving?
Comment est-il?	What is it/he like?
Comment ça va?	How are you?
Il y a combien d'élèves dans votre classe?	
	How many pupils are there in your class?
Qu'est-ce que c'est?	What is it?
C'est à quelle heure, le concert?	What time is the concert?
Où est le chat?	Where's the cat?
Qu'est-ce qu'il y a à la télé?	What's on TV?
De quelle couleur est ton sac?	What colour is your bag?
Quel temps fait-il?	What's the weather like?
Pourquoi?	Why?

7.2 Asking questions

There are several ways of asking a question in French.

- You can just raise your voice in a questioning way:
  Tu as des frères et des sœurs?
  Do you have brothers and sisters?

- You can add *Est-ce que* to the beginning of the sentence:
  Est-ce que tu as un animal? Do you have a pet?

- You can turn the verb around:
  Allez-vous à la piscine? Are you going to the pool?
  Jouez-vous au badminton? Do you play badminton?
  Notice that if the verb ends in a vowel in the third person you have to add -*t*- when you turn it round:
  Joue-t-il au football? Does he play football?
  Lucie, a-t-elle ton adresse? Has Lucy got your address?
  In the perfect tense you only turn the auxiliary verb round:
  Avez-vous vu le film au cinéma Rex? Have you seen the film at the Rex cinema?
  As-tu écrit à Paul? Have you written to Paul?
  Jean et Pierre, sont-ils allés au match hier? Did Jean and Pierre go to the match yesterday?
  Sophie, a-t-elle téléphoné à Nicole? Did Sophie 'phone Nicole?

- You can use *Qu'est-ce que (qu')* ...? meaning 'What ...?'.
  Qu'est-ce qu'il fait? What is he doing?
  Qu'est-ce que tu prends comme petit déjeuner?
  What do you have for breakfast?
  Qu'est-ce que tu aimes comme musique?
  What kind of music do you like?

- You can use a question word, e.g.
Qui?	Who?
Où?	Where?
Quand?	When?
Pourquoi?	Why?

7.3 *Pourquoi? Parce que ...*

The question *Pourquoi?* (Why?) is often answered by the phrase *parce que (qu')* ... (because).

Tu n'aimes pas l'anglais. Pourquoi?	You don't like English. Why?
Parce que c'est ennuyeux.	Because it's boring.
Parce que le prof est très sévère.	Because the teacher is very strict.
Ton frère ne va pas au match. Pourquoi?	Your brother isn't going to the match. Why?
Parce qu'il a beaucoup de travail.	Because he has a lot of work.

8 Conjunctions

Conjunctions link two parts of a sentence and enable you to write more complex sentences.

et	and
mais	but
ou	or
parce que (qu')	because
où	where
quand	when
comme	as

Quand nous n'avons pas école, ma sœur reste au lit jusqu'à onze heures ou même midi.
When we don't have school, my sister stays in bed until 11.00 or even midday.
Moi, je mange bien et je bois du lait. I eat well and I drink milk.
Mon frère ne mange pas de légumes, mais il adore le chocolat et les gâteaux.
My brother doesn't eat vegetables, but he loves chocolate and cakes.
Comme il n'est pas végétarien, ma mère est contente.
As he's not a vegetarian, my mother is happy.
La banque, où mon père travaille, est près d'ici.
The bank, where my father works, is near here.

9 Adverbs

Adverbs are words which add more meaning to verbs. They usually tell you how, when, how often or where something happened or how much something is done.

There are different kinds of adverbs:

Adverbs of time:

aujourd'hui	today
ce matin	this morning
bientôt	soon

Adverbs of frequency:

de temps en temps	from time to time
normalement	normally
quelquefois	sometimes
souvent	often

Adverbs of place:

ici	here
là-bas	over there
loin	far
près	near

Adverbs of manner:

bien	well
lentement	slowly
mal	badly
vite	quickly

Adverbs of degree:

These are sometimes called qualifiers or intensifiers and tell you more about another adverb.

assez	quite
plus	more
très	very

*Je joue **assez souvent** au tennis.* I play tennis **quite often**.
*Parlez **plus lentement**, s'il vous plaît.* Speak **more slowly**, please.
*Il fait **très froid** ici en hiver, et de temps en temps, il neige.*
It's **very cold** here in winter, and from time to time it snows.

10 Verbs

Most verbs describe what people or things are doing or what is happening.

Je regarde un film.	I am watching a film.
Je passe le week-end chez ma grand-mère.	I'm spending the week-end at my grandmother's.

If you look up a verb in a dictionary, it will be listed under the infinitive, e.g. *jouer* – to play. From the infinitive you have to choose the correct form to go with the **person** you are talking about.

Je joue au tennis.	I play tennis.
Nous jouons au basket.	We play basketball.
Ils jouent aux cartes.	They are playing cards.

The **tense** of the verb tells you when something is happening. Each verb has several tenses. In this book, the present tense and the perfect tense are used.

10.1 The present tense

The present tense describes what is happening now, at the present time or what happens regularly.

Je travaille ce matin.	I am working this morning.
Elle joue au tennis le samedi.	She plays tennis on Saturdays.
Il vend des glaces aussi.	He does sell ice cream as well.

There are three main types of regular verbs in French. They are grouped according to the last two letters of the infinitive:
-*er* verbs, e.g. *jouer* – to play
-*re* verbs, e.g. *vendre* – to sell
-*ir* verbs, e.g. *choisir* – to choose.
However, many common French verbs are irregular. The regular and irregular verbs are listed in *Les verbes*, section **12**.

10.2 Reflexive verbs

Reflexive verbs are listed in a dictionary with the pronoun *se* in front of the infinitive, e.g. *se lever*. The *se* means 'self' and you use these when you want to talk about something you are doing to yourself, such as washing or getting dressed.
Many reflexive verbs are regular -*er* verbs:
se laver – to wash (oneself) (see section **12.4**)
Other common reflexive verbs:

s'amuser	to enjoy oneself
se coucher	to go to bed
se dépêcher	to hurry
s'habiller	to get dressed
se lever	to get up
se réveiller	to wake up

10.3 Imperative

To tell someone to do something, you use the imperative or command form.

Attends!	Wait! (to someone you call *tu*)
Regardez ça!	Look at that! (to people you call *vous*)

It is often used in the negative.

Ne fais pas ça!	Don't do that!
N'effacez pas … !	Don't rub out … !

To suggest doing something, use the imperative form of *nous*.

Allons au cinéma!	Let's go to the cinema!

It is very easy to form the imperative: in most cases you just leave out *tu*, *vous* or *nous* and use the verb by itself. With -*er* verbs, you take the final -*s* off the *tu* form of the verb. (See *Les verbes*, section **12**, for all the regular and irregular forms).

10.4 The perfect tense

The perfect tense is used to describe what happened in the past, an action which is completed and is not happening now.
It is made up of two parts: an auxiliary (helping) verb (either *avoir* or *être*) and a past participle.

Samedi, j'ai chanté à un concert.	On Saturday, I sang in a concert.
Hier, ils sont allés à La Rochelle.	Yesterday, they went to La Rochelle.

Regular verbs form the past participle as follows:
-*er* verbs change to -*é*, e.g. *travailler* becomes *travaillé*
-*re* verbs change to -*u*, e.g. *attendre* becomes *attendu*
-*ir* verbs change to -*i*, e.g. *finir* becomes *fini*.
Many verbs have irregular past participles. These are listed in *Les verbes*, section **12**.

10.5 *Avoir* as the auxiliary verb

Most verbs form the perfect tense with *avoir*. With *avoir*, the past participle doesn't change to agree with the subject (the person doing the action). (See section **12.5** for the present tense of *avoir*.)

10.6 *Être* as the auxiliary verb

About 16 verbs, mostly verbs of movement like *aller* and *partir*, form the perfect tense with *être* as their auxiliary. Some compounds of these verbs (e.g. **re**venir and **r**entrer) and all reflexive verbs also form the perfect tense with *être*. (See section **12.5** for the present tense of *être*.)
Here are three ways to help you remember which verbs use *être*:

1 Learn them in pairs of opposites according to their meaning. Here are 10 of them in pairs:

aller	to go (*je suis allé*)
venir	to come (*je suis venu*)
entrer	to go in (*je suis entré*)
sortir	to go out (*je suis sorti*)
arriver	to arrive (*je suis arrivé*)
partir	to leave, to depart (*je suis parti*)
descendre	to go down (*je suis descendu*)
monter	to go up (*je suis monté*)
rester	to stay, to remain (*je suis resté*)
tomber	to fall (*je suis tombé*)

and one odd one:

retourner	to return (*je suis retourné*) *

Here is one more pair of opposites

naître	to be born (*il est né*)
mourir	to die (*il est mort*)

* *revenir* (like *venir*) and *rentrer* (like *entrer*) can often be used instead of this verb.

2 Each letter in the phrase 'Mrs van de Tramp' stands for a different verb. Can you work them out?

3 If you have a visual memory, this picture may help you:

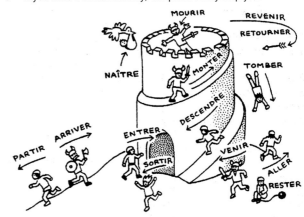

When you form the perfect tense with *être*, the past participle agrees with the subject of the verb (the person doing the action). This means that you need to add an extra -*e* if the subject is feminine, and to add an extra -*s*, if the subject is plural (more than one). Often the past participle doesn't actually sound any different when you hear it or say it.

je suis allé(e)	*nous sommes allé(e)s*
tu es allé(e)	*vous êtes allé(e)(s)*
il est allé	*ils sont allés*
elle est allée	*elles sont allées*
on est allé	

11 Verbs – some special uses

11.1 Verb + infinitive

Some verbs are nearly always used with the infinitive of another verb, e.g. *pouvoir*, *vouloir* and *savoir*.

Est-ce que je peux vous aider?	Can I help you?
Voulez-vous jouer au tennis?	Do you want to play tennis?

11.2 *aller* + infinitive

You can use the present tense of the verb *aller* followed by an infinitive to talk about the future and describe what you are going to do.

Qu'est-ce que vous allez faire ce week-end?	What are you going to do this weekend?
Je vais passer le week-end à Paris.	I'm going to spend the weekend in Paris

11.3 Uses of *avoir*

In French, *avoir* is used for certain expressions where the verb 'to be' is used in English:

J'ai quatorze ans.	I'm fourteen.
Tu as quel âge?	How old are you?
Il a froid.	He's cold.
Elle a chaud.	She's hot.
Nous avons faim.	We're hungry.
Vous avez soif?	Are you thirsty?
Ils ont mal aux dents.	They've got toothache.
Elles ont peur.	They're afraid.

11.4 Uses of *faire*

The verb *faire* is used with weather phrases.

Il fait beau.	The weather's fine.
Il fait mauvais.	The weather's bad.
Il fait chaud.	It's hot.
Il fait froid.	It's cold.

It is also used to describe some activities and sports.

faire des courses	to go shopping
faire du vélo	to go cycling
faire de la voile	to go sailing
faire de l'équitation	to go horse-riding
faire de la gymnastique	to do gymnastics

12 Les verbes

infinitive imperative!	present	perfect
jouer	*je joue*	*j'ai joué*
to play	*tu joues*	*tu as joué*
	il/elle/on joue	*il/elle/on a joué*
joue!	*nous jouons*	*nous avons joué*
jouons!	*vous jouez*	*vous avez joué*
jouez!	*ils/elles jouent*	*ils/elles ont joué*

Some verbs are only slightly different, e.g. *acheter* and *préférer* (watch the accents!):

acheter	*j'achète*	*j'ai acheté*
to buy	*tu achètes*	*etc.*
	il/elle/on achète	
achète!	*nous achetons*	
achetons!	*vous achetez*	
achetez!	*ils/elles achètent*	
préférer	*je préfère*	*j'ai préféré*
to prefer	*tu préfères*	*etc.*
	il/elle/on préfère	
préfère!	*nous préférons*	
préférons!	*vous préférez*	
préférez!	*ils/elles préfèrent*	

Verbs like *manger*, *ranger* and *partager* have an extra -e- in the *nous* form of the present tense:

manger	*je mange*	*j'ai mangé*
to eat	*tu manges*	*etc.*
	il/elle/on mange	
mange!	*nous mangeons*	
mangeons!	*vous mangez*	
mangez!	*ils/elles mangent*	

12.2 Regular -re verbs

vendre	*je vends*	*j'ai vendu*
to sell	*tu vends*	*tu as vendu*
	il/elle/on vend	*il/elle/on a vendu*
vends!	*nous vendons*	*nous avons vendu*
vendons!	*vous vendez*	*vous avez vendu*
vendez!	*ils/elles vendent*	*ils/elles ont vendu*

12.3 Regular -ir verbs

finir	*je finis*	*j'ai fini*
to finish	*tu finis*	*tu as fini*
	il/elle/on finit	*il/elle/on a fini*
finis!	*nous finissons*	*nous avons fini*
finissons!	*vous finissez*	*vous avez fini*
finissez!	*ils/elles finissent*	*ils/elles ont fini*

12.4 Reflexive verbs

se laver	*je me lave*	*je me suis lavé(e)*
to wash	*tu te laves*	*tu t'es lavé(e)*
(oneself)	*il se lave*	*il s'est lavé*
	elle se lave	*elle s'est lavée*
	on se lave	*on s'est lavé*
	nous nous lavons	*nous nous sommes lavé(e)s*
lave-toi!	*vous vous lavez*	*vous vous êtes lavé(e)(s)*
lavons-nous!	*ils se lavent*	*ils se sont lavés*
lavez-vous!	*elles se lavent*	*elles se sont lavées*

12.5 Irregular verbs

In the following verbs the *il* form is used. The *elle* and *on* forms follow the same pattern unless shown separately. The same applies to *ils* and *elles*.

infinitive imperative!	present	perfect
aller	*je vais*	*je suis allé(e)*
to go	*tu vas*	*tu es allé(e)*
	il va	*il est allé*
		elle est allée
va!	*nous allons*	*nous sommes allé(e)s*
allons!	*vous allez*	*vous êtes allé(e)(s)*
allez!	*ils vont*	*ils sont allés*
		elles sont allées
apprendre	see **prendre**	
to learn		
avoir	*j'ai*	*j'ai eu*
to have	*tu as*	*tu as eu*
	il a	*il a eu*
aie!	*nous avons*	*nous avons eu*
ayons!	*vous avez*	*vous avez eu*
ayez!	*ils ont*	*ils ont eu*
boire	*je bois*	*j'ai bu*
to drink	*tu bois*	*tu as bu*
	il boit	*il a bu*
bois!	*nous buvons*	*nous avons bu*
buvons!	*vous buvez*	*vous avez bu*
buvez!	*ils boivent*	*ils ont bu*
comprendre	see **prendre**	
to understand		

infinitive imperative!	present	perfect
devoir	je dois	j'ai dû
to have to,	tu dois	tu as dû
'must'	il doit	il a dû
	nous devons	nous avons dû
	vous devez	vous avez dû
	ils doivent	ils ont dû
dire	je dis	j'ai dit
to say	tu dis	tu as dit
	il dit	il a dit
dis!	nous disons	nous avons dit
disons!	vous dites	vous avez dit
dites!	ils disent	ils ont dit
dormir	je dors	j'ai dormi
to sleep	tu dors	tu as dormi
	il dort	il a dormi
dors!	nous dormons	nous avons dormi
dormons!	vous dormez	vous avez dormi
dormez!	ils dorment	ils ont dormi
écrire	j'écris	j'ai écrit
to write	tu écris	tu as écrit
	il écrit	il a écrit
écris!	nous écrivons	nous avons écrit
écrivons!	vous écrivez	vous avez écrit
écrivez	ils écrivent	ils ont écrit
être	je suis	j'ai été
to be	tu es	tu as été
	il est	il a été
sois!	nous sommes	nous avons été
soyons!	vous êtes	vous avez été
soyez!	ils sont	ils ont été
faire	je fais	j'ai fait
to do, make	tu fais	tu as fait
	il fait	il a fait
fais!	nous faisons	nous avons fait
faisons!	vous faites	vous avez fait
faites!	ils font	ils ont fait
lire	je lis	j'ai lu
to read	tu lis	tu as lu
	il lit	il a lu
lis!	nous lisons	nous avons lu
lisons!	vous lisez	vous avez lu
lisez!	ils lisent	ils ont lu
mettre	je mets	j'ai mis
to put (on)	tu mets	tu as mis
	il met	il a mis
mets!	nous mettons	nous avons mis
mettons!	vous mettez	vous avez mis
mettez!	ils mettent	ils ont mis
ouvrir	j'ouvre	j'ai ouvert
to open	tu ouvres	tu as ouvert
	il ouvre	il a ouvert
ouvre!	nous ouvrons	nous avons ouvert
ouvrons!	vous ouvrez	vous avez ouvert
ouvrez!	ils ouvrent	ils ont ouvert
partir	je pars	je suis parti(e)
to leave	tu pars	tu es parti(e)
	il part	il est parti
		elle est partie
	nous partons	nous sommes parti(e)s
pars!	vous partez	vous êtes parti(e)(s)
partons!	ils partent	ils sont partis
partez!		elles sont parties

infinitive imperative!	present	perfect
pouvoir	je peux	j'ai pu
to be able,	tu peux	tu as pu
'can'	il peut	il a pu
	nous pouvons	nous avons pu
	vous pouvez	vous avez pu
	ils peuvent	ils ont pu
prendre	je prends	j'ai pris
to take	tu prends	tu as pris
	il prend	il a pris
prends!	nous prenons	nous avons pris
prenons!	vous prenez	vous avez pris
prenez!	ils prennent	ils ont pris
recevoir	je reçois	j'ai reçu
to receive	tu reçois	tu as reçu
	il reçoit	il a reçu
	nous recevons	nous avons reçu
	vous recevez	vous avez reçu
	ils reçoivent	ils ont reçu
sortir	see **partir**	
to go out		
venir	je viens	je suis venu(e)
to come	tu viens	tu es venu(e)
	il vient	il est venu
		elle est venue
	nous venons	nous sommes venu(e)s
viens!	vous venez	vous êtes venu(e)(s)
venons!	ils viennent	ils sont venus
venez!		elles sont venues
voir	je vois	j'ai vu
to see	tu vois	tu as vu
	il voit	il a vu
vois!	nous voyons	nous avons vu
voyons!	vous voyez	vous avez vu
voyez!	ils voient	ils ont vu
vouloir	je veux	j'ai voulu
to want,	tu veux	tu as voulu
wish	il veut	il a voulu
	nous voulons	nous avons voulu
	vous voulez	vous avez voulu
	ils veulent	ils ont voulu

Vocabulaire **Français–anglais**

A

à (au, à la, à l', aux) in, at, to
abolir to abolish
d' **abord** first, at first
absolument absolutely
d' **accord** okay, all right
un **abricot** apricot
abriter to shelter
accepter to accept
l' **accès** (m) access
un **accessoire** accessory
acheter to buy
une **activité** activity
l' **addition** (f) bill
adorer to love
une **adresse** address
un(e) **adulte** adult
un **aéroport** airport
les **affaires** (f pl) things, belongings
une **affiche** notice, poster
affronter to face
l' **Afrique** (f) Africa
âgé old
agréable pleasant
j' **ai** I have
    j'ai ... ans I am ... years old
aider to help
aimer to like
aîné older, oldest
un **aire de jeu** play area
ajouter to add
alcoolisé alcoholic
l' **Allemagne** (f) Germany
allemand German
aller to go
    aller à la pêche to go fishing
allergique allergic
un **aller simple** single ticket
un **aller-retour** return ticket
allons-y let's go
alors so
une **amande** almond
amener to take
américain American
un(e) **ami(e)** friend
amical friendly
    un match amical friendly (game)
amitiés (at end of letter) best wishes
amusant enjoyable
s' **amuser** to enjoy yourself, to have a good time
un **ananas** pineapple
anglais English
l' **Angleterre** (f) England
un **animal** (pl animaux) animal
un **anneau** (pl anneaux) ring
une **année** year
un **anniversaire** birthday
l' **Antarctique** (m) Antarctic
août August
à l' **appareil** on the phone
un **appareil-photo** camera
un **appartement** flat, apartment
appeler to call
s' **appeler** to be called
    je m'appelle ... my name is ...
bon **appétit!** enjoy your meal
apporter to bring
apprendre to learn
s' **approcher de** to approach
après after
un **après-midi** afternoon
un **aquarium** aquarium

aquatique aquatic, water
arabe Arab
un **arbitre** referee
un **arbre** tree
une **arène** arena
l' **argent** (m) money
une **armoire** wardrobe
un **arrêt (d'autobus)** (bus) stop
s' **arrêter** to stop
l' **arrivée** (f) arrival
arriver to arrive
l' **art** (m) art
un **ascenseur** lift
des **asperges** (f pl) asparagus
un **aspirateur** vacuum cleaner
l' **aspirine** (f) aspirin
s' **asseoir** to sit down
assez quite
assis sitting (down)
une **assiette** plate
    assiette de charcuterie plate of cold meats
assuré guaranteed
asthmatique asthmatic
un(e) **astronaute** astronaut
l' **athlétisme** (m) athletics
atroce awful, atrocious
attendre to wait (for)
atterrir to land
attraper to catch
aujourd'hui today
au revoir goodbye
aussi also, as well
l' **Australie** (f) Australia
un **auteur** author
un **autobus** bus
l' **automne** (m) autumn
    en automne in autumn
une **autoroute** motorway
autre other
l' **Autriche** (f) Austria
en **avance** in advance
avant before
un **avantage** advantage
avec with
avez-vous ...? do you have ...? (from avoir)
l' **avenir** (m) future
une **aventure** adventure
un **avion** plane
un **avis** opinion
    à mon avis in my opinion
avoir to have
avril April

B

le **bac(calauréat)** school leaving certificate for university entrance
le **badminton** badminton
les **bagages** (m pl) luggage
    bagages à main hand luggage
une **baguette** French loaf
se **baigner** to go swimming
baisser to lower
un **bal** dance
une **balle** (small) ball
un **ballon** ball
une **banane** banana
une **bande dessinée (BD)** cartoon strip, comic (book)
une **banque** bank
la **barbe à papa** candyfloss
une **barquette** punnet, pack

bas (basse) low
    à voix basse quietly
le **basket** basketball
les **baskets** (f pl) trainers
un **bassin** pool, pond
une **bataille** battle
un **bateau** boat
    en bateau by boat
un **bâtiment** building
un **bâtonnet** (ice) lolly
une **BD (bande dessinée)** cartoon strip, comic (book)
beau (bel, belle, beaux, belles) beautiful
beaucoup a lot, many
    beaucoup de ... a lot of ...
un **beau-frère** stepbrother; brother-in-law
un **beau-père** stepfather; father-in-law
un **bébé** baby
belge Belgian
la **Belgique** Belgium
une **belle-mère** stepmother; mother-in-law
une **belle-sœur** stepsister; sister-in-law
un **berger** shepherd
le **beurre** butter
bien fine, well
    bien sûr of course
bientôt soon
    à bientôt see you soon
une **bille** marble
un **billet** ticket, bank note
la **biologie** biology
blanc (blanche) white
blessé hurt, injured
bleu blue
    bleu marine (inv. does not change form) navy blue
blond blonde
boire to drink
une **boisson** drink
une **boîte** tin, box
    une boîte aux lettres letterbox
un **bol** bowl
bon (bonne) good
    bon appétit enjoy your meal
    bon voyage have a good journey
un **bonbon** sweet
bondir to leap
un **bonhomme de neige** snowman
bonjour hello, good morning
à **bord** on board
au **bord de la mer** at the seaside
des **bottes** (f pl) boots
la **bouche** mouth
une **boucherie** butcher's shop
la **boue** mud
bouger to move
la **bouillabaisse** fish stew (from Provence)
une **boulangerie** baker's
une **boule de glace** a scoop of ice cream
une **boum** party
une **bouteille** bottle
un **bouton** button
une **branche** branch
le **bras** arm
bras dessus, bras dessous arm in arm
en **bras de chemise** in shirt sleeves
le **Brésil** Brazil
le **brouillard** fog
brouiller to blur

un **bruit** noise
brun brown
une **bulle** speech bubble
un **bureau** office
un bureau des renseignements information office
un bureau de tabac tobacconist's
un **bus** bus
un **but** goal
marquer un but to score a goal

C

ça that
ça dépend it depends
ça ne fait rien it doesn't matter
ça va? all right?
une **cabane** cabin
cacher to hide
un **cadeau** gift, present
un **café** café; coffee
un **café crème** white coffee
un **cahier** exercise book
la **caisse** cash desk
un(e) **caissier (caissière)** cashier
le **calcul** calculation
cambrioler to burgle
la **campagne** country
à la campagne in the country
un **camping** campsite
faire du camping to go camping
le **Canada** Canada
canadien (canadienne) Canadian
un **canard** duck
une **cantine** canteen, dining hall
la **capitale** capital city
car because
un **car** coach
un **carnaval** carnival
une **carotte** carrot
carré square-shaped
une **carte** card
une carte postale postcard
une **cascade** waterfall
une **case** box (in diagram)
un **casque** helmet
casser to break
une **casserole** saucepan
au **cassis** blackcurrant flavoured
le **cassoulet** stew with meat and haricot beans
une **catégorie** category
une **cathédrale** cathedral
un **CD** CD, compact disc
un **CD-ROM** CD-ROM
ce (cet, cette, ces) this, that
une **ceinture** belt
célèbre famous
le **centenaire** centenary
le **centre** centre
un **centre sportif** sports centre
le **centre-ville** town centre
des **céréales** (f pl) cereal
une **cerise** cherry
cesser de to stop
une **chaise** chair
une **chambre** bedroom
un **champignon** mushroom
le **chant** singing
un **chapeau** (pl **chapeaux**) hat
chaque each, every
une **charcuterie** pork butcher's, delicatessen

un **chariot** trolley
la **chasse** hunting; hunt, search
un **chat** cat
châtain (inv. does not change form) (chestnut) brown
un **château** castle
un château gonflable bouncy castle
chaud warm, hot
avoir chaud to be hot
j'ai chaud I'm hot
il fait chaud it's hot
des **chaussettes** (f pl) socks
des **chaussures** (f pl) shoes
une **chemise** shirt
cher (chère) dear, expensive
chercher to look for
un **cheval** (pl **chevaux**) horse
les **cheveux** (m pl) hair
chez at, to (someone's house)
chic (inv. does not change form) smart
un **chien** dog
un **chiffre** number, figure
la **chimie** chemistry
la **Chine** China
chinois Chinese
des **chips** crisps
le **chocolat** chocolate
un **chocolat chaud** hot chocolate
choisir to choose
un **choix** choice, selection
une **chose** thing
un **chou** (pl **choux**) cabbage
chouette! great!
un **chou-fleur** cauliflower
le **cidre** cider
un **cinéma** cinema
cinq five
cinquante fifty
un **circuit** tour
un **citron** lemon
au citron lemon flavoured
un citron pressé fresh lemon drink
un citron vert lime
une **clarinette** clarinet
un **clavier** keyboard
une **clé** key
un(e) **client(e)** customer
une **clinique** clinic
cliquer to click
un **coca** Coca-Cola
un **cœur** heart
un **coffre** case, safe deposit box
un(e) **coiffeur (coiffeuse)** hairdresser
le **Colisée** Colisseum (Rome)
un **collège** school for students aged 11–14 or 15
un **collier** collar, necklace
combien (de) how much, how many
c'est combien? how much is it?
comique comic, funny
commander to order
commencer to begin
comment how, what, pardon
communiquer to communicate
une **compagnie pétrolière** oil company
composter to validate/date-stamp a ticket
comprendre to understand
y **compris** including
se **concentrer** to concentrate
un **concert** concert
un **concombre** cucumber

un **concours** competition
la **confiance** confidence
la **confiture** jam
le **confort** comfort
confortable comfortable
le **congé** time off
un jour de congé a day off
la **connaissance** acquaintance
faire la connaissance de to get to know
connaître to know (a person or place)
connecter to connect
la **consigne** left luggage
une **console** games console
contacter to contact, to get in touch with
content happy, pleased
continuer to continue
contre against
une **conversation** conversation
convertir to convert
un(e) **copain (copine)** friend
une **corbeille** basket
le **coq au vin** chicken cooked in wine
le **corps (humain)** human body
un(e) **correspondant(e)** penfriend
correspondre avec to write to
corriger to correct
la **côte** coast
une **côte de porc** pork chop
à **côté de** beside
le **cou** neck
se **coucher** to go to bed
une **couleur** colour
un **couloir** corridor
un **coup** hit, blow
un coup de téléphone telephone call
une **coupe** cup
la Coupe du Monde the World Cup
la **cour** school yard, playground
courir to run
un **cours** lesson
des **courses: faire des courses** to go shopping
court short
un **court de tennis** tennis court
un(e) **cousin(e)** cousin
coûter to cost
couvert de covered in/with
une **cravate** tie
un **crayon** pencil
créer to create
la **crème** cream
la crème anglaise custard
la crème Chantilly whipped cream
une **crémerie** dairy
une **crêpe** pancake
les **crevettes** (f pl) prawns
crier to shout
un **crocodile** crocodile
croire to think
un **croissant** croissant
un **croque-monsieur** toasted ham and cheese sandwich
des **crudités** (m pl) raw vegetables chopped up
la **cuisine** kitchen; cooking
un(e) **cuisinier (cuisinière)** cook
curieux (curieuse) curious
le **cyclisme** cycling

Vocabulaire Français–anglais

D

d'abord first, at first
d'accord okay, all right
une dame lady
le Danemark Denmark
dangereux (dangereuse) dangerous
dans in
la danse dance, dancing
de of, from
un dé dice
un débat debate, discussion
décontracté casual
se décontracter to relax
le décor décor
décorer to decorate
décrire to describe
un défilé procession
le déjeuner lunch
délicieux (délicieuse) delicious
demain tomorrow
à demain see you tomorrow
demander to ask for
demi half
faire demi-tour to turn around, to do a U-turn
un demi-frère half brother
un demi-pensionnaire pupil who has lunch at school
une demi-sœur half sister
démolir to demolish
une dent tooth
le dentifrice toothpaste
le départ departure
se dépêcher to hurry
se déplacer to travel, to go
dernier (dernière) latest, last
derrière behind
un désastre disaster
descendre to go down; to get off
désirer to want
vous désirez? what would you like?
désolé very sorry
un dessert sweet, dessert
le dessin drawing; design
un dessin drawing
un dessin animé cartoon
dessous underneath
au-dessous de below
dessus on top
au-dessus de above
une destination destination
un détail detail
un(e) détective detective
détester to hate
deuxième second
devant in front of
devoir to have to
deviner to guess
les devoirs (m pl) homework
un dictionnaire dictionary
différent different
difficile difficult
dimanche Sunday
le dimanche on Sundays
la dinde turkey
le dîner dinner
un dinosaure dinosaur
dire to say
directement directly
une discothèque disco(theque)
une discussion discussion
discuter to talk about, to discuss
disparaître to disappear
une disquette disk
distinguer to distinguish, to make out
dix ten
un doigt finger
un doigt de pied toe
donner to give
donnez-moi … give me …
dont of which, whose
dormir to sleep
il dort he is sleeping, he sleeps
un dossier file
doucement gently
un drapeau flag
(à) droite (on the) right

E

l' eau (f) water
l'eau minérale mineral water
s' échapper to escape
une écharpe scarf
les échecs (m pl) chess
jouer aux échecs to play chess
un éclair eclair (type of cake)
une école school
l' Écosse (f) Scotland
écouter to listen to
écrire to write
un écrivain writer
l' éducation physique (f) physical education
effacer to erase, to delete
un effet optique visual effect
effrayant frightening
élégant elegant, smart
un éléphant elephant
un(e) élève pupil, student
un e-mail email
un emploi du temps timetable
en in
en ville in town
encore more, again
s' endormir to fall asleep, to go to sleep
l' énergie (f) energy
un(e) enfant child
enlever to take away, to remove
un(e) ennemi(e) enemy
s' ennuyer to get bored
ennuyeux (ennuyeuse) boring
enrouler to wind around
ensemble together
ensuite next
entendre to hear
entier (entière) entire, whole
l' entraînement (m) training
entre between
une entrée (f) entrance
entrer to entre
environ about
envoyer to send
une épaule shoulder
une épicerie grocer's shop
un(e) épicier (épicière) grocer
l' EPS (éducation physique et sportive) (f) PE
une équipe team
(bien) équipé (well) equipped
une erreur mistake
par erreur by mistake
un escalier staircase
un escalier roulant escalator

des escargots (m pl) snails
l' espace (m) space
l' Espagne (f) Spain
espagnol Spanish
essayer to try
essentiel (essentielle) essential
l' est (m) east
il/elle est he/she is
est-ce que …? question form
est-ce qu'il y a …? is/are there …?
à l' estragon with tarragon
et and
un étage storey, floor
les États-Unis (m pl) United States
l' été (m) summer
en été in summer
étrange strange
à l' étranger abroad
être to be
un(e) étudiant(e) student
un euro euro
l' Europe (f) Europe
en Europe in Europe
européen (européenne) European
un événement event
évidemment
un examen exam(ination)
excité excited
une excursion excursion
par exemple for example
un exercice exercise
exploser to explode
un extrait extract
extraordinaire extraordinary

F

fabriquer to make, to manufacture
en face (de) opposite
fâché angry
facile easy
une façon way
avoir faim to be hungry
j'ai faim I'm hungry
faire to do
faire le lit to make the bed
faire de l'équitation to go (horse) riding
faire du kayak to go canoeing
faire du patin/patinage to go skating
faire de la plongée to go diving
faire une promenade to go for a walk
faire du roller to go rollerskating
faire de la voile to go sailing
faire du VTT to go mountain biking
faire un signe de la tête to nod
il fait beau the weather is good
il fait du brouillard it's foggy
il fait chaud it's hot
il fait froid it's cold
il fait mauvais the weather is bad
il fait nuit it's dark
il fait du vent it's windy
une famille family
un fan fan
fantaisie fancy, fun
fantastique fantastic
farci stuffed
fatigant tiring
fatigué tired
il faut you must

faux (fausse) false, wrong
un **favori** favourite
une **fée** fairy
une **femme** woman, wife
une **fenêtre** window
une **ferme** farm
fermé closed
fermer to close
une **fête** saint's day, festival, party
    une **fête foraine** fair
un **feu d'artifice** firework, firework display
une **feuille** leaf; page
la **fièvre** fever
    avoir de la fièvre to have a (high) temperature
le **filet de poisson** fish fillet
une **fille** girl, daughter
un **film** film
un **fils** son
la **fin** end
finalement finally
finir to finish
une **fleur** flower
une **flûte à bec** recorder
une **fois** once, time
    une fois par semaine once a week
    trois fois three times
foncé dark
au **fond** at the back
le **football** football
un(e) **footballeur (footballeuse)** footballer
une **forêt** forest
la **forme** shape, fitness
formidable terrific
fort strong
un **four** oven
    un four à micro-ondes microwave (oven)
frais (fraîche) fresh
une **fraise** strawberry
une **framboise** raspberry
français French
la **France** France
francophone French-speaking
un **frère** brother
un **frigo** fridge
les **frites** (f pl) chips
froid cold
    avoir froid to be cold
    j'ai froid I'm cold
    il fait froid it's cold
le **fromage** cheese
    un plateau de fromage cheese board
un **fruit** fruit
des **fruits de la passion** passion fruit
des **fruits de mer** (m pl) sea food
fumer to smoke
fumeurs (area for) smokers
furieux (furieuse) furious

G

gagner to win
des **gants** (m pl) gloves
un **garage** garage
un **garçon** boy, waiter
    un garçon de café waiter
garder to keep, to look after
une **gare** station
    une gare routière bus station
garer (la voiture) to park (the car)

garni garnished (with vegetable or salad)
un **gâteau** (pl **gâteaux**) cake
gauche left
    à gauche (on the) left
gazeux (gazeuse) fizzy
un **gendarme** policeman
général general
génial brilliant
un **genou** (pl **genoux**) knee
gentil(le) kind
la **géographie** geography
une **girafe** giraffe
une **glace** ice cream
le **golf** golf
la **gorge** throat
le **goûter** snack (in late afternoon)
un **gramme** gram(me)
grand big, tall
pas **grand-chose** not much
une **grand-mère** grandmother
les **grands-parents** (m pl) grandparents
un **grand-père** grandfather
gratuit free
grec (grecque) Greek
la **Grèce** Greece
une **grille** grid, grill
grimper to climb
gris grey
grossir to get fat, to put on weight
un **groupe** group
un **guichet** ticket office
un **guide** guide book
une **guitare** guitar
un **gymnase** gym(nasium)
la **gymnastique** gymnastics

H

s' **habiller** to get dressed
habiter to live in or at
d' **habitude** usually
hâché minced
le **hand(ball)** handball
handicapé handicapped, disabled
hanté haunted
les **haricots blancs** (m pl) haricot beans
les **haricots verts** (m pl) green beans
un **haut** top
haut high, tall
    à voix haute loudly
    de haut en bas from top to bottom
    haut les mains hands up
la **hauteur** height
un **hectare** hectare
un **hélicoptère** helicopter
un **hérisson** hedgehog
une **heure** time, hour
    à l'heure on time
    de bonne heure early
heureusement fortunately
hier yesterday
un **hippopotame** hippopotamus
l' **histoire** (f) history
une **histoire** story
l' **hiver** (m) winter
    en hiver in winter
le **hockey** hockey
un **hôpital** hospital
un **horaire** timetable
une **horloge** clock
quelle **horreur** how awful
un **hors-d'œuvre** first course, hors-d'oeuvre

l' **hospitalité** (f) hospitality
un **hot-dog** hot dog
un **hôtel** hotel
des **huîtres** (f pl) oysters
humain human

I

ici here
idéal ideal
une **idée** idea
identifier to identify
identique identical
il y a there is, there are
une **île** island
une **image** picture
immédiatement immediately
avec **impatience** impatiently
un **imper(méable)** raincoat
important important
impossible impossible
une **imprimante** printer
imprimer to print
un **inconvénient** disadvantage
une **indice** clue
une **infirmière** nurse
l' **informatique** (f) computing, information technology
un **inhalateur** inhaler
les **ingrédients** (m pl) ingredients
s' **inquiéter** to be worried
s' **inscrire dans** to enrol in
l' **instruction civique** (f) citizenship
l' **instruction religieuse** (f) religious education
un **instrument (de musique)** musical instrument
à l' **intérieur** inside
un **internat** boarding school
l' **Internet** (m) Internet
une **interview** interview
l' **intrus** (m) intruder
    chasse à l'intrus find the odd one out
un **inventeur** inventor
une **invention** invention
une **invitation** invitation
un(e) **invité(e)** guest
irlandais Irish
l' **Irlande** (f) Ireland
l' **Italie** (f) Italy
italien (italienne) Italian
une **itinéraire** itinerary

J

ne ... **jamais** never
une **jambe** leg
le **jambon** ham
un **jardin** garden
    le jardin botanique botanical garden
jaune yellow
un **jean** pair of jeans
jetable disposable
jeter to throw
un **jeu** (pl **jeux**) game
    un jeu électronique computer game
jeudi Thursday
    le jeudi on Thursdays
jeune young
un **jogging** jogging trousers, tracksuit
joli pretty

jouer to play
un **joueur** player
un **jour** day
un **journal** (pl **journaux**) newspaper
une **journée** day
le **judo** judo
juillet July
juin June
des **jumeaux (jumelles)** twins
des **jumelles** (f pl) binoculars
un **jungle** jungle
une **jupe** skirt
un **jus de fruit** fruit juice
jusqu'à until, as far as

K

un **kayak** canoe
le **ketchup** tomato ketchup
un **kilo** kilo(gram)
un **kiosque** kiosk
un **kiwi** kiwi fruit
klaxonner to sound the horn

L

là-bas over there
un **laboratoire** laboratory
un **lac** lake
laisser to leave
laisser tomber to drop
le **lait** milk
une **langue** language
les langues vivantes modern languages
un **lapin** rabbit
le **latin** Latin
laver to wash
faire du **lèche-vitrines** to go window shopping
un **lecteur** reader
la **lecture** reading
un **légume** vegetable
lentement slowly
une **lettre** letter
se **lever** to get up
une **librairie** bookshop
libre free
un **lieu** place
avoir lieu to take place
la **limonade** lemonade
un **lion** lion
lire to read
un **lit** bed
un **litre** litre
un **livre** book
loger to stay/live with
la **logique** logic
loin a long way, far
long (longue) long
longtemps (for) a long time
la **loterie** lottery
lourd heavy
la **lumière** light
lundi Monday
le lundi on Mondays
les **lunettes** (f pl) glasses
les lunettes de soleil sunglasses
un **lycée** high school (for study up to university entrance)

M

les **macaronis** (m pl) macaroni
une **machine** machine
madame Mrs, madam
maigrir to lose weight
un **magasin** shop
un **magazine** magazine
un magazine informatique computer magazine
un **magnétoscope** video (recorder)
magnifique magnificent
un **maillot de bain** swimming costume
maintenant now
mais but
une **maison** house
à la maison at home
(paté/gâteau) maison made on the premises
une **maison des jeunes** youth centre
un **maître** master
mal badly
j'ai mal à la gorge I have a sore throat
j'ai mal au ventre I have stomach ache
malade ill
malheureusement unfortunately
Mamie Granny, Grandma
un **mammifère** mammal
la **Manche** the English Channel
manger to eat
manquer to miss, to be missing
un **manteau** coat
un(e) **marchand(e)** shopkeeper, seller
un(e) **marchand(e) de légumes** greengrocer
un(e) **marchand(e) de glaces** ice cream seller
une **marche** step
un **marché** market
marcher to walk, to work (of machine etc.)
mardi Tuesday
le mardi on Tuesdays
le **mari** husband
marié married
le **Maroc** Morocco
une **marque** brand, make
marron (inv. does not change form) brown
un **match** match
les **mathématiques** (f pl) mathematics
les **maths** (f pl) maths
une **matière** school subject
un **matin** morning
le matin in the morning(s)
une **matinée** morning
mauvais bad
la **mayonnaise** mayonnaise
un **médecin** doctor
un **médicament** medicine
la **médina** medina, market
meilleur better
mélanger to mix
un **melon** melon
même same
la **mémoire** memory
la **menthe** mint
une menthe à l'eau peppermint flavoured drink
le **menu** menu
la **mer** sea
au bord de la mer at the seaside
merci thank you

mercredi Wednesday
une **mère** mother
une **merveille** marvel, wonder
merveilleux (merveilleuse) marvellous, wonderful
mesurer to measure
la **météo** weather (forecast)
un **mètre** metre
le **métro** the underground
mettre to put
mettre la table to lay the table
midi (at) midday
mieux better
mignon(ne) sweet
un **mille-pattes** centipede, millipede
des **milliers de ...** thousands of ...
mi-long (mi-longue) mid-length
mince slim, thin
minuit (at) midnight
mixte mixed
une **mobylette** scooter
la **mode** fashion
à la mode fashionable, in fashion
moderne modern
moi-même myself
moins less
un **mois** month
le **monde** world
tout le monde everyone
la **monnaie** small change
monsieur Mr, sir
un **monstre** monster
une **montagne** mountain
monter to climb up, to go up
une **montre** watch
un **monument** monument, sight
un **morceau** piece
une **mosquée** mosque
la **mort** death
un **mot** word
un **moteur** engine
une **moto** motorbike
en moto by motorbike
des **moules** (f pl) mussels
mourir to die
il est mort he is dead
la **mousse au chocolat** chocolate mousse
un **moustique** mosquito
un **mouton** sheep
moyen (moyenne) medium
un **moyen (de transport)** means (of transport)
municipal managed by town
un **mur** wall
un **mur d'escalade** climbing wall
un **musée** museum
la **musique** music

N

naître to be born
la **natation** swimming
la **nature** nature
nature (on restaurant menu) plain, without garnish
naturellement naturally
une **navette** shuttle
naviguer to navigate, to find one's way around
né born
ne ... pas not
ne ... plus no more, no longer
ne ... rien nothing, not anything

nécessaire necessary
négatif (négative) negative
il neige it's snowing
la neige snow
le nez nose
Noël Christmas
noir black
à la noisette with nuts
le nom name
non no
non-fumeurs area for non-smokers
le nord north
normalement normally
norvégien(ne) Norwegian
la nourriture food
nouveau (nouvel, nouvelle, nouveaux, nouvelles) new
une nouveauté novelty
une nuit night
nul (nulle) rubbish, useless

O

obligatoire compulsory
occupé occupied, taken
s' occuper de to be concerned/busy with
un œil (pl yeux) eye
un œuf egg
un œuf à la coque boiled egg
des œufs brouillés scrambled eggs
un oignon onion
un oiseau (pl oiseaux) bird
une olive olive
une omelette omelette
un oncle uncle
une orange orange
un ordinateur computer
une ordonnance prescription
l' ordre (m) order
une oreille ear
organiser to organise
osciller to sway
ou or
où where
oublier to forget
l' ouest (m) west
oui yes
ouvert open
ouvrir to open

P

une page page
le pain bread
un pain au chocolat bread roll with chocolate inside
une paire de ... a pair of ...
pâlir to go pale
un panier basket
en panne out of order, not working
un panorama view
un pantalon pair of trousers
le papier paper
les papiers d'identité identity papers
Pâques Easter
un paquet packet
par by
le paradis paradise
un parc (national) national park
un parc d'attractions theme park
les parents (m pl) parents

un parfum flavour; perfume
une parfumerie perfume shop
un pari bet
un parking car park
parler to talk, to speak
une part part
de ma part from me
partager to share
un(e) partenaire partner
une partie part
partir to leave
partout everywhere
ne ... pas not
le passé the past
passer to pass
passer l'aspirateur to vacuum
le pâté pâté, meat paste
les pâtes (f pl) pasta
le patinage skating
une patinoire ice rink
une pâtisserie cake shop
une patte paw
une pause(-déjeuner) (lunch) break
un pays country
les Pays-Bas Holland, the Netherlands
le pays de Galles Wales
une pêche peach
la pêche Melba peach served with vanilla ice cream, raspberry sauce and whipped cream
la pêche fishing
aller à la pêche to go fishing
peindre to paint
une peluche soft toy
pendant during, for
des pépites de chocolat chocolate chip
perdre to lose
un père father
permettre to allow, to permit
la permission permissoin
un perroquet parrot
un personnage personality, figure
une personne person
peser to weigh
petit small
le petit déjeuner breakfast
les petits pois (m pl) peas
un peu a little
avoir peur to be frightened
peut-être perhaps
une photo photo
une phrase phrase
la physique physics
un piano piano
une pièce coin
la pièce each
un pied foot
à pied on foot
un coup de pied kick
un pilier pillar
un pilote pilot
un pique-nique picnic
une piscine swimming pool
une pistache pistachio nut
une piste track
une piste de ski artificielle artificial ski slope
une pizza pizza
un placard cupboard
la place space
il y a de la place there's (enough) space
une place (town) square
une plage beach

un plan plan, map
la planche à voile windsurfing
la planète planet
le plastique plastic
un plat dish
le plat du jour dish of the day
le plat principal main course
plein full
en plein air in the open air
pleurer to cry
pleuvoir to rain
il pleut it's raining
plonger to dive
plus more
ne ... plus no more, no longer
plusieurs several
une poche pocket
le poids weight
une poire pear
un poisson fish
une poissonnerie fishmonger's
le poivre pepper
poli polite
un polo polo shirt
une pomme apple
une pomme de terre potato
un pont bridge
populaire popular
le porc pork
un port port
une porte door, gate (at airport)
un porte-clés key ring
un porte-monnaie purse
porter to wear
une portion portion
le Portugal Portugal
poser une question to ask a question
un pot jar
le potage soup
le poulet chicken
pour for
pourpre purple
pousser to push
pousser un cri to shout
pouvoir to be able to
pratique practical, convenient
pratiquer to practise
par précaution as a precaution
précis exact
à 7h00 précises at exactly 7 am
préféré favourite
préférer to prefer
premier (première) first
prendre to take
préparer to prepare
près de near
le présent the present
présenter to introduce
presque almost, nearly
prêter to lend
le printemps spring
au printemps in spring
un prix price
un prix net inclusive price
prochain next
un prof teacher
un professeur teacher
un projet plan
une promenade walk
propre own
protéger to protect
des provisions (f pl) provisions, groceries
la publicité advertising

publier to publish
puis then, next
un **pull** sweater, pullover
la **purée de pommes de terre** mashed potatoes
un **pyjama** pair of pyjamas

Q

un **quai** platform
quand when
quarante forty
quatre four
quatre-vingts eighty
quel (quelle, quels, quelles) what, which
quelque chose something
quelquefois sometimes
qu'est-ce que c'est? what is it?
qu'est-ce qu'il y a? what is there? what's the matter?
une **queue** queue, tail
faire la queue to queue
en queue de cheval in a ponytail
une **quiche** quiche
quinze fifteen
quitter to leave

R

raconter to relate
une **radio** radio
un **radis** radish
réfléchir to think
rafraîchissant refreshing
raide stiff
les cheveux raides straight hair
avoir **raison** to be right, correct
ramasser to pick up, to gather
une **randonnée** hike, long walk
ranger to tidy up
rapide fast, rapid
une **raquette** racket
rarement not often, rarely
la **ratatouille** vegetable dish with courgettes, peppers, onions, tomatoes in olive oil
une **rayure** stripe
une **recette** recipe
recevoir to receive
rechercher to search for, to research
les **recherches (f pl)** reserach
reconnaître to recognise
la **récré(ation)** break (at school)
reculer to move back
réduit reduced
un **réfrigérateur** refrigerator
regarder to watch, to look at
une **région** region
une **règle** ruler
je **regrette** I'm sorry
régulièrement regularly
une **reine** queen
relâcher to let go, to relax
relever to raise
relire to read again
remercier to thank
remplir to fill
rencontrer to meet
un **rendez-vous** meeting, appointment
rendre to give back
les **renseignements (m pl)** information
rentrer to return, to go home
un **repas** meal

répondre to reply
une **réponse** reply, answer
se **reposer** to rest
le **RER** high speed train/underground system in Paris and suburbs
une **réservation** reservation, reserved seat
une **réserve** reserve
un **restaurant** restaurant
le **reste de ...** the rest of ...
rester to stay, to remain
rester à la maison to stay at home
les **résultats (m pl)** results
un **résumé** summary
en **retard** late
le **retour** return (journey)
retourner to return
retrouver to meet up with
réussi successful
réussir to succeed
se **réveiller** to wake up
un **revolver** revolver
risquer de to risk
une **rivière** river
un **robot** robot
romain Roman
rond round
rose pink
rôti roast
une **roue** wheel
rouge red
rougir to blush
une **route** road
roux (rousse) red (of hair), red-haired
le **Royaume-Uni** United Kingdom
une **rue** street
le **rugby** rugby

S

le **sable** sand
un **sac** bag
un **sac à dos** rucksack
un **sachet** packet
la **Saint-Sylvestre** New Year's Eve
saisir to seize
une **saison** season
fruits de saison fresh fruit in season
une **salade** salad
la **salade niçoise** mixed salad with tomatoes, potatoes, hard-boiled eggs, olives and anchovies
une **salle** room
une **salle d'attente** waiting room
une **salle de bains** bathroom
une **salle de classe** classroom
une **salle à manger** dining room
une **salle de séjour** living room
une **salle de technologie** computing room
un **salon** lounge, sitting room
salut hello, hi
samedi Saturday
le samedi on Saturdays
les **sandales (f pl)** sandals
un **sandwich** sandwich
sans without
sans doute doubtless
la **santé** health
une **sardine** sardine
une **saucisse** sausage

un **saucisson** continental spicy sausage
le **saucisson sec** type of spicy slicing sausage
le **saumon** salmon
du saumon fumé smoked salmon
sauter to jump
un **sautoir** jumping pit
sauvegarder to save (computer file)
la **savane** savannah, grassland
la **science-fiction** science fiction
les **sciences (f pl)** science
scolaire (to do with) school
la **scolarité** schooling
la **sculpture** sculpture
sec (sèche) dry
un **seigneur** lord
un **séjour** stay
le **sel** salt
une **sélection**
selon according to
une **semaine** week
le **Sénégal** Senegal
séparer to separate
sept seven
une **série** series
sérieux (sérieuse) serious
un **serpent** snake
une **serveuse** waitress
une **serviette** towel
servir to serve
sévère strict
le **shopping** shopping
un **short** pair of shorts
un **siècle** century
le **sirop** fruit cordial, squash
un **site web** website
situé situated
un **skate** skateboard
le **ski** skiing
un(e) **skieur (skieuse)** skier
un **snack** snack (bar)
une **sœur** sister
avoir **soif** to be thirsty
j'ai soif I'm thirsty
un **soir** evening
le soir in the evening(s)
soixante-dix seventy
le **soleil** sun
avoir **sommeil** to be sleepy
le **sommet** top (of a mountain etc.)
un **son** sound
un **sondage** survey, opinion poll
sonner to ring
la **sorcellerie** sorcery
un **sorcier** sorcerer
une **sortie** exit
sortir to go out
soudain suddenly
souligner to underline
une **souris** mouse
sous under
sous-marin underwater, submarine
un **sous-sol** basement
souterrain underground
la ville souterraine underground city
un **souvenir** souvenir
souvent often
les **spaghettis (m pl)** spaghetti
une **spécialité** speciality
un **spectacle** show
le **sport** sport
sportif (sportive) fond of sports, sporty

une **squelette** skeleton
un **stade** stadium
un **stage** course
une **statue** statue
le **steak** steak
    le **steak hâché** mince
    le **steak tartare** raw steak served
    with herbs
    stupide stupid
un **stylo** pen
une **sucette** lollipop
le **sucre** sugar
    sucré sweet
le **sud** south
la **Suède** Sweden
    suisse Swiss
la **Suisse** Switzerland
    super great
    superbe great, superb
un **supermarché** supermarket
un **supplément** extra charge
    en supplément extra
une **surprise** surprise
    sur on
    sûr sure, certain
    surfer (sur le Net) to surf (the net)
    surtout above all, especially
    surveiller to supervise
un **sweat(-shirt)** sweatshirt
    sympa nice
    sympathique nice

T

un **tabac** tobacconist's
une **table** table
un **tableau** board; printed table
la **taille** size
    de taille moyenne of medium
    height
    tant pis too bad
une **tante** aunt
    taper to type
un **tapis** carpet
    tard late
    plus tard later
une **tarentule** tarantula (spider)
le **tarif** charge; price list
une **tarte** tart
une **tartine** piece of bread and butter
    and/or jam
un **taxi** taxi
la **technologie** technology
la **télé** TV
    à la télé on TV
un **téléphone (portable)** (mobile) phone
un **télescope** telescope
    tellement so
le **temps** time
    avoir le temps to have time
le **tennis** tennis
le **tennis de table** table tennis
une **tenue** outfit
un **terminus** terminus
un **terrain** ground, pitch
la **terre** earth; ground
    par terre on the ground
la **tête** head
    de la tête aux pieds from head to
    foot
le **thé** tea
un **théâtre** theatre
une **théorie** theory
le **thon** tuna

un **tigre** tiger
un **timbre** stamp
le **toast** toast
un **toboggan** sled, sledge
les **toilettes** (f pl) toilets
une **tomate** tomato
    tomber to fall
un **tome** volume (of a book)
avoir **tort** to be wrong
une **tortue** tortoise
    tôt early
    toujours always, still
une **toupie** (spinning) top
une **tour** tower
à **tour de rôle** in turn
un(e) **touriste** tourist
    touristique tourist
un **tournoi** tournament
    tout everything
    en tout in all
    c'est tout that's all
    à tout à l'heure see you later
    toute l'année all year round
    tout de suite at once,
    immediately
    tout le monde everyone
    toutes sortes de … all kinds of
    traduire to translate
un **train** train
une **trampoline** trampoline
une **tranche** slice
    transférer to transfer
les **transports** (m pl) transport
    les transports en commun public
    transport
le **travail** work
    travailler to work
    traverser to cross
    trente thirty
    très very
une **tribune** stage
une **trilogie** trilogy
    triste sad, unhappy
    trois three
    troisième third
un **trombone** trombone; paper clip
une **trompette** trumpet
un **troupeau** herd
    trouver to find
la **truite** trout
un **T-shirt** T-shirt
    tutoyer to call someone 'tu'

U

un(e) **un(e)** a, one
un **uniforme** uniform
    uniquement only
une **usine** factory
    utile useful
    utiliser to use

V

il/elle **va** he/she/it goes (from **aller**)
    ça va? how are you?
les **vacances** (f pl) holidays
    en vacances on holiday
je **vais** I go (from **aller**)
une **valise** suitcase
un(e) **vampire** vampire
à la **vanille** vanilla flavoured
une **variété** variety
un(e) **végétarien(ne)** vegetarian

la **veille** evening/night before
un **vélo** bicycle
un **vélo tout terrain (VTT)** mountain
    bike
un(e) **vendeur (vendeuse)** sales assistant
    vendre to sell
    vendredi Friday
    le vendredi on Fridays
    venir to come
le **vent** wind
une **vente** sale
le **ventre** stomach
un **ver** worm
un **verger** orchard
    vérifier to check
un **verre** glass
    vers towards
    vert green
une **veste** jacket
les **vêtements** (m pl) clothes
la **viande** meat
une **vidéo** video (cassette)
la **vie** life
    vieux (vieil, vieille, vieux, vieilles)
    old
    vif (vive) bright
un **village** village
une **ville** town
    en ville in(to) town
le **vin** wine
    vingt twenty
un **violon** violin
un **visage** face
    visiter to visit
    vite quickly
la **vitesse** speed
    vivre to live
une **voie** track, platform
la **voile** sailing
    faire de la voile to go sailing
    voir to see
un(e) **voisin(e)** neighbour
une **voiture** car
une **voix** voice, vote
un **vol** flight
    le vol libre hang gliding
un(e) **voleur (voleuse)** thief, crook
le **volley** volleyball
ils/elles **vont** they go (from **aller**)
je **voudrais** I'd like (from **vouloir**)
    vouloir to want
un **voyage** journey
    voyager to travel
    vrai true
la **vue** view

W

un **week-end** weekend
    le week-end at the weekend(s)

Y

un **yaourt** yoghurt
les **yeux** (m pl) eyes

Z

un **zèbre** zebra
un **zoo** zoo
    zut! blast!

A

	a un, une
to be	**able** pouvoir
	about environ, vers
	above au-dessus de, sur
	above all surtout
	abroad à l'étranger
	activity une activité
to	**adore** adorer
to	**add** ajouter
	address une adresse
	advantage un avantage
to	**advise** conseiller
	aeroplane un avion
	Africa l'Afrique (f)
	after après
	afternoon l'après-midi (m)
	again encore
	against contre
	age l'âge (m)
	agreed d'accord
	airport un aéroport
	all tout (toute, tous, toutes)
that's	**all** c'est tout
	allergic allergique
	all right d'accord
are you	**all right?** ça va?
	almost presque
	alone seul
	already déjà
	also aussi
	altogether en tout
	always toujours
I	**am** je suis (**from** être)
	amusing, enjoyable, fun amusant
	an un, une
	and et
	animal un animal, des animaux
	ankle une cheville
	anorak un anorak
	another … encore un(e) …
	answer une réponse, une solution
to	**answer** répondre
	anxious inquiet (inquiète)
	anything else? et avec ça?
	apple une pomme
	appointment un rendez-vous
	approximately à peu près
	apricot un abricot
	April avril
there	**are** il y a
they	**are** ils/elles sont (**from** être)
	area une région
	armchair un fauteuil
to	**arrive** arriver
	art, drawing le dessin
	as comme
	as tall as aussi grand(e) que
to	**ask** demander
to	**ask a question** poser une question
	asthmatic asthmatique
	athletics l'athlétisme (m)
	August août
	aunt une tante
	Austria l'Autriche (f)
	autumn l'automne (m)
	in autumn en automne
	average moyen(ne)
to	**avoid** éviter
	awful affreux (affreuse)

B

	baby un bébé
	back (of person, animal) le dos
	bad mauvais
	the weather's bad il fait mauvais
	badly mal
	badminton le badminton
	bag un sac
	baker's shop une boulangerie
	balcony un balcon
	ball (football, large ball) un ballon
	ball (tennis) une balle
	banana une banane
	bank une banque
	bank note un billet de banque
	bank holiday un jour férié
	baseball cap une casquette
	basketball le basket
	bathroom la salle de bains
to	**be** être
	beach une plage
green	**beans** des haricots verts (m pl)
	beard une barbe
	beautiful beau (bel, belle, beaux, belles)
	because parce que
to	**become** devenir
	bed un lit
	to go to bed se coucher, aller au lit
	bedroom une chambre
	beef du bœuf
	beer la bière
	before avant (de)
to	**begin** commencer
	beginning le début
	behind derrière
	Belgium la Belgique
	beside à côté de
	besides d'ailleurs
	best meilleur
	best wishes (at end of letter) Amitiés
are you	**better?** ça va mieux?
	between entre
	bicycle, bike un vélo
	by bike à vélo
	big grand; **(for animals)** gros(se)
to go	**biking** faire du vélo
	bill l'addition (f)
	biology la biologie
	bird un oiseau
	birthday un anniversaire
	happy birthday! bon anniversaire!
	biscuit un biscuit
a	**bit** un peu
	black noir
	blackcurrant le cassis
	blanket une couverture
	blonde blond
	blouse un chemisier, une chemise
	blue bleu
	boarder un(e) interne
	boarding school un internat
	boat un bateau
	body le corps **(human)** (humain)
	book un livre
to	**book a table** réserver une table
	bookshop une librairie
	boots des bottes (f pl)
	border une frontière
to be	**bored** s'ennuyer

	boring ennuyeux
to be	**born** naître
I was	**born** je suis né(e)
	bottle une bouteille
	bowl un bol
	box une boîte
	boy un garçon
	bread le pain
	bread and butter une tartine
	break (time) la récréation (la récré), la pause
	breakfast le petit déjeuner
	bridge un pont
	brilliant! génial!
	British britannique
	brochure une brochure
	brother un frère
	browser un navigateur
	budgerigar une perruche
	buffet le buffet
	building un bâtiment
	bus un (auto)bus
	bus station la gare routière
to be	**busy with** s'occuper de
	but mais
	butcher's shop une boucherie
	butter le beurre
to	**buy** acheter

C

	cabbage le chou, les choux
	café un café
	cage une cage
	cake un gâteau
	cake shop une pâtisserie
	calculator une calculette
to be	**called** s'appeler
	I am called je m'appelle
	camera un appareil (photo)
	campsite un camping
I	**can** je peux (**from** pouvoir)
	can we go (to the cinema)? on peut aller (au cinéma)?
	Canada le Canada
	canteen la cantine
	car une voiture
	car park un parking
	card une carte
	to play cards jouer aux cartes
	careful! attention!
	carpet un tapis
	carrot une carotte
to	**carry** porter
	cartoon un dessin animé
	cartoon strip une bande dessinée (BD)
	casual décontracté
	cassette une cassette
	castle un château
	cat un chat, une chatte
	cathedral une cathédrale
	cauliflower le chou-fleur
	CD un CD
	CD player un lecteur de CDs
	CD-ROM un cédérom, un CD-ROM
	CDT TME (le travail manuel éducatif)
to	**celebrate** fêter
	centre le centre
	cereal des céréales (f pl)
	chair une chaise
to	**change** changer
to	**chat** discuter
to	**check** vérifier

cheese le fromage
chemist's une pharmacie
chemistry la chimie
cherry une cerise
to play chess jouer aux échecs
chicken le poulet
child un(e) enfant
    I am an only child je suis fils/fille
        unique
chips les frites
chocolate le chocolat
choice un choix
to choose choisir
Christmas Noël
church une église
cinema un cinéma
citizenship l'instruction civique (f)
class la classe
classroom la salle de classe
to clear the table débarrasser la table
to click cliquer
clock une horloge
to close fermer
clothes les vêtements (m pl)
coach un car
coast la côte
coat un manteau
Coca-Cola un coca
coffee le café
coin une pièce
cold froid
    the weather's cold il fait froid
    to be cold avoir froid
    I feel cold j'ai froid
cold cooked meat la charcuterie
colour une couleur
to come venir
to come back, return revenir
comic strip une bande dessinée (BD)
compartment un compartiment
complicated compliqué
compulsory obligatoire
computer un ordinateur
computer disk une disquette
computer game un jeu électronique
        (des jeux électroniques); un jeu
        vidéo (des jeux vidéo)
concert un concert
congratulations! bravo!
        félicitations!
to count compter
to cook faire la cuisine
cooker une cuisinière
cool frais (fraîche)
to cope se débrouiller
corner le coin
corridor le couloir
to cost coûter
countryside la campagne
    in the countryside à la campagne
of course bien sûr
cousin un(e) cousin(e)
cream la crème
credit card une carte de crédit
cricket le cricket
crisps des chips (m pl)
to cross traverser
crossroads un carrefour
cucumber un concombre
cupboard un placard
cursor le curseur
curly hair les cheveux frisés
customer un(e) client(e)
cycling le cyclisme

D

to dance danser
dangerous dangereux (dangereuse)
dark (green) (vert) foncé
date la date
daughter une fille
day un jour
    all day toute la journée
dear cher (chère)
dead mort(e)
December décembre
to delete effacer
delicatessen une charcuterie
delicious délicieux (délicieuse)
Denmark le Danemark
dentist un(e) dentiste
department store un grand magasin
desert un désert
design and technology le TME
        (travail manuel éducatif)
desk un pupitre, un bureau
dictionary un dictionnaire
to die mourir
difficult difficile
dining room la salle à manger
dinner (evening meal) le dîner
dirty sale
disadvantage un inconvénient
disco une discothèque
dish of the day le plat du jour
divorced divorcé
to do faire
doctor un médecin
he does like il aime
she doesn't play (tennis) elle ne joue pas
        (au tennis)
dog un chien
doll une poupée
I don't like je n'aime pas
they don't understand ils ne
        comprennent pas
don't you understand? tu ne
        comprends pas?
door une porte
to do drama faire du théâtre
to draw dessiner
drawing le dessin
dress une robe
to get dressed s'habiller
drink une boisson
to drink boire
drums la batterie
during pendant

E

e-mail un e-mail, un message
        électronique
    to look at my e-mail regarder
        mes messages électroniques
early de bonne heure, tôt
east l'est (m)
Easter Pâques
easy facile
to eat manger
egg un œuf
    boiled egg un œuf à la coque
elbow le coude
end la fin
to end finir
England l'Angleterre (f)
English anglais

English Channel la Manche
to enjoy oneself s'amuser
enough assez
entertainment une distraction
especially surtout
even même
evening le soir
evening meal le dîner
for example par exemple
except sauf
exciting passionnant
exercise un exercice
exercise book un cahier
exhibition une exposition
exit la sortie
expensive cher
to explain expliquer
eye un œil (les yeux)

F

face le visage
fair hair les cheveux blonds (m pl)
to fall tomber
false faux
family la famille
famous célèbre
far (away) loin
farm une ferme
fashion la mode
fast rapide, vite
father le père
    Father Christmas le père Noël
favourite préféré, favori(te)
February février
felt tip pen un feutre
festival une fête
file (computer) un fichier; (ring
        binder) un classeur
to fill remplir
film un film; (for camera) une
        pellicule
it's fine weather il fait beau
to finish finir
fire un feu, un incendie
firework display un feu d'artifice
first premier (première)
    at first d'abord
fish le poisson
    goldfish un poisson rouge
to go fishing aller à la pêche
fizzy gazeux (gazeuse)
flag un drapeau
flat un appartement
flight un vol
floor le plancher
on the (1st) floor au (premier) étage
flower une fleur
flute la flûte
it's foggy il y a du brouillard
food la nourriture
general food shop une alimentation générale
football le football, le foot
football match un match de football
for pour
it is forbidden to ... il est interdit de ...
to forget oublier
form une fiche
fortnight quinze jours
fortunately heureusement
France la France
free (not occupied) libre
free (of charge) gratuit
French français

Vocabulaire

fresh frais (fraîche)
Friday vendredi
fridge un frigo
friend un(e) ami(e), un copain/une copine
from de
in **front of** devant
fruit un fruit
fruit juice un jus de fruit
(it's) **fun** (c'est) amusant

G

game un jeu
garage un garage
garden un jardin
to do some **gardening** faire du jardinage
geography la géographie
German allemand
Germany l'Allemagne (f)
to **get off (a bus/train)** descendre de
to **get on with** s'entendre avec
to **get up** se lever
gift un cadeau
ginger (hair) (les cheveux) roux
girl une fille
to **give** donner
to **give back** rendre
glass un verre
glasses des lunettes (f pl)
glove un gant
to **go** aller
to **go out** sortir
to **go up** monter
golf le golf
good bon(ne)
he's **good at French** il est fort en français
goodbye au revoir
grandfather le grand-père
grandmother la grand-mère
grandparents les grands-parents
grape un raisin
great! super!
Greece la Grèce
green vert
grey gris
grocer's une épicerie
on the **ground** par terre
on the **ground floor** au rez-de-chaussée
to **guess** deviner
guinea pig un cochon d'Inde
guitar une guitare
gymnasium un gymnase
gymnastics la gymnastique

H

hair les cheveux (m pl)
half demi
half-brother un demi-frère
half-sister une demi-sœur
ham le jambon
hamster un hamster
hand la main
happy content, heureux (heureuse)
hard dur
hat un chapeau
to **hate** détester
to **have** avoir
to **have to** devoir
head la tête
to have a **headache** avoir mal à la tête
to **hear** entendre
heart le cœur

health la santé
heavy lourd
hello bonjour
helmet un casque
to **help** aider
her son, sa, ses
here ici
here are voici
here is voici
hi! salut!
high haut
his son, sa, ses
history l'histoire (f)
hobby un passe-temps
hockey le hockey
holidays les vacances (f pl)
on holiday en vacances
Holland les Pays-Bas
at **home** à la maison
to go **home** rentrer
homework les devoirs (m pl)
to **hoover** passer l'aspirateur
to **hope** espérer
horse un cheval, des chevaux
to go **horse riding** faire de l'équitation
hospital un hôpital
hot chaud
it's hot il fait chaud
to be hot avoir chaud
hotel un hôtel
hour une heure
house une maison
at my house chez moi
to do the **housework** faire le ménage
how comment
how are you? (comment) ça va?
how old are you? quel âge as-tu?
how do you spell that? comment ça s'écrit?
how many? combien (de)
to be **hungry** avoir faim
to **hurry** se dépêcher
it **hurts** ça fait mal
husband un mari

I

I je
ice cream une glace
ICT l'informatique (f)
idea une idée
if si
ill malade
in dans
information des renseignements (f pl)
information office le bureau des renseignements
inhaler un inhalateur
to be **interested in** s'intéresser à
interesting intéressant
Ireland l'Irlande (f)
Northern Ireland l'Irlande du Nord
Irish irlandais
he/she/it **is** il/elle est (from être)
there **is** il y a
island une île
it is c'est
it isn't ce n'est pas
Italy l'Italie (f)
its son, sa, ses

J

jacket une veste
jam la confiture
January janvier
jeans un jean
jogging trousers un jogging
journey un voyage
judo le judo
July juillet
jumper un pull, un tricot
June juin

K

key (on keyboard) une touche; **(for lock)** une clef, une clé
key ring un porte-clés
keyboard un clavier
kilo un kilo
kilometer un kilomètre (1km.)
kind gentil(le)
kitchen la cuisine
kiwi fruit un kiwi
knee le genou, les genoux
knife un couteau
I **know** je sais
I don't know je ne sais pas

L

lab un laboratoire
lake un lac
language une langue
large grand
last dernier (dernière)
last week la semaine dernière
at **last** enfin
to **last** durer
late tard
later plus tard
latin le latin
leaflet un dépliant, une brochure
to **learn** apprendre
to **leave** partir
to **leave the house** quitter la maison
on the **left** à gauche
left luggage office la consigne
leg une jambe
lemon un citron
lemonade la limonade
less moins
lesson un cours
letter une lettre
lettuce la salade
library une bibliothèque
lift un ascenseur
to **like** aimer
I would like je voudrais
line une ligne
list une liste
to **listen to** écouter
little petit
a **little** un peu
to **live** habiter
where do you live? où habites-tu?
I live in London j'habite à Londres
living room la salle de séjour
to **log off** déconnecter
to **log on** connecter
London Londres
long long(ue)

to **look at** regarder
to **look for** chercher
to **lose** perdre
a **lot** beaucoup
lounge le salon
to **love** adorer
luggage des bagages (m pl)
lunch le déjeuner
to have **lunch** déjeuner

M

magazine un magazine, une revue
main course le plat principal
to **make** faire
man un homme
many beaucoup (de)
map une carte
map (town) un plan de la ville
March mars
market le marché
marmalade la confiture d'oranges
maths les maths (f pl)
it doesn't **matter** ça ne fait rien
May mai
maybe peut-être
me moi
meal un repas
meat la viande
medicine un médicament
medium moyen(ne)
of **medium height** de taille moyenne
to **meet** rencontrer
meeting un rendez-vous
melon le melon
menu (computer) le menu
menu (restaurant) la carte
midday midi
midnight minuit
milk le lait
minus moins
to **miss** manquer
mistake une erreur, une faute
mobile phone un téléphone portable
modern languages les langues vivantes
at the **moment** pour l'instant
Monday lundi
money l'argent (m)
month le mois
more encore, plus
more expensive plus cher
morning le matin
Morocco le Maroc
mother la mère
motorbike une moto
motorway une autoroute
mountain une montagne
mountain bike un VTT (vélo tout terrain)
to go **mountain biking** faire du VTT
mouse une souris
mouse mat un tapis d'ordinateur
mouth la bouche
Mr. Monsieur (M.)
Mrs. Madame (Mme)
museum un musée
mushroom un champignon
music la musique
musical instrument un instrument de musique
mustard la moutarde
my mon, ma, mes

N

name un nom
my name is je m'appelle
narrow étroit
naughty méchant
navy blue bleu marine
near (to) près (de)
nearby tout près
neck le cou
to **need** avoir besoin de
the **Netherlands** les Pays-Bas (m pl)
new nouveau (nouvel, nouvelle, nouveaux, nouvelles)
New Year's Day le jour de l'An
newspaper le journal
next puis, ensuite
the **next (train)** le prochain (train)
next to (beside) à côté de
next week la semaine prochaine
nice sympa
the weather's nice il fait beau
night la nuit
last **night** hier soir
no non
no longer ne … plus
no more ne … plus
noise un bruit
north le nord
nose le nez
not ne … pas; pas
not at all pas du tout
not much pas grand-chose
November novembre
now maintenant

O

October octobre
of de
office le bureau
often souvent
oil l'huile (f)
OK d'accord, ok
old vieux (vieil, vieille, vieux, vieilles)
how old are you? quel âge as-tu?
omelette une omelette
on sur
onion un oignon
online en ligne
only seulement
only child enfant unique
open ouvert
to **open** ouvrir
in my **opinion** à mon avis
or ou
orange une orange
orchestra un orchestre
to **order** commander
in **order to (see)** pour (voir)
other autre
our notre, nos
outfit (clothing) une tenue
over there là-bas

P

to **pack a suitcase** faire sa valise
packet (of) un paquet (de)
page la page
to do **painting** faire de la peinture
pancake une crêpe
paper clip un trombone
parent un parent

park un parc
to **park** stationner, garer
parrot un perroquet
partner un(e) partenaire
party une fête, une boum
passport un passeport
pasta les pâtes (f pl)
patio une terrasse
pavement le trottoir
to **pay** payer
peach une pêche
pear une poire
peas des petits pois (m pl)
pen un stylo
pencil un crayon
pencil case une trousse
pencil sharpener un taille-crayon
penfriend un(e) correspondant(e)
people des gens
pepper le poivre
pepper (vegetable) un poivron
percussion la batterie
perfect parfait
perhaps peut-être
person une personne
personal stereo un baladeur
pet un animal (domestique)
have you any pets? as-tu des animaux à la maison?
petrol l'essence (f)
phone call un coup de téléphone
photography la photographie
to take **photos** faire/prendre des photos
physical education l'éducation physique (l'EPS) (f)
physics la physique
piano le piano
to have a **picnic** faire un pique-nique
picture une image, un dessin
a **piece (of)** un morceau (de)
pineapple un ananas
pink rose
place un endroit, un lieu
platform le quai
to **play** jouer (à + **games**, de + **instruments**)
player un joueur (une joueuse)
playground la cour
please s'il vous plaît, s'il te plaît
pocket money l'argent (m) de poche
policeman un agent de police
poor pauvre
portion une portion
Portugal le Portugal
post office la poste
postcard une carte postale
poster une affiche, un poster
potato une pomme de terre
prawn une crevette
to **prefer** préférer
to **prepare** préparer
prescription une ordonnance
present un cadeau
to **press** appuyer
pretty joli
price le prix
to **print** imprimer
printer une imprimante
procession un défilé
pudding un dessert
pullover un pull, un tricot (knitted jumper or top)
pupil un(e) élève
purse un porte-monnaie

Vocabulaire

to **put (on)** mettre
pyjamas un pyjama

Q

quarter un quart
question une question
queue une queue
quickly vite
quiet tranquille
quite assez

R

rabbit un lapin
racket une raquette
radio une radio
radish un radis
railway le chemin de fer
raincoat un imperméable
it's **raining** il pleut (**from** pleuvoir)
raspberry une framboise
to **read** lire
reading la lecture
ready prêt
receipt un reçu
to **record** enregistrer
recorder une flûte (à bec)
red rouge
red-haired roux
reduced réduit
religious education l'instruction
  religieuse (f)
to **remain** rester
to **reply** répondre
to **rest** se reposer
restaurant un restaurant
to **return (home)** rentrer
to **return (e.g. from holiday)** retourner
rice le riz
on the **right** à droite
ring binder un classeur
road (street) la rue; (**main road**) la
  route
roast rôti
rocket une fusée
to **roller skate/blade** faire du roller
roller blades des patins en ligne
  (m pl)
roof le toit
room (in house) une pièce; (**in
  school**) une salle
roughly à peu près
roundabout un rond-point
rubber une gomme
rucksack un sac à dos
rugby le rugby
ruler une règle

S

sad triste
to go **sailing** faire de la voile
salad une salade
salami le saucisson
salmon le saumon
salt le sel
sandals des sandales (f pl)
sandwich un sandwich
Saturday samedi
sausage une saucisse
to **save (file)** sauvegarder
to **say** dire

school (primary) une école;
  (**secondary**) un collège, un lycée
school bag un cartable
science les sciences (f pl)
scissors des ciseaux (m pl)
Scotland l'Écosse (f)
Scottish écossais
screen un écran
sea la mer
seafood des fruits de mer
season une saison
seat une place
second deuxième
to **see** voir
to **sell** vendre
to **send** envoyer
sentence une phrase
September septembre
to **set the table** mettre la table
several plusieurs
shampoo le shampooing
to **share** partager
she elle
sheet of paper une feuille
shirt une chemise
shoe une chaussure
shop un magasin
shop assistant un vendeur (une
  vendeuse)
to go **shopping** faire des courses
shopping centre un centre
  commercial
short court
shorts un short
shoulder l'épaule (f)
(to have a) **shower** (prendre) une douche
Shrove Tuesday Mardi gras
to **shut** fermer
sick malade
sign un panneau
to **sing** chanter
singer un chanteur (une chanteuse)
single ticket un aller simple
sister une sœur
sit down assieds-toi/asseyez-vous
  (**from** s'asseoir)
situated situé
(what) **size?** (quelle) taille?
to **skate** faire du patin
skateboard une planche à roulettes
skating rink une patinoire
ski resort une station de ski
artificial **ski slope** une piste de ski artificielle
to go **skiing** faire du ski
skirt une jupe
sky le ciel
to **sleep** dormir
slice une tranche
slim mince
slowly lentement
small petit
smart chic (inv)
(non) **smoking** (non-)fumeurs
snackbar un buffet
snake un serpent
snow la neige
it's **snowing** il neige
so alors, donc
soap le savon
sock une chaussette
sofa un canapé
soft toy une peluche
something quelque chose
sometimes quelquefois

son un fils
song une chanson
soon bientôt
  see you soon! à bientôt!
(I'm) **sorry** (je suis) désolé(e)
soup le potage
south le sud
space l'espace (m)
Spain l'Espagne (f)
Spanish l'espagnol (m)
to **speak** parler
to **spend (time)** passer
to **spend (money)** dépenser
spoon une cuillère
sport le sport
sports centre un centre/complexe
  sportif
sports ground un terrain de
  jeux/sports
sporty sportif (sportive)
spring le printemps
  in spring au printemps
(town) **square** une place
square carré
staffroom la salle des profs
staircase l'escalier (m)
stamp un timbre
to **start** commencer
starter (meal) un hors-d'œuvre
(train) **station** la gare
(bus) **station** la gare routière
stationer's une papeterie
to **stay (at home)** rester (à la maison)
step une marche
stepbrother un demi-frère
stepfather un beau-père
stepmother une belle-mère
stepsister une demi-sœur
stereo (system) une (chaîne) stéréo
still encore, toujours
stomach le ventre, l'estomac (m)
  I've a stomach ache j'ai mal au
  ventre
story une histoire
straight ahead tout droit
strawberry une fraise
street une rue
striped rayé
strong fort
student un(e) étudiant(e)
school **subject** une matière
suburb une banlieue
to **succeed (in)** réussir (à)
suddenly soudain
sugar le sucre
suitcase une valise
summer l'été (m)
  in summer en été
  summer holidays les grandes
  vacances (f pl)
sun le soleil
sun cream la crème solaire
it's **sunny** il y a du soleil
Sunday dimanche
sunglasses des lunettes de soleil
  (f pl)
supermarket un supermarché
to **surf the Net** surfer sur le Net
surname le nom de famille
survey un sondage
sweatshirt un sweat(-shirt)
sweet (adj) mignon(ne)
sweet (noun) un bonbon
sweet shop une confiserie

to	swim nager	
(to go)	swimming (faire de) la natation	
	swimming costume un maillot de bain	
	swimming pool une piscine	
to	switch on allumer	
	Switzerland la Suisse	

T

	table une table
	table tennis le tennis de table, le ping-pong
to	take prendre
to	talk parler
	tall grand
	tape recorder un magnétophone
to	taste goûter
	taxi un taxi
	tea (drink) le thé; (meal) le goûter
	teacher un professeur
	team une équipe
	technology la technologie
	teenager un(e) adolescent(e), un(e) ado
to	telephone téléphoner
	television la télévision (la télé); (set) un téléviseur
to	tell dire, raconter
to have a	temperature avoir de la fièvre
	tennis le tennis
school	term un trimestre
	terrible affreux
	test un contrôle, une épreuve
to	thank remercier
	thank you merci
	that ça
	theatre un théâtre
	then alors, puis
	there là
	there is, there are il y a; voilà
	therefore donc
	these ces
	they ils/elles
	thief un voleur/une voleuse
	thin maigre
	thing une chose
	things (possessions) les affaires (f pl)
to	think penser
	third troisième
to be	thirsty avoir soif
	this ce (cet, cette, ces)
	this is c'est
	this way par ici
	throat la gorge
	Thursday jeudi
	ticket un billet
return	ticket un aller-retour
single	ticket un aller simple
	ticket office le guichet
to	tidy up ranger
	tie une cravate
pair of	tights un collant
	till la caisse
what	time is it? quelle heure est-il?
from	time to time de temps en temps
	timetable l'horaire (m)
school	timetable un emploi du temps
	tin une boîte
	tired fatigué
	tiring fatigant
	toast le toast
	tobacconist's un bureau de tabac
	today aujourd'hui

	together ensemble
	toilets les toilettes (f pl)
	tomato une tomate
	too (much) trop
	toothbrush une brosse à dents
	toothpaste le dentifrice
	torch une lampe de poche
	tortoise une tortue
	tourist un(e) touriste
	tourist office un office de tourisme
	towards vers
	towel une serviette
	tower une tour
	town une ville
	in town en ville
	town centre le centre-ville
	town hall l'hôtel (m) de ville
	toy un jouet
	train un train
	trainers des baskets (f pl)
to	travel voyager
	tree un arbre
	trolley un chariot
	trousers un pantalon
	true vrai
	trumpet une trompette
	trunks (swimming) un maillot de bain
to	try to essayer de
	T-shirt un T-shirt
	Tuesday mardi
	tuna le thon
	tunnel un tunnel
to	turn tourner
to	turn on (TV, computer etc.) allumer
	TV la télé
	twin un jumeau/une jumelle
to	type taper

U

	umbrella un parapluie
	uncle un oncle
	under sous
	underground (railway) le métro
to	understand comprendre
	I (don't) understand je (ne) comprends (pas)
	uniform un uniforme
	United Kingdom le Royaume-Uni
	United States les États-Unis
	until jusqu'à
	us nous
	useful utile
	useless nul
	usual normal
	usually normalement, d'habitude

V

	vacant libre
to	vacuum passer l'aspirateur
to	validate (date-stamp) ticket composter
	van une camionnette
	vanilla (flavoured) à la vanille
	vegetable un légume
	vegetarian végétarien(ne)
	very très
	very much beaucoup
	video une vidéo
	video cassette une cassette vidéo
	video recorder un magnétoscope
	village un village

	violin un violon
to	visit visiter
	volleyball le volley

W

to	wait (for) attendre
	waiter un garçon
	waiting room une salle d'attente
	waitress une serveuse
to	wake up se réveiller
	Wales le pays de Galles
to go for a	walk faire une promenade
	walkman (personal stereo) un baladeur
to	want vouloir
I	want je veux (from vouloir)
you	want tu veux, vous voulez (from vouloir)
	wardrobe une armoire
it's	warm il fait chaud
to	wash the car laver la voiture
to	wash up faire la vaisselle
	washbasin un lavabo
to get	washed se laver
	watch une montre
to	watch regarder
	watch out! attention!
	water l'eau (f)
	water sports des sports nautiques (m pl)
	we nous
	weak faible
to	wear porter
what's the	weather like? quel temps fait-il?
the	weather is bad il fait mauvais
	weather forecast la météo
	web page une page web
	Wednesday mercredi
	week une semaine
	weekend le week-end
to	weigh peser
to lose	weight maigrir
to gain	weight grossir
	welcome! bienvenue!
	well bien
	Welsh gallois
	west l'ouest (m)
	what? (pardon?) comment?
	what colour is it? de quelle couleur est-il?
	what is it? qu'est-ce que c'est?
	what's the date? quelle est la date aujourd'hui? quel jour sommes-nous?
	what's the matter? qu'est-ce qu'il y a?
	what time is it? quelle heure est-il?
	when quand
	where où
	which quel (quelle, quels, quelles)
	white blanc(he)
	who qui
	whole entier (entière)
	why pourquoi
	wide large
	wife une femme
to	win gagner
	window une fenêtre
to go	windsurfing faire de la planche à voile
it's	windy il y a du vent
	wine le vin

Vocabulaire **Anglais-français**

winter l'hiver (m)
   in winter en hiver
with avec
without sans
woman une femme
word un mot
word processor un texteur, un
   traiteur de texte
to **work** travailler
  world le monde
I **would like** je voudrais
to **write** écrire
it's **wrong** c'est faux

Y

year un an, une année
yellow jaune
yes oui
yesterday hier
   yesterday morning hier matin
yoghurt un yaourt
you tu, toi, vous
young jeune
your ton, ta, tes; votre, vos
youth club un club des jeunes
youth hostel une auberge de
   jeunesse

Z

zoo un zoo